视频数据中的行人群体性行为识别方法

高立青 著

知识产权出版社
全国百佳图书出版单位
—北京—

图书在版编目（CIP）数据

视频数据中的行人群体性行为识别方法/高立青著.—北京：知识产权出版社，2021.9
ISBN 978-7-5130-7684-5

Ⅰ.①视… Ⅱ.①高… Ⅲ.①群体社会学-研究 Ⅳ.①C912.22

中国版本图书馆 CIP 数据核字（2021）第 178117 号

内容提要

视频监控系统中行人群体性行为的识别问题一直是国内外学者研究的热点问题。针对已有研究中知识管理和融合的缺乏以及子算法的冗余等现状，本书主要以视频图像中行人图元为最小粒度，对行人骨架属性信息、人数属性信息等进行研究；并依据行人属性信息间的关联关系，基于模糊逻辑规则对行人异常行为进行建模，并通过实例来检验模型算法的有效性。本研究属于社会公共安全管理、应急管理、大数据挖掘与人工智能的交叉与渗透，对实现监控视频大数据下的行人群体性行为识别具有一定的理论与实践意义。

本书可供公共安全管理、大数据等相关领域研究人员阅读参考。

责任编辑：彭喜英　　　　　　　　　　　　责任印制：孙婷婷

视频数据中的行人群体性行为识别方法
SHIPIN SHUJU ZHONG DE XINGREN QUNTIXING XINGWEI SHIBIE FANGFA

高立青　著

出版发行：	知识产权出版社 有限责任公司	网　址：	http://www.ipph.cn
电　话：	010—82004826		http://www.laichushu.com
社　址：	北京市海淀区气象路 50 号院	邮　编：	100081
责编电话：	010—82000860 转 8539	责编邮箱：	laichushu@cnipr.com
发行电话：	010—82000860 转 8101	发行传真：	010—82000893
印　刷：	北京中献拓方科技发展有限公司	经　销：	各大网上书店、新华书店及相关专业书店
开　本：	720mm×1000mm 1/16	印　张：	11.5
版　次：	2021 年 9 月第 1 版	印　次：	2021 年 9 月第 1 次印刷
字　数：	202 千字	定　价：	59.00 元
ISBN 978-7-5130-7684-5			

出版权专有　侵权必究
如有印装质量问题，本社负责调换。

前　　言

  近年来，暴力袭击、游行示威和人员拥挤踩踏等社会性公共突发事件在国际上频繁发生，作为城市公共场所社会活动的主体，行人的公共安全问题已成为社会安全管理和智能安防建设中的重点问题。目前，我国大力发展以视频监控为核心的安防监控体系，在各个城市的公共区域都安装了大量的高清监控设备，产生了海量的监控视频数据。如何从这些数据中智能分析出行人群体性行为的状态变化，如何从中早期发现异常群体性事件的端倪并有效预警，已经成为治安视频监控领域面临的日益尖锐的科学问题。

  视频数据中的群体性行为识别问题一直是国内外学者所关注的热点，已经取得了丰富的研究成果。已有的研究通常仅依据行人的图像特征，基于分类的方式进行分析，缺乏行人多属性信息的融合以及先验知识的应用；另外，当算法应用于监控视频大数据时，存在知识整体组织的缺失问题和子算法冗余问题，造成了大量资源的浪费。

  由于视频数据中行人的行为主要通过行人的属性信息及其变化进行体现，因此书中主要以行人图元为视频数据的最小粒度对行人行为进行研究，并进行部分算法的分布式及系统实现的探索，其中行人图元主要依据其几何属性信息分为单人图元和多人图元两类。书中主要的研究思路为：针对单人图元情形，首先，提出了基于平行线簇的快速行人骨架属性提取算法来获取其骨架属性信息，接下来，在先验知识的指导下，基于图元的多类属性信息构建了模糊逻辑规则对单人行为进行识别。针对多人图元情形，首先，提出了基于行人图元网络的人数属性信息挖掘算法来获取其人数属性信息，接下来，在先验知识的指导下，基于图元的多类属性信息，并融合单人图元的属性信息，构建了模糊逻辑规则对群体性行为进行识别。在书中的最后一部分，以图元的人群属性信息挖掘算法为例进行了视频数据分布式处理的探索，并在视频监控系统中进行初步应用。

  书中研究内容属于社会公共安全管理、应急管理、大数据挖掘与人工智能的交叉与渗透，对实现监控视频大数据下的行人行为识别具有一定的理论与实践意义。

目　　录

1 绪论 ··· 1
  1.1 研究背景与意义 ·· 1
  1.2 研究内容与创新点 ·· 8
2 理论回顾与文献综述 ··· 11
  2.1 理论回顾 ·· 11
  2.2 国内外相关研究综述 ·· 23
  2.3 行人行为先验知识 ·· 37
3 基于知识的行人行为识别模式 ··· 40
  3.1 概述 ·· 40
  3.2 行人相关知识元及图元 ·· 43
  3.3 基于知识的行人信息挖掘框架 ···································· 54
4 基于知识元骨架属性的单人行为识别方法研究 ·························· 63
  4.1 概述 ·· 63
  4.2 基于平行线簇的快速骨架属性提取算法 ···························· 66
  4.3 基于模糊逻辑规则的单人行为识别方法 ···························· 82
5 基于知识的行人群体性行为识别方法研究 ······························ 96
  5.1 概述 ·· 96
  5.2 图元网络与收缩网络 ·· 99
  5.3 多人图元的人数属性信息挖掘算法 ······························· 106
  5.4 基于行人图元属性的行人群体性行为识别方法 ····················· 128
6 行人信息分布式挖掘方法及系统实现 ································· 136
  6.1 概述 ·· 136
  6.2 视频大数据的分布式行人信息挖掘示例 ··························· 140
  6.3 基于知识的行人信息挖掘相关框架的系统实现 ····················· 147
7 结论与展望 ··· 156
  7.1 研究结论 ·· 156
  7.2 研究展望 ·· 158
参考文献 ··· 160

1 绪 论

1.1 研究背景与意义

1.1.1 研究背景

近年来,集会、游行示威、人员拥挤踩踏以及暴力恐怖袭击等突发社会公共安全事件在国际上屡屡发生。例如,2013年10月13日,印度中央邦一座寺庙外的严重踩踏事件,造成109人死亡,受伤者达100余人;2014年7月29日,在几内亚首都科纳克里附近的海滩举行的一场音乐会上发生了踩踏事件,遇难者33人;2016年3月31日,法国约39万人反劳动法改革示威游行;2017年4月2日,匈牙利布达佩斯民众大规模游行示威活动;2017年4月3日,俄罗斯圣彼得堡发生地铁爆炸,造成严重人员伤亡;2019年10月,成千上万的阿尔及利亚示威者在首都阿尔及尔街头涌动,抗议即将来临的12月总统选举;2020年8月9日,黎巴嫩大爆炸引发大游行;2021年4月3日,在伦敦市中心议会广场发生反警察法抗议示威活动;等等。国内也发生过昆明火车站暴力恐怖袭击事件和上海外滩踩踏事件。这些突发社会事件不仅对公共场所行人的生命财产安全造成了严重的危害,而且扰乱了正常稳定的社会治安秩序。

突发社会公共安全事件(又称群体性突发公共事件)是一类极为重要的非常规突发公共事件,主要表现为社会治安事件,是国家公共安全关注的重要组成部分。这类事件的发生可能会导致重大的人员伤亡和财产损失,并对部分地区的经济发展、社会稳定和政治安定构成重大的威胁,因此,突发社会公共安全事件管理是城市社会治安稳定与城市和谐发展的重要部分。中国政府高度重视社会治安问题,开展了一系列科技支撑计划、公共安全管理以及应急管理等方面的重点重大项目,大力发展治安安防建设的信息技术手段,用于社会治安问题的研究和解决。另外,在《中华人民共和国国民经济和社会发展第十二个五年规划纲要》[1]中,加强公共安全体系建设章节提到,要完善和规范安全技术防范工作,广泛开展平安创建活动,加强社会治安综合治理。加强情报信息、防范控制和快速处置能力,增强公共安全和社会治安保障能力。《中华人民共和国国民经济和社会发展第十三个五年规划纲要》[2]中,健全公共安全体系章节提出,要完善社会治安综合治理体制机制,以信息化为支撑加快建设社会治安立体防控体系,加快推进网上综合防控体系建设。另外,在《中华人民共和国国民经济和社会发展第十四个五年规划和2035年远景目标纲要》(以下简称《"十四五"规划纲要》)[3]中,维护社会稳定和安全章节提到要提高社会治安立体化、法治化、专业化、智能化水平,形成问题联治、工作联动、平安联创的工作机制,健全社会治安防控体系。推进公安大数据智能化平台建设。

在基础科学技术方面,"互联网+"基于信息通信技术和互联网平台将多来源、多类型的社会信息进行融合优化管理,云计算技术为密集的计算任务提供了解决方法,物联网技术将城市的所有治安监控设备连接入网,形成庞大的泛在网络,泛在网络中的各类型监控设备生成海量的结构化和非结构化的数据信息,其中,海量的视频监控摄像机的存在产生了视频大数据。这些新兴技术的快速发展对传统安防行业提出了巨大挑战,促进了智能安防[4]的出现,并将城市安防建设的发展推向了新的高度。另外,国家《"十四五"规划纲要》中也强调需要将目前的大数据技术以及人工智能技术与实际产业结合应用,这将进一步促进智能安防的发展。

从城市综合管理角度来讲,智慧城市的发展也在助推治安视频监控向智能化智慧化发展。智慧城市[5]是指在城市发展过程中,在城市基础设施、资源环境、社会民生、经济产业、市政管理领域中,充分利用物联网、互联网、云计算、高性能计算、智能科学等新兴信息技术手段,让城市系统对整个城市中的人、车、物及事件进行智能感知,并进行互联、处理和协调。随着智慧城市基础设施的建设,人防系统、视频监控设施、电子门禁设施及报警设施等各类终端均以物联网的方式进行连接和组织,构成了庞大的泛在网络。智能化的安防系统则是在这一泛在网络上,通过接收各个物联终端的包含视频图像在内的感知信号,在服务器端对各类信息进行综合智能分析,发现异常突发事件,协调调度并智能预警的系统。

在城市治安监控中，行人作为社会活动的主体，是治安监控的主要目标。行人在城市的街道、广场、车站等公共场所的外在行为状态直接影响城市当前的社会治安秩序，因此为了解决城市治安出现的突发社会事件问题，需要对城市公共场所的行人进行视频监控。治安视频监控系统对整个社会安定具有很大的影响，政治上，有助于政府维护社会稳定和积极有效地应对突发事件；经济上，全天候、多方位对社会重点区域进行监控，在很大程度上节省了人力和财力；技术上，带动了安防行业的硬件产业和软件产业的发展，促进了物联网、视频处理和大数据等技术的发展，从而促进了科技的进步；社会上，约束处在监控场景下行人的行为，并起到一定的震慑作用，减少了犯罪行为；此外，监控视频的录制和保存还有助于还原监控下的事件真相，可作为治安以及刑侦案件有利的线索和证据，等等。因此，视频监控系统在辅助稳定社会治安方面发挥着越来越重要的作用，并已逐渐成为公安部门继刑事科学技术、行动技术和网络侦查技术之后的第四大破案手段。

人类对客观事物的认知主要来源于视觉认知，为改变以人为主的传统安防系统，公安部门在城市关键区域、街道、交通路口、车站、广场等公共场所部署了大量的监控摄像机以及其他感应设施，并基于这些监控摄像机和感应设施实现了对整个城市的治安掌控，即实现以电子眼代替人工巡逻的方式实现各个区域的实时监控。随着我国视频监控基础设施的建设，视频监控联网已经将城市的大多数公共场所覆盖，基于物联网技术形成了庞大的天网工程。随着物联网、云计算、大数据技术以及高清摄像技术的发展，视频监控联网已经成为比互联网络更大的数据源[6]。HIS Technology 安防、消防与楼宇科技亚太研究组高级分析员王玉君指出，2016 年平均每 10 个中国人就拥有一台专业安防摄像机。同时为了保证监控视频的清晰度和可识别度，目前监控摄像机逐渐使用高清摄像机代替标清摄像机及更低配置的摄像机。单个高清摄像机每天 24 小时对城市公共区域进行监控，其录制一个月的数据大概需要 2TB 的存储容量，则每个城市成千上万个高清监控摄像机，仅录制一个月的数据量就非常大，可以称为治安监控视频大数据。

目前的安防系统还不具有足够的智能性，针对每天产生的海量视频数据，一方面，治安视频数据中的行人重要信息主要采用人眼网上巡逻和人工标记的方式进行记录；另一方面，存储于服务器端的海量视频数据未能被合理有效地分析利用，使得海量监控视频数据"僵尸化"，造成大量有效信息的浪费。由于人这一个体作为一个复杂的、开放的巨系统，不断地与外界环境进行信息交换，基于人类视觉的认知科学[7]认为人类对客观事物的注意具有一定的维持时间，而且当从外界长时间获取不到新颖感兴趣的信息，其注意集中程度将随专注时间的增加逐渐降低。研究表明，当人眼注视监控视频画面超过20分钟时，其注意力将不再集中，画面中95%以上的源于视觉感知的信息将被"视而不见"，因此通过人工进行视频数据中行人信息采集的方式将不可避免地会出现重要信息遗漏和疏忽的现象，不仅使恐怖事件、聚集踩踏事件等危害城市公共安全的突发异常事件未能及时预防和控制，同时也造成了一定的人力和财力的浪费。这种现象不仅体现在对监控视频数据的网上巡逻过程中，而且也存在于通过对海量录制视频中行人进行信息提取来实现案件视频证据搜索的刑侦过程中，这说明对于当今如此大规模的视频数据，人力已经无法胜任视频监控和视频信息检索这类工作了。因此，如何从治安监控视频大数据中智能地发现行人群体性行为的突然变化，如何从中早期智能发现群体性突发事件和恐怖袭击事件的端倪，并融合互联网信息结合人工研判的方式进行有效预警，已经成为目前治安智能视频监控领域面临的日益尖锐的科学问题。

从管理学角度，本书主要关注城市公共场所中行人的公共安全管理问题。其中，危害行人安全的异常突发事件主要包括由暴力袭击和人群聚集等异常群体性行为引起的行人群体性事件。目前，异常群体性行为主要依据监控视频大数据中行人的肢体、姿态、运动速度及人群人数等多种信息的状态变化情况进行预测。这就需要在治安监控视频中采用知识工程的管理方式对视频中行人的多种属性状态信息以及监控场景信息等进行统一管理，并综合多种行为识别方法实现异常群体性事件的检测和预警。当发现异常突发事件时，统筹调度周边资源以实现智能应急策略的实施。因此，基于视频监控系统及时智能地对行人异常行为进行识别及预警，有助于为公安业务人员提供及时信息，辅助其采取相应的应急管理策略。

人类在观看一段包含行人行为的监控视频时，能够无意识地结合存于人脑中的先验知识迅速分析获取视频中的行人信息，并实现视频图像的理解，如奔跑的行人、交谈的人群甚至行人间的相互关系及行人细微的表情变化都可以轻松地从图像中提取出来。如果把监控摄像机看作智能安防系统的"眼睛"，则后端服务器则可以看作智能安防系统的"大脑"。目前"眼睛"的功能已经非常发达，可以将城市各个角落所监控区域每时每刻的状态通过传输技术传输到远程显示墙和后端"大脑"中，显示墙的显示设备已经可以满足多路视频的同时播放，便于公安业务人员清晰地把握当前视频监控画面以及相邻视频监控画面所包含的行人信息，然而"大脑"的识别处理功能只能获取图像颜色信息、纹理信息或运动方向等图像特征信息，距离更进一步的智能识别功能及实际应用还有相当大的距离。

作为智能安防的"大脑"，在从大量的摄像机终端中接收视频信号后，后端服务器的主要任务是从这些接收的视频大数据中分析出监控区域内的行人的群体性行为信息，人工参与判断异常突发事件的发生，并进行预警和控制。由于治安监控视频大数据是典型的非结构化数据，具有明显的5V性质，即数据体量巨大（Volume）、数据类型繁多（Variety）、处理速度快（Velocity）、价值密度低（Value）和真实性（Veracity）。这些性质使得从海量视频数据中直接获取行人突发异常行为非常困难，而且海量视频数据的存储问题也对服务器存储容量提出挑战。研究表明，人脑在理解视频图像时，主要是通过信息的逐层抽象来完成的。行人的突发异常行为通常可以由行人的不同属性信息表征，如行人的运动速度信息、行人的运动轨迹信息、行人的骨架信息、行人的行为信息以及人群的数量信息等。当遇到异常突发事件时，监控区域内行人的这些信息通常会与正常状态下的信息具有较大的区别。为了实现视频大数据中的行人智能行为识别，首先需要构建大数据的存储和处理平台，设计稳定性较好的视频并行处理框架；然后对治安监控视频大数据设计鲁棒性较好的并行算法来分布式挖掘行人的相关信息；最后才能够依据这些信息的变化对异常群体性行为进行判断。因此，治安监控视频大数据的行人信息挖掘在治安建设中起着至关重要的作用，从非结构化的视频数据到结构化的行人信息数据的并行转换，不仅为群体性和突发性暴力行为的智能分析提供了依据，也为后端服务器视频数据的分析提供了基础。

本书主要研究了治安监控视频大数据中的群体性异常行为识别方法，从而为公安业务人员提供技术和管理决策的支持，该研究是基于知识的分布式研究。视频大数据中的群体行为识别系统涉及计算机视觉、人工智能、云计算技术和大数据技术等多个领域，需要以基于视觉的认知科学、历史性数据等多类先验知识为指导。视频大数据记录了城市中各个区域内的行人社会活动的所有行为特征，通过知识发现与知识融合把握相应的特征与规律，可以更好地完成行人信息挖掘和行为识别任务。因此，本书采用知识元模型对信息挖掘框架中结构化和非结构化的数据资源、所涉及的模型、各类分析算法进行组织和管理。党和国家对社会公共安全问题[8]高度重视，通过不同渠道对社会治安防控体系建设等工作做出了明确指示，《国家中长期科学和技术发展规划纲要》在公共安全领域部分也明确提出将其作为重点研究内容，凸显开展本书研究内容的重要性。"十二五"时期是全面建设小康社会的关键时期，是深化改革开放、加快转变经济发展方式的攻坚时期，在刑事犯罪高发、对敌斗争复杂的特殊形势下，依靠传统的警务模式、运行机制和工作方法已经难以适应形势发展的需要，如何创新社会管理方法，提高警务工作效能，增强打防管控核心战斗力，更好地履行肩负的神圣使命，是摆在各级公安机关面前的一项重大而紧迫的课题。开展治安监控视频大数据中的行人信息挖掘方法的研究，目的在于通过在公安警务工作中综合应用物联网、信息挖掘、异常行为识别、智能化指挥决策等相关技术，在公安机关进一步形成高端的科技打击手段、高效的科技防控网络、先进的社会管理方法，为进一步增强公安机关的现实战斗力和核心竞争力，建设更高水平的平安中国提供强大的科技支撑。

本研究在上述背景下，以"十二五"科技支撑项目——"基于物联网的社会治安视频分析技术研究及应用示范"为依托进行相关的应用研究，以及针对其研究成果进行了持续的跟踪研究。依据社会治安安全管理对监控场景的实际需求，本书首先以系统科学思想和认知科学理论为指导，构建了基于知识的监控视频大数据的行人行为信息挖掘框架，其中行人的行为主要指行人在视频图像中表达的肢体状态和运动特征；其次，基于该框架分别实现了单人情形和多人情形的骨架属性信息挖掘算法和行人数量属性信息挖掘算法；再次，结合先验知识，依据单人图元属性信息，构建属性的模糊测度模型和属性间的模糊关系测度模型，进一步转换为模糊逻辑命题，构建了基于模糊逻辑规则对单人行为进行识别，依据多人图元的人数信息以及速度等图元属性信息，构建了基于模糊逻辑规则对行人的群体性行为进行识别；最后，针对多摄像机录制的视频大数据，建立分布式处理模型，实现视频数据中行人部分属性信息的快速提取。

1.1.2 研究意义

社会治安视频监控系统的智能性研究是当前社会治安管理部门、学术界以及视频监控行业各个软硬件公司共同关注的热点和难点问题。视频大数据中的人群行为分析识别与预警系统是目前监控系统中一个非常关键且相对不成熟的组成部分，其对治安视频中的单人及群体的异常行为的智能识别，有利于辅助公安人员对突发社会安全事件的预防控制和管理。同时，视频大数据中人群行为识别方法的研究对丰富人工智能领域理论和支持应用实践都具有一定的意义。

1.1.2.1 理论意义

通过文献研究和内容分析，本书构建的基于知识的行人行为识别框架，结合了公安领域实际需求，以系统科学理论和模型知识元理论为指导，以视频图像中的行人图元为处理单元，采用知识元模型实现对知识、数据、算法和行为事件的组织管理，便于计算机视觉领域中不同行人分析方法的灵活集成应用，通过将先验知识转化为模糊逻辑规则的方式实现对单人和群体行为的识别，完善了行人不同问题单一聚焦的分析方法，因此可以较好地适用于多来源的治安监控视频数据的处理和分析。由于海量监控摄像机的监控需求和所需的先验信息既有差异也有相同之处，基于知识元模型可以从全局角度进行统一管理，既可以很好地实现先验知识、模型算法和突发行为事件的管理，又可以很好地降低信息冗余问题，为治安视频数据中行人行为识别的研究提供了新的思路。

该研究涉及认知科学、系统工程、计算机视觉、人工智能等，有利于相关学科的交叉和融合，进一步促进交叉学科的发展和完善。

1.1.2.2 现实意义

本书主要面向公安安防领域，针对治安监控视频大数据中的行人，实现了行人部分图像属性信息的挖掘，以及治安监控场景下的行人突发异常行为的识别，为社会安全事件的智能管理奠定了基础。城市各个监控区域下的行人信息（单人情形和多人情形）的有效掌控是社会治安管理中有效预防和控制突发异常事件的关键。本书中单人信息主要为基于单人图元的骨架序列信息，智能地对场景中行人的突然快速跑动等异常行为进行识别，实现对类似抢劫、暴力袭击事件等突发异常事件的实时监测及预警。群体性信息主要结合单人行为特征和多人图元的人数信息的实时跟踪，实现对群体性行为的识别，结合人工研判，实现大规模人群聚集、游行等群体性异常事件的预防和及时控制，从而实现社会治安的智能管理，降低给行人和社会带来的损失。另外，鲁棒性高和精确度较好的行人信息挖掘算法可以避免海量视频数据的"僵尸化"，辅助刑侦人员快速地提取案件所需的行人视频资源，从而缩短犯罪嫌疑人的逃亡时间，提高办案效率。

1.2 研究内容与创新点

1.2.1 研究内容

视频中行人的行为信息是预防和控制社会突发异常事件的关键，也是公安安防领域关注的重点，很多软硬件行业开发了一些具有一定智能性的监控设备；同时学术界也对行人视频图像信息从不同角度开展了大量的研究工作。本书主要基于知识元模型进行扩展应用，并将图像的最小单位图元作为知识元的一类属性，通过行人知识元的图元属性与行人知识元的基本属性间的映射关系，来指导行人图元部分属性的挖掘提取；并将不同行为类别的先验知识模糊规则化，提出了基于知识的视频大数据的行人行为识别方法。具体的研究内容如下。

（1）基于知识的治安视频大数据中的行人行为识别框架。以公安业务中的侦查破案、治安防控、反恐防暴和维稳处突四个业务为需求，以实现视频监控的突发异常事件智能分析识别为目的，以多摄像机下的监控视频大数据为主要数据来源，构建了基于知识的行人行为识别框架。该框架通过定义环境知识元、事件知识元、行人知识元等基础知识元，以系统科学理论和模型知识元为理论框架，完善了治安视频监控系统下的行人行为识别理论。

（2）基于知识元的骨架属性的视频图像中的单人行为分析方法。从人类视觉认知的角度，单人图元的骨架属性是实现单人区分于其他物体的一种识别属性；同时骨架属性作为单人图元形状属性的表示方式之一，保持了单人图元形状的拓扑结构，是进行单人行为分析的基础属性信息。针对目前骨架属性挖掘算法时间复杂度高，满足不了实时性需求的现状，本书提出了一种基于平行线簇的快速骨架属性挖掘算法，并在实际录制的视频片段上实现了对算法时间复杂度和骨架信息提取精度的验证。进一步依据行为知识元定义的多个行为类别对应的历史性骨架属性序列知识，通过将先验骨架属性知识模糊逻辑规则化，构建了基于骨架属性的单人行为识别模型，即通过计算每类行为对应的隶属度，从而得到当前行人骨架对应的行为类别。

（3）基于图元网络的人群人数属性挖掘。有效掌控监控场景下的人数是预防聚集事件、踩踏事件的必要因素，是人群知识元属性中最感兴趣的属性之一。基于视频图像序列的时空关联性，通过将人群仿真成行人流量网络，即在机器学习模型的基础上加入网络流约束，通过求解带网络流约束的二次规划模型来实现对多人图元人数属性的修正。图元人数属性提取的关键是图元低层次属性特征的选取，书中对图元特征进行改进，以进一步提高多人图元人数属性的提取精度；基于收缩方法对构建的图元网络进行简化，以进一步缩短图元网络模型的运行时间。

（4）基于先验知识的行人群体性行为分析方法。突发异常社会事件是治安视频监控所关注的主要问题之一，而行人群体性行为的智能分析可以有效地辅助公安人员对异常事件的预防和及时控制。通过将历史性先验知识以及常识性先验知识通过模糊逻辑规则化，结合场景中的单人行为信息、人群的人数信息和人群速度信息等，以隶属度函数的方式实现了对行人群体性行为的识别。

（5）多摄像机下海量视频的分布式处理研究。针对海量视频监控数据，搭建 Hadoop 平台，实现基于 MapReduce 的分布式框架的视频并行处理，集成目前开源的视频图像处理库，并以视频图像中行人计数算法为例，通过行人检测算法辅助并行获取多个监控场景的回归函数的训练集，并设计对应的 Map 函数和 Reduce 函数，实现了多摄像机下的视频大数据的分布式人数统计算法。最后将有效片段和片段描述以记录形式进行分布式存储。

1.2.2 研究创新点

本书针对治安监控视频中行人行为信息智能分布式分析问题，结合知识工程理论与计算机视觉领域，融合视频图像处理算法和机器学习算法，对视频图像中单人图元属性信息和多人图元属性信息的挖掘算法进行了研究，取得了一定的创新性研究成果，具体创新之处可以归纳为以下几点。

（1）以公安业务对视频行人行为分析的实际需求为依托，提出了基于知识元及其图元属性的视频行人信息挖掘框架，探索基于知识工程的视频图像理解的新思路。该框架从综合整体角度构建了行人行为信息挖掘模型。构建了多个基础知识元库、视频图像资源库，以系统科学理论和知识元模型理论为理论基础，针对不同监控场景视频中行人不同的分析需求和视频数据特征，充分利用监控场景、监控摄像机等信息，实现了监控视频大数据下的多源数据、多源先验知识的灵活选取与柔性组织管理，可以更好地满足行人行为的分析需求。该模式完善了视频监控系统下基于知识的行人行为信息挖掘理论，并为监控视频大数据下的人群异常行为的并行研究和应用提供了良好的管理方法和理论支撑。

（2）提出了基于单人知识元骨架属性的模糊逻辑行人行为识别方法，并提出了基于平行线簇的快速单人图元骨架属性挖掘算法，丰富和完善了视频单人异常行为识别的理论和方法。单人知识元的骨架属性挖掘算法采用以精度换时间的策略，基于离散曲线演化算法对单人图元的形状属性进行修正简化，基于平行线簇对单人图元骨架属性进行挖掘，大幅提高了骨架属性提取速度。在行人数据集上的比较实例验证了本书提出的算法的有效性和快速性。进一步针对定义的几类单人行为的骨架属性特点，构建了骨架属性先验知识的模糊逻辑规则，通过计算不同行为类别隶属度实现行人行为的识别，实例验证说明了该模型的有效性。该模型拓展了先验知识的应用，为快速实时的骨架提取及单人行为分析提供了有效的理论依据。

（3）提出了基于行人图元属性的模糊逻辑行人群体性行为识别方法，并提出了基于行人图元网络的行人图元人数属性挖掘算法，探索了监控视频下群体性异常行为识别方法的新思路。本书利用视频行人图元间的时空关联性构建了图元网络模型和收缩图模型，并提出了初始图元网络和收缩图上的带有网络流约束的二次规划模型，通过对模型进行简化并求解，实现了对基于回归算法的行人图元人数属性值的修正，提高了视频片段行人的计数精度。进一步提出了网格直方图图元特征对监控摄像机的透视问题进行矫正。需注意的是：本书提出的网络流约束模型可以应用于大多数以行人前景图元分割为前提的行人计数算法。针对群体性异常行为识别问题，综合行人图元人数属性信息、行人图元速度属性信息和单人行为信息，提出基于先验知识模糊逻辑规则的群体性行为识别方法。该方法能够较好并灵活地融合监控场景信息、与场景内行人行为相关的先验知识等多类先验知识，为智能监控系统下的群体性异常识别问题提供新思路。

2 理论回顾与文献综述

2.1 理论回顾

2.1.1 知识工程

2.1.1.1 知识工程概念

知识工程[9]是一门运用现代科技手段实现高效率地、大容量地获得知识和信息的工程技术学科,是一门以知识为研究对象的新兴学科。知识工程主要包括知识获取、知识验证、知识表示、推论、解释和理由五个活动过程。知识工程是人工智能的原理和方法,它为电子计算机的进一步智能化提供了条件,是关系人工智能发展的关键性学科。

知识工程的概念是1977年由美国斯坦福大学计算机科学家、图灵奖获得者爱德华·费根鲍姆(Edward Feigenbaum)在第五届国际人工智能会议上提出的,费根鲍姆于1965年总结了通用问题求解系统的经验教训,结合其研究领域的专门知识,研发出世界第一个专家系统Dendral。他认为将知识融入计算机系统是解决只有领域专家才能解决的复杂问题的关键。在当时及随后的很多年,围绕知识工程的主要研究是专家系统的研究。

后来,在1980年的一个项目报告 *Knowledge Engineering:The Applied Side of Artificial Intelligence* 中知识工程再次被提及强调,从此确立了知识工程在人工智能应用领域中的核心地位。1984年8月全国第五代计算机专家讨论会上,史忠植提出:知识工程是研究知识信息处理的学科,提供开发智能系统的技术,是人工智能、数据库技术、数理逻辑、认知科学、心理学等学科交叉发展的结果。1999年互联网发明人、图灵奖获得者蒂姆·伯纳斯-李(Tim Berners

Lee）提出语义网的概念，核心理念是用知识表示互联网，建立常识知识。

一般认为，人工智能[10-11]主要分为计算智能、感知智能和认知智能三个层次。计算智能主要体现在快速计算、记忆和存储能力，目前已经基本实现。感知智能主要体现在视觉、听觉及触觉等感知能力，在深度学习的推动下，语音识别合成、视频图像处理已经取得了很好的成果。认知智能则主要体现在让机器获得和人类相似的智慧，理解、解释以及深层关系推理等解决实际问题的能力，这一智能实现难度较大。很多学者认为需要将知识的符号化表达作为这一智能非常重要的突破口，即研究如何把专家表达的知识变成计算机能够处理的形式。

知识工程的主要目的是采用一定技术和方法研制出一个可以自动化实现知识转移和利用的系统。知识工程主要包括知识获取、知识表示和知识推理应用三部分内容。知识工程可以看成是人工智能在知识信息处理方面的发展。传统的知识工程的确解决了很多问题，但是这些问题大都具有规则明确、边界清晰以及应用场景封闭等特征，一旦涉及复杂或者开放性问题就较难以实现，因此，大规模常识知识库的构建完善与基于认知的逻辑推理技术是知识工程发展的关键所在，也是人工智能发展的瓶颈问题。其中，传统知识工程的瓶颈性问题是知识获取。大数据技术使得大规模知识获取成为可能，很多学者探索尝试采用模型算法来实现基于数据驱动的大规模自动化知识获取。继 2012 年谷歌提出了知识图谱技术之后，以知识图谱为代表的符号主义掀起了知识获取、知识加工以及知识应用的研究热潮。知识图谱技术被认为是继专家系统之后的新一代的知识工程技术，其某些领域所构建的知识库的数据量是传统专家系统数据量的数百甚至数千万倍，在知识获取、知识加工以及知识应用等方面都体现出了强有力的优势，从而在一定程度上推动了人工智能的发展。

2019 年知识工程创始人、复旦大学肖仰华教授[12]，受邀在腾讯研究院×集智俱乐部 AI&Society 沙龙上发表了以"知识图谱与认知智能"为题的演讲。他认为，知识图谱和以知识图谱为代表的知识工程系列技术是认知智能的核心。

2019 年图灵奖获得者 Yoshua Bengio 在 NeurIPS 大会上的主题报告中指出深度学习应该从感知为主向基于认知的逻辑推理和知识表达方向发展，这个思想和清华大学人工智能研究院院长、中国科学院院士张钹教授在"纪念《中国科学》创刊 70 周年专刊"中提出[13]的第三代人工智能思路不谋而合。张钹教授认为，第三代人工智能发展的思路是把第一代的知识驱动和第二代的数据驱动结合起来,通过利用知识、数据、算法和算力4个要素,构造更强大的人工智能。

阿里巴巴达摩院在发布的"2020十大科技趋势"报告中提到,人工智能已经在"听、说、看"等感知智能领域达到或超越了人类水准,但在需要外部知识、逻辑推理或者领域迁移的认知智能领域还处于初级阶段。

2021年4月,2020年吴文俊人工智能科学技术奖十周年颁奖盛典暨2020中国人工智能产业年会在苏州举办。清华大学计算机系教授、副系主任唐杰教授受邀在年会主论坛上发表主题报告《浅谈人工智能"十年"》[14]。该报告介绍了人工智能领域即将发生的变革:通过深度地融合知识和数据,我们将让人工智能领域发生重大的技术革命,并可以洞悉人类的技术未来。

知识工程的研究使人工智能的研究从理论转向应用,从基于推理的模型转向基于知识的模型,包括了整个知识信息处理的研究。本书主要关注如何将常识性知识、先验知识以及视频监控业务知识转换为模糊规则融入异常事件识别模型中。

2.1.1.2 基础知识元模型

知识是对某个主题确定的认识[15],并且这些认识拥有潜在的能力为特定目的而使用。维基百科中认为精确定义知识是非常困难的,从实用的层次来看,知识是人类对客观事物的概念及属性特征等的主观抽象,通常被某些人的群体所共享,在这种情况下,知识可以作为人类社会实践经验和对客观事物认识的成果,通过不同的方式来操作和管理。知识主要来源于人类常识性知识、相关业务知识以及基于知识融合和知识发现方法所获取的知识。

(1)知识元的概念和定义。知识元是指在一定论域范畴内不可再分的具有完备知识表达的最小知识单位,基础知识元是对某一客观事物类的基本概念和属性特征及其关系的抽象的知识元表述。本书中涉及的基础知识元是基于王延章教授的知识元理论[16]为依据展开的。他认为知识元模型是客观事物属性及其映射关系的抽象表达,是人类认知系统映像的表述。并基于知识工程理论和认知科学角度,提出了基础知识元框架模型,基础知识元框架模型由框架、属性和关系模型三部分组成。

1)基础知识元框架模型。基础知识元框架模型是关于客观事物的基本概念和属性特征的构成表示,假设客观事物表示模型的全集用 K 表示,任意一个具体的知识元模型用 m 表示,则框架模型的三元组表示形式如式(2.1)所示:

$$K_m=(N_m,A_m,R_m) \quad (\forall m\in K) \tag{2.1}$$

其中，N_m 为对应事物的概念及属性名称集；A_m 为它对应的属性状态集；R_m 为 $A_m\times A_m$ 上的映射关系集，描述事物属性变化及属性间相互关系。通常对于已认知的事物，有 $N_m\neq\varnothing$，$A_m\neq\varnothing$，$R_m\neq\varnothing$。当对事物认知停留在初始阶段时，对事物的描述，包括概念集、属性集和关系集，为定性或知识描述，该框架模型为语言模型。当对其属性集进行量化，关系集为数理逻辑关系集时，该框架模型可以转换为相应的数学模型。

2）属性及测度模型。属性及测度模型是描述客观事物的特征属性以及属性表达方式的模型。设 a 为集合 A_m 中指定属性（$m\in K$），则属性及测度模型的三元组表示形式如式(2.2) 所示：

$$K_a=(p_a,d_a,f_a) \quad (\forall a\in A_m, m\in K) \tag{2.2}$$

其中，p_a 为可测特征描述；d_a 为测度量纲；f_a 为属性状态函数，具体取值及其描述见表 2.1。

表 2.1 属性状态机中变量取值表

属性状态	变量取值		
	p_a	d_a	f_a
a 不可描述	0	—	
a 可描述	1	测度量纲	—
a 常规可测度	2	测度值	
a 随机可测度	3	概率分布	若状态随时间变化是可辨识的，存在函数 $a_t=f_a(a_{a-1},t)$
a 模糊可测度	4	模糊数	
⋮	⋮	⋮	⋮

由表 2.1 可知，当 $p_a>0$ 时，$d_a\neq\varnothing$，但 f_a 可能为空。

3）属性关系模型。属性关系模型是描述相同事物属性之间或者不同事物属性之间的关联关系模型。设 $r(r\in R_m)$ 为任意 $A_m\times A_m$ 上一个映射关系（$m\in K$），关系模型的表示方式如式(2.3) 所示：

$$K_r=(p_r,A_r^I,A_r^O,f_r)\forall r\in R_m,\forall m\in K \tag{2.3}$$

其中，p_r 为映射 r 属性的描述，如结构、隶属、模糊、随机及具体的映射函数等；A_r^I 为关系模型的输入属性集；A_r^O 为输出属性集；f_r 为关系映射函数：$A_r^O=f_r(A_r^I)$。

基础知识元不依赖于具体知识域及其特定情形，是一种本体的抽象性共性的知识描述，是客观存在和主观界定事物的包括抽象概念和属性的综合描述。基础知识元框架模型提供了一个适用于多学科领域的细粒度知识载体，为实现多学科集成应用和知识融合奠定了理论基础。

（2）图元的概念和定义。现实生活中的所有事物由于其形状、大小、特征的关系，在整个空间中占据一定的空间，当通过人眼视网膜或者监控摄像机形成光学影像时，以图元为基本单元进行显示，这些图元则构成了覆盖区域的视频图像。

图元是组成图像的最小单元，是一组最简单的、最通用的几何图形，主要采用点、线、面三种形式进行表达，多个带有颜色信息的图元可以构成一幅完整的彩色图像。因此，当给定一幅图像时，可以基于还原论角度，将整幅图像分割成多个图元进行分别分析。从视觉认知科学的角度，手绘图像是人类基于其意识形态的各个事物间关系的一个表现形式。而监控摄像获取的图像则是监控场景中所有物体在物理光学影像下的带有色彩信息的图形化表达，指定监控场景下的事物间的关系主要通过各事物在图像中所对应的图元位置关系所体现。

（3）基础知识元定义的扩展。本书在基础知识元的基础上，通过将图元作为知识元的一类属性，对知识元概念进行进一步的扩展。对于某个知识元 $K_m = (N_m, A_m, R_m)(\forall m \in K)$ 中，A_m 中可以包含图元属性。另外基础知识元间依据属性进行关联，可以得到其基础知识元的下一级知识元。

此外，属性关系模型也不仅仅局限于同一个知识元内部属性之间的关联关系。属性关系模型进一步扩展为不同知识元的属性之间的关联关系，知识元属性与图元属性之间的关联关系以及图元不同属性之间的关联关系。

2.1.2 认知科学

2.1.2.1 认知科学的产生与发展

人工智能是从20世纪50年代中期被广大学者逐渐开始研究，至今已经在各个领域有了一定的实际应用。与人的自然智能相比，人工智能的目标在于开发研制出可以从功能上模拟和代替人类部分智能的智能机器，所以也称人工智能为"机器智能"或者"智能模拟"。智能机器具有一定的运用知识解决问题的能力，从这一角度来看，人工智能与人的智能有很多相似之处，这一点也强有力地支持了把人看作和计算机相似的信息处理系统的思想。这一思想最终导致了认知科学的产生。

"认知科学"这一词由希金斯（Higgins）1973年第一次使用，其公开出现是在1975年D. Bobrow和A. Collins合著的书中[17]。一般认为认知科学在1979年正式确立为一门学科。同年8月美国加利福尼亚州正式以"认知科学"的名义召开学术会议，会议上不同学科的著名科学家对认知科学进行了全面的阐述，并成立了美国认知科学学会。这一举措极大地推动了国际上认知科学的研究。继日本于1983年秋成立了认知科学学会，中国也于1984年8月召开了思维科学学术讨论会，中国认知科学学会于2013年1月在北京正式成立登记，并于2014年在北京召开了第一届学术大会。

2.1.2.2 认知科学的研究内容

认知科学[7]（Cognitive Science）是一门正在形成的新兴学科，是研究人类的认知和智力的本质和规律的科学。唐纳德·A.诺曼（Donald Arthur Norman）在《什么是认知科学？》一文中指出，认知科学是心的科学、智能的科学以及思维的科学，并且是关于知识及其应用的科学。认知科学是为了探索了解认知，包括真实的和抽象的、人类的或机器的，其目的是要了解智能、认知行为的原理，以便更好地了解人的心里，了解教育和学习的模式，了解智力的能力，从而更好地开发智能设备实现人的能力的扩充。

1993年美国科学基金会在华盛顿组织了一次认知科学教育会议，这次会议上，来自30所大学约100位专家对于认知科学有一致的看法："认知科学是研究人的智能、其他动物的智能及人造系统的智能的科学。"这次会议引起了计算机科学、脑科学、哲学等领域研究人员的兴趣和重视。认知科学的研究范围包括知觉、注意、记忆、动作、语言、推理、抉择、思考、意识乃至情感动机在内的各个层次和方面的人类的认知和智力活动。认知科学的一个重要特点是空前的高度跨学科，是在心理科学、计算机科学和信息科学、神经科学和脑科学、科学语言学、比较人类学和进化相关科学、其他多个基础科学和数学、科学哲学乃至其他多门社会科学的交界面上涌现出来的新兴科学，被认为是20世纪世界科学标志性的新兴研究门类。认知科学作为探究人脑或心智工作机制的前沿性尖端学科，已经引起了全世界科学家们的广泛关注。

现代认知科学主要由哲学、心理学、语言学、人类学、计算机科学、神经科学六个相关学科来支撑。这六个支撑学科对人类认知的研究分别形成了认知科学六个核心分支学科：认知哲学、认知心理学、认知语言学、认知人类学、认知计算机科学（Cognitive Computation）、认知神经科学。其中认知计算机科学即是人工智能，这一学科的发展应用是认知科学最有成就的领域，但也面临很多新的挑战。人工智能需要向人类智能学习，并需要重新理解人工智能。

由于认知系统的复杂性，需要对其从多角度进行研究，认知科学需要运用多门学科所使用的工具和方法，从完整的意义对认知系统进行全方位的综合研究。认知科学的复杂性主要体现在：①大脑结构的复杂性；②意识的复杂性；③认知过程的复杂性；④常识知识结构的复杂性；⑤复杂性和不可计算性；⑥倡导认知是图灵算法不可完全的"新理念"。

认知科学是研究人类感知和思维信息处理过程的科学，包括从感觉的输入到复杂问题求解，从人类个体到人类社会的智能活动，以及人类智能和机器智能的性质。认知科学的兴起标志着对以人类为中心的心智和智能活动的研究已进入了新的阶段，认知科学的发展将进一步为信息科学技术的智能化作出巨大贡献。

2.1.3 人类视觉系统

人类视觉系统（Human Visual System，HVS）是由大脑管理的、人类神经系统的一个重要组成部分，它使生物体具有了视知觉能力。它使用可见光的信息构建出人类对周围世界的感知。根据图像来发现周围场景中有什么物体和物体在什么地方的过程，也就是从图像中得到对观察者有用的符号描述的过程。从输入图像到得出景物描述之间存在着巨大的间隙，需要经过一系列的信息处理和理解过程。视觉系统具有将外部世界的二维投射重构为三维世界的能力，即人的视觉所感受到的图像可以看成三维光辐射场[18]对人眼的影响而形成的信息。视觉主要有两个功能：一是目标知觉，即它是什么；二是空间知觉，即它在哪里。人的视觉系统对于图像、图形都有很高的识别能力；而且与其他的感觉形式相比，在相同的条件和时间内，人们基于视觉信息而获取到的信息量特别大，人类约有70％的信息是通过视觉系统来获得的，即视觉要比其他感官所感受到的信息多得多。

人类视觉系统所获得的视觉信息可以理解为视频图像信息，其对视频图像信息的处理过程可以看作把图像的元素与人脑中事物的描述或者模型之间建立对应关系的过程。其中，图像中的元素是点状的像素，主要采用该像素点的灰度值等颜色值来表达，即点状的数据。而人的视觉系统对现实中的物体的认知，主要是通过物体的形状、大小、几何结构、颜色等特征来描述的。这些特征也代表物体的整体性质。因此需要将图像的点状数据采用一定的模型算法进行组织，接着再构建其与物体整体性质之间的对应关系，从而实现物体的识别。

美国麻省理工学院人工智能实验室的马尔教授在20世纪70年代末至80年代初创立了视觉的计算理论。他认为视觉是一个信息处理问题。它需要从三个层次来理解和解决：①计算理论层次；②表示和算法层次；③硬件实现。其中，计算理论层是最基本，也是最困难的。马尔的三层理论是首次提出的关于视觉的系统理论，并对计算机视觉的研究起了巨大的推动作用。但是还远未解决人类视觉的伦理问题，再加上信息处理系统的复杂性，促使很多学者以该理论为基础进行了改进研究。

人类视觉系统处理机制具有视觉关注、亮度及对比敏感度、视觉掩盖以及视觉内在推导机制四个特性[19]，因此，视觉过程可以理解为人类的大脑对图像进行分析理解的过程。

其中，视觉关注：人类视觉最显著的特点之一是有选择性。这是指观察者的注意力总是有目的地指向最感兴趣的事情。而环境中不断变化的事物往往最能引起大多数生物的关注，而使其忽略固定不变的事物。人类可以准确地实现对其所观看内容的感知，也就是说，在面对视野所及的纷繁复杂的外界场景，人类视觉系统总是能够快速地定位到场景中重要显著的目标区域，并能对其实现有效信息的提取、组织和理解，而对其他区域仅仅进行粗略分析甚至忽视。这种主动选择性的心理活动被称为视觉关注机制（Visual Attention）。视觉关注机制体现了人类视觉系统主动选择关注内容，并加以集中处理的视觉特性，该视觉特性能够有效地提升图像内容筛选、目标检索等图像处理能力，即人类视觉系统具有在低层处理中获取图像拓扑特性的能力。

亮度及对比敏感度：实验表明，一方面，人眼对光强度具有某种自适应的调节功能，即可以通过调节感光灵敏度来适应范围很广的亮度；另一方面，这也使人眼对绝对亮度具有较差的判断能力。因此人眼对外界目标的亮度感知更多地依赖目标跟背景之间的亮度差或者颜色差。换言之，人类视觉系统对亮度的分辨能力是有限的，只能分辨具有一定亮度差的目标物体，而差异较小的亮度则会被认为是一致的。人类视觉系统非常关注物体的边缘，往往通过边缘信息获取目标物体的具体形状、实现目标物体的解读等。然而视觉系统对边缘的分辨能力并不是万能的，其无法分辨一定程度以内的边缘模糊，这种对边缘模糊的分辨能力称为对比灵敏度。

视觉掩盖：来源于视觉系统的信息间的相互作用或相互干扰将引起视觉掩盖效应。引起视觉掩盖效应的因素主要有：①物体的边缘附近存在的强烈亮度变化，导致人眼对边缘轮廓非常敏感；②物体在图像中的纹理区域具有较大的亮度以及方向变化；③视频序列相邻图像帧之间内容的剧烈变化，例如运动的目标物体或者变化的外界场景，导致人眼分辨率的剧烈下降。

视觉掩盖效应使得人眼无法察觉到一定阈值（Just Noticeable Distortion，恰可识别失真）以下的失真，而这部分失真往往在实际图像处理中具有重要的指导意义。该阈值可以帮助我们实现图像数据的区分，例如哪些图像数据是人类视觉系统能察觉的、感知的以及用于图像质量评价的数据，哪些数据是无法察觉的、可以忽略的数据。通过对视觉掩盖效应的应用实现，可以筛选出能察觉的信息而忽略其余不可察觉信息，即对图像数据进行初筛，可以大大减少图像处理的复杂度，且在一定条件下能改善图像的显示质量。

视觉内在推导机制：最新的人脑研究指出，对进入人眼的视觉信号的理解并不是人类视觉系统的本能职责，而是在人类视觉系统中存在一种逻辑推导机制，通过这种内在的推导机制实现输入的视觉信号的解读分析。也就是说，对于进入人眼的待识别分析的场景，人类视觉系统会根据大脑中已获取并存储的知识来实现视觉内容的推导及预测，并进行新数据信息的存储，同时那些无法理解的不确定信息将会被丢弃。

视觉系统所获取的图像信息最终需要由人或机器进行观察、辨别、理解。结合人类视觉系统的特征，我们认为，人脑对图像进行分析的过程为：首先，人脑将图像分割成多个独立的具有不同特征的目标（图元）；然后，对这些目标进行分析、识别和判断[20]。因此，对人类视觉系统认知过程的研究本质上是一个反向推理的过程。人的视觉系统能够对进入人眼的场景实现目标物体的定位、测量、分割和辨别，那么，人的眼睛区分目标和场景背景的依据是什么呢？事实上，人的认知系统区分图像中目标和背景的过程可以理解为对图像的分割过程，也就是将目标从图像中提取出来。由于人眼所获得的信息量是非常大的，而我们并不清楚哪些才是映到我们视觉辨别的主要因素，而且我们也不清楚哪些信息是来自目标物体的，而哪些信息又是来自背景或其他物体的，所以必须人为地加上一些先验信息。换句话说，就是人类视觉过程其实是依据人类本身的"经验"来把图像区分为"感兴趣"的目标区域和"不感兴趣"的背景区域的，这种区分的过程就是自然分割视觉图像的过程。书中感兴趣区域最终以图元的形式进行提取、存储、分析和处理。

2.1.4 计算机视觉与机器视觉

从学科上来讲，机器视觉（Machine Vision，MV）与计算机视觉（Computer Vision，CV）都被认为是人工智能的下属科目。两者既有联系又有区别。

机器视觉与计算机视觉有很多相似之处，在架构上，都是基础层＋技术层＋应用层；并且两者的基本理论框架、底层理论、算法等是相似的，因此机器视觉与计算机视觉在技术和应用领域上会有一定的重叠。

两者又是相互区别的，机器视觉与计算机视觉是两个不同的概念，其侧重点不同。计算机视觉是采用图像处理、模式识别、人工智能技术相结合的手段，着重于从一张图像或一系列图像（或视频）中自动提取、分析和理解有用信息。它涉及理论和算法基础的发展，以实现自动视觉理解。计算机视觉系统主要包含软件元素，即用于许多领域自动化图像分析的核心技术。计算机视觉属于计算机科学学科；机器视觉则偏重于计算机视觉技术工程化，能够自动获取和分析特定的图像，以控制相应的行为，即人们用机器代替自己的眼来获得周围环境图像，并对图像信息进行测量分析及判断处理。机器视觉系统包含软件和硬件等诸多元素。机器视觉属于系统工程学科，通常指的是结合自动图像分析与其他方法和技术，以提供自动检测和机器人指导在工业应用中的一个过程。

具体地说，计算机视觉为机器视觉提供图像和景物分析的理论和算法基础，机器视觉为计算机视觉的实现提供传感器模型、系统构造和实现手段。也就是说，计算机视觉为机器视觉提供理论支撑，机器视觉是计算机视觉的工程实现。二者共用一套理论系统，只是发展的方向不同，机器视觉侧重于在工业领域的实际应用，而计算机视觉侧重理论算法的研究。

所以机器视觉的主要工作就是在计算机视觉的指导下利用机器帮助人们完成对视频图像的自动分析，从而实现对监控场景中自然物体的理解及描述。

2.1.5 图论基本概念与最大流算法

2.1.5.1 图论基本概念

图论（Graph Theory）是离散数学的一个重要分支，是主要研究图的理论、方法以及应用。它以图为研究对象，由若干给定的点及连接两点的线所构成的图形，这种图形通常用来描述某些事物之间的某种特定关系，用点代表事物，用连接两点的线表示相应两个事物间具有这种关系。其表达形式为二元组 $G=(V,A)$，其中 V 表示图 G 的顶点集，A 表示图 G 的边集。如果边 $(u,v) \in A$，则顶点 u 和顶点 v 中图 G 中相邻。图分为有向图和无向图，两者的区别主要为边是否带方向。书中提出的快速骨架化算法所提取的骨架结构是无向图，而在统计视频数据中人数时构建的行人图元网络是有向图。

一个顶点的度 $d(v)$ 是图 G 中连接顶点 v 的边的数目。当图 G 是有向图时，分为顶点度，一个顶点 v 的出度 $d^+(v)$ 为图 G 中以顶点 v 为头的弧的总数，则顶点 v 的入度 $d^-(v)$ 为图 G 中以顶点 v 为尾的弧的总数。

连通图：在无向图中，若从顶点 v_1 到顶点 v_2 有路径，则称顶点 v_1 和顶点 v_2 是连通的。如果图 G 中任意一对顶点都是连通的，则称此图是连通图；强连通图：在有向图 D 中，若对于任意一对顶点 v_1 和 v_2，都存在一条从顶点 v_1 到顶点 v_2 和从顶点 v_2 到顶点 v_1 的路径，则称此图是强连通图。弱连通图：将有向图的所有的边去掉方向，所得到的图称为原有向图的基图。如果一个有向图的基图是连通图，则有向图是弱连通图。

2.1.5.2 最大流算法

最大流算法是一类非常重要且应用非常广泛的组合优化算法，它被广泛应用于交通运输、物流调度、资源分配、网络连通性以及图像处理等领域。在网络流理论中，最大流问题与最小割问题是一对非常重要的原始对偶问题，它不仅有"漂亮"的理论，而且在实现上具有非常快速的求解算法，因此在实践中被广泛使用。

以物流运输为例，如果我们将运输网络中每个城市节点建模为有向图 D 的顶点。如果从城市 u 到城市 v 可以有一条公路连接，那么可以在有向图 D 上添加一条从 u 到 v 的有向边，同时将弧（或者有向边）(u,v) 上的容量 $c(u,v)$ 定义为从 u 到 v 的某种货物的最大运输量。现在我们需要将一批货物从生产地 S 运输到需求

地 T，我们通常将生产地 S 称为源点，将需求地 T 称为汇点，则最大流问题就是求从点 S 到点 T 的最大运输量的问题。采用形式化方式描述，定义弧（边）集 $A(D)$ 上的一个函数 f，如果它满足：①对于有向图 D 上任意的一条弧 (u,v)，(u,v) 上的流量至 $f(u,v)$ 小于等于容量值 $c(u,v)$；②对于有向图 D 上除了点 S 和点 T 外的任意一个中间顶点 z，流入顶点 z 的总流量值等于流出顶点 z 的总流量值（也就是说中间节点的作用只是中转站，它不会生产货物，也不会消耗货物）；则函数 f 称为有向图 D 上从顶点 S 到顶点 T 的一个流，简称 (S,T)-流。

对于给定的有向网络 D，如果顶点划分 X 和 Y 满足 X 包含顶点 S 且 Y 包含顶点 T，那么称 (X,Y) 为有向网络 D 的一个割，而且定义割的容量 $c(X,Y)$ 为所有离开集合 X 到达集合 Y 中弧上容量的和，将离开集合 X 到达集合 Y 中的弧称为正向弧，将离开集合 Y 到达集合 X 中的弧称为反向弧。对于任意的有向图 D 上的一个割 (X,Y) 和一个流 f，定义 f 经过 (X,Y) 的流量 $f(X,Y)$ 为所有正向弧上的流量减去反向弧上的流量。对于任意的两个割 (X,Y) 和 (X',Y')，总是有 $f(X,Y)=f'(X',Y')$ 恒成立，这个值被称为 f 的流量。

对于有向网络 D 上的一个流 f 和一个割 (X,Y)，由于每条正向弧上的流量均小于等于正向弧上的容量，所以流量 $f(X,Y)$ 总是小于等于割容量值 $c(X,Y)$。如果流量 $f(X,Y)$ 等于割容量值 $c(X,Y)$，那么 f 就是最大流，X,Y 必然是最小割。

需要注意且非常重要的问题是：对于给定的有向网络 D 是否一定存在一个流 f 和一个割 (X,Y) 使得 $f(X,Y)=c(X,Y)$ 呢？在 1956 年，Ford 和 Fulkerson 证明了 Ford-Fulkerson 定理，即对于任意给定的有向网络图 D，总是存在一个流 f 和一个割 (X,Y) 使 $f(X,Y)=c(X,Y)$，即最大流等于最小割。

Ford-Fulkerson 定理本身可以通过增广路径算法来进行证明。在这一算法中，有一个非常重要的概念称为剩余网络。对于给定的有向网络 D 和一个流 f，定义剩余网络 Df 为顶点集合 $V(D)$ 的有向网络，且令弧 (u,v) 上的容量为 $c(u,v)-f(u,v)$；同时令弧 (v,u) 上的容量为 $f(u,v)$（注：剩余网络 Df 中流量为零的弧被视为不存在的弧）。算法初始时定义有向网络 D 上一个流 f 为零流，即每条弧上流量均为零的流。

在算法执行的每一步，已经得到一个流 f，我们需要应用广度优先搜索算法从剩余网络 Df 中找到一条从顶点 S 到顶点 T 的路径。如果可以找到一条这样的路径，则不妨设这一路径为 P。那么可以定义路径 P 上的容量 $c(P)$ 为路径 P 上所有弧容量的最小值，同时定义一个更新后的流 f'。对于非路径 P 上的弧 (u,v)，我们将 $f'(u,v)$ 定义为 $f(u,v)$；对于路径 P 上的弧 (u,v)，将 $f'(u,v)$ 定义为 $f(u,v)+c(P)$。这样便得到了一个增大的流 f'，进一步地，采用递归执行算法，以 f' 为当前流定义剩余网络，并采用广度优先搜索算法寻找路径 P 的增广路径来增大流量。

如果剩余网络 Df 中不存在从顶点 S 到顶点 T 的路径，那么将 Df 中从顶点 S 出发可以到达的顶点定义为 X，将 Df 中从顶点 S 出发不能到达的顶点定义为 Y。由于 (X,Y) 在 Df 中是不可达的，所以当前流 f 在 (X,Y) 的每条正向弧上的流值都等于容量值，同时 f 在 (X,Y) 的每条反向弧上的流值都等于零，这样才能使这些弧不出现在 Df 中。此时就得到了一个流 f 和一个割 (X,Y)，使 $f(X,Y)=c(X,Y)$，也就是 f 是最大流，而 (X,Y) 是最小割。

2.2 国内外相关研究综述

在公共管理与公共安全领域，监控视频大数据中暴力袭击事件和群体性事件等突发异常事件的监测识别是研究者们关注的重点。通过智能化的行人群体性行为分析，可以得到群体的整体人流走向及其运动轨迹，并实现群体行走、聚集等不同类型的行人群体性行为的识别，以及如聚集、打架斗殴、游行等异常群体性事件的检测和预警。因此治安视频大数据中的群体性行为分析引起了多个领域国内外学者及工程技术人员的广泛关注。智能视频监控系统是公安安防系统的重要组成部分，是一种防范能力强、使用广泛的综合系统，在维护社会治安稳定方面起到了重要的作用。很多研究者通过对视频监控系统进行设计部署，对监控视频中的行人进行分析，以期实现监控视频的智能分析，实现对社会安全突发事件的智能控制和管理。本书主要以系统科学和认知科学理论为指导，充分考虑先验知识的管理应用、前沿视频处理算法的集成和管理及来源于海量摄像机的监控视频的管理和需求分析，构建了基于知识的行人图元属性信息挖掘框架，框架中以图像最小粒度的图元形式对行人图像进行分析，将行人视频图像分成单人图元和因彼此遮挡而较难分离的多人图元两种情形，分别进行行人属性信息挖掘和行为识别的研究，并实现视频大数据的并行处理，具体涉及四个方面的研究问题：①基于知识的视频大数据中的群体行为识别框架；②基于知识的单人图元行为识别问题；③基于知识的多人图元人群行为识别问题；④监控视频大数据中的行人信息挖掘并行处理问题。其中问题①是本研究的综合分析框架；问题②是针对问题①中的单人图元情形的行为信息的分析，其中改进的骨架化算法作为其算法库中一个算子进行管理；问题③是针对问题①中的多人图元情形的行为信息的分析，融合了改进的图元人数属性挖掘算法和问题②的单人图元行为模型，在先验知识的指导下进行的分析；问题④的并行验证实验主要以问题③中一个阶段算法为例。下面分别对这四个问题的国内外研究现状和发展动态进行综述。

2.2.1 知识元及其在监控系统中的研究进展

知识元是具有完备表达的不可分割的知识单元，是表述客观事物本质特征的基础。目前知识元理论已经广泛应用于文献管理、机械设计、建筑施工安全管理和应急管理等领域。文献［21］—［23］对国内知识元现状进行了综述，并阐述了不同学者对知识元这一个概念的不同理解和应用。很多学者针对文献管理领域和社会科学数据进行了分析研究[24-32]，从信息角度出发，将文献知识以知识元的方式进行细化，实现了文献管理、文献知识点匹配研究，以及新知识的获取。文献［33］—［35］构建了知识超网络模型，分别实现了领域专家的识别研究、科技文献更细粒度知识的组织检索以及知识融合模型。王延章教授[16]基于知识工程理论和认知科学理论提出了知识元框架模型用于模拟人脑中的知识组织工程，即侧重将模型细化为模型知识元来指导工程领域中各种问题的模型建立与组织管理，在问题建模过程中，首先定义基础对象知识元、属性知识元，然后基于属性间和对象间的关系知识元来进行情境推演，最后得到结论。并且该模型知识元理论体系在应急管理领域文献[36-44]、战略情报融合[45-46]方面得到应用和发展。付瑞[47]首次将模型知识元进行延伸，将知识元理论用于视频图像处理中，并在图像物体识别中添加知识元理论，通过构建知识元模型框架来辅助图像中目标物体的识别，作者主要针对具体场景下可能存在的对象知识元进行识别，根据对象知识元与目标知识元的时空关系，基于信息推理的方式得到了目标物体存在于该场景下的概率。

Liu 等[48]、Haering 等[49] 和 Porikli 等[50] 分别对智能监控系统进行了分析，并分析了目前监控系统所面临的挑战。黄凯奇等[51] 对智能视频监控所涉及的技术进行了综述，包括目标检测、目标跟踪、分类识别以及行为分析算法的归纳总结。Shah 等[52] 提出了一个监控系统，实现运动物体的检测、分类和跟踪，但该系统是一个封闭的系统，不便于对方法进行更新和扩展。Wang 等[53] 提出了一个可视化的框架用于集成计算机视觉技术，但其处理是集中式的，并且会存在冗余的数据。顾基发等[54] 提倡将专家、决策者的意见、经验及智慧综合进去，要人-机结合，以人为主，来实现复杂系统问题的解决。Lee 等[55] 研究了基于轨迹的方法实现实时异常事件检测的问题，其中，监控场景的出口和入口主要基于场景知识获取，构建的轨迹模型中的阈值也依赖于定义异常轨迹线形的领域知识。基于视频监控技术算法的管理和人工知识的结合原则，颜志国等[56] 提出了基于"前+后"模式来解决当前公安信息系统的冗余建设带来的问题，结合知识为下一代公安系统提出了一种新的架构。Nazare 等[57-58] 提出了一个针对大量视频的处理框架，并实现了具体问题的模型更新和前沿视频分析技术的接口，便于同一个问题多个不同算法的评价比较。Yadav 等[59] 针对视频监控的应用场景这一挑战，提出了一个基于物联网云环境的监控系统框架，以便满足社会各个领域的需求。Chen 等[60] 针对快速增长的监控视频数据的编码进行研究，提出了层次知识提取方法，即从历史数据中提取类别级、对象级和视频级这三个层次的公共知识，并对其进行了建模以获得更好的对象表示。Wang 等[61] 提出了一种基于稀疏主题模型的半监督视频监控异常检测方法，该方法根据先验知识将视频片段划分为不同类别，以充分优化的方式构造稀疏主题模型，从而提高了异常检测结果的可信度。清华大学计算机系教授、副系主任唐杰在人工智能产业年会论坛上发表主题报告《浅谈人工智能"十年"》，该报告中介绍了人工智能领域即将发生的变革：通过深度地融合知识和数据，将使得人工智能领域发生重大的技术革命，并可以洞悉人类的技术未来。

以上研究可以发现知识在公安系统安防领域乃至人工智能领域的重要性越来越大，从视频数据的编码及视频数据的分析到视频数据的存储都离不开先验知识的应用。

2.2.2 基于图像属性的单人行为识别研究进展

目前视频数据中的单人图像特征研究受到很多学者的关注，这些图像特征主要包括人脸特征[62-67]及其位置信息特征、性别特征[68]、年龄特征[69]、衣服颜色和样式[70]、骨架特征[71]、姿态[72-73]、运动速度[74]和运动方向、行为状态信息[75]等。

行人行为状态信息是社会治安管理中重点关注的行人信息之一。目前，在计算机视觉领域，针对单人行为识别的研究已经取得了丰硕的成果。基于计算机视觉方法的研究大多数是采用基于分类的方式实现行为的识别，即首先提取视频图像中行人的底层时空域特征，然后采用机器学习方法构造分类器，最后将分类器用于单人行为的识别。人工设计提取的比较成功的行人底层特征主要有时空特征点[76-77]、密集轨迹特征[78-79]、光流直方图特征[80]以及运动边界直方图特征等。随着深度卷积网络在静态图像任务上的成功，研究者们将深度卷积网络用于提取适用于行为识别任务的时空特征[81-83]，并取得了良好的效果。在分类器的选择方面，很多模型，如支持向量机[80]、隐式马尔可夫模型[84]和条件随机场模型[85]等，均被用于行为分类。尽管这类方法在公用数据集上取得了良好的性能，但是它们却无法利用人类视觉积累的经验知识。即使是深度学习方法，提取的特征也不是人类可以直接理解的特征。

目前很多学者从行人的骨架属性角度对单人行为进行分析，如 Fujiyoshi 等[86]基于骨架化算法实现了视频数据中的行人跟踪问题。2014 年，赵德贵[87]主要将人体行为分为停下、蹲下、站起、左行、右行五种基本行为，然后依据所提取的行人骨架信息对这五种行为进行识别。Hassan 等[88]对行人行为识别方法进行了综述，并指出基于骨架关节可以很好地实现行为的识别。Song 等[89]基于骨架属性结合长短记忆模型实现了行人的行为识别。Cai 等[90]和 Zhou 等[91]基于深度图像得到的骨架来实现行人行为的识别。由于行人骨架属性通常可以清晰地表达出行人的行为状态，因此行人的骨架属性挖掘的研究对行人的行为识别具有非常重要的意义，因此本书中也对骨架化算法进行了综述。

骨架[92]，又称物体图元的中轴（Medial Axis），既包含了原事物图元的几何特征，还保留了原事物的拓扑结构，它作为一种全局特征，可以用图模型简练地进行表达。传统骨架信息挖掘方法[93-94]主要分为以下五种类型。

（1）拓扑细化算法（Topology Thinning）[95-97]，又称模拟火烧稻草法。此类算法的主要思路是：以事物轮廓的所有边界为起点，同时向轮廓内部进行删点细化，直至得到一维骨架。拓扑细化算法的优点是能得到连通的骨架，保持了原物体的拓扑结构，而且实现起来简单，但是它对边界噪声比较敏感，容易产生很多较小的分支。

（2）基于 Voronoi 图的离散域算法[98-99]，该类算法是将轮廓多边形内部的最大圆盘中心的轨迹作为骨架点。采用 Voronoi 图方法所提取的骨架比较精确，但是得到的骨架容易受到边界噪声的影响，并且该算法时间复杂度较高，不具有鲁棒性。

（3）基于迭代收缩物体轮廓算法[100-103]。该类方法是直接对物体轮廓的近似形状多边形进行对称轴计算，从而得到该物体的骨架。该类方法得到的骨架容易受物体轮廓边界噪声的影响，而且很难处理有洞情况下的物体形状的骨架。

（4）基于距离变换及其改进算法[104-108]。该类算法的主要思路是：首先生成原始模型的距离场；然后提取并连接距离场中的所有局部极值点；最后通过适当调整细化得到最终的骨架。该类算法可以提取准确的骨架点，但是算法的时间复杂度较高。

（5）基于数学形态学[109-112]。该类方法主要采用迭代方法去除掉图像中所有非骨架点，则剩下的顶点的集合便构成了骨架属性的骨架点。该类算法可以获得精确的骨架，但是算法复杂度较高。

随着深度学习在如人脸识别、行人检测等研究领域的广泛使用，目前也有很多学者提出了基于深度学习的行人骨架提取算法，其骨架提取算法的精确度很高，但是深度学习算法需要大量的测试数据和较高配置的处理设备，这在一定程度上限制了研究者的门槛。

大量研究者对骨架信息的不断研究，总结出了判断骨架属性优劣的五个基本特征，这些特征为：连通性、细化性、中轴性、保持性和快速性。目前骨架属性提取效果较好的是基于距离变换得到骨架后，又采用较好的剪枝算法进行剪枝得到的骨架。这类算法提取的骨架精确度高，但是其整个骨架提取算法的时间复杂度较高，作为行人行为分析的基础算法，这类算法无法满足视频大数据快速处理的要求，即不满足骨架化算法快速性的基本要求。

2.2.3 基于人群信息的群体行为识别研究进展

在计算机视觉领域中，综述性文献[113-116]对监控视频数据中的人群相关问题进行了统计综述，这些问题主要有行人群体的跟踪问题、人群行为分析问题、监控场景下的人群计数问题以及人群密度估计等问题。视频数据中的人群信息主要包括行人人数信息、人群密度信息和群体性行为等，其中群体性行为可以基于其行为特征进行单独分析得到，也可以基于包含人数信息和人群颜色信息在内的人群属性信息实现对群体性行为的识别。因此本书分别从行人异常群体性行为识别和人群人数属性信息挖掘这两个研究方向进行综述。

2.2.3.1 行人异常群体性行为识别研究

行人异常群体性行为是社会治安管理中人群监控和管理的主要关注点，也是预防暴力事件、聚集等突发社会事件的主要依据。因此人群行为识别问题吸引了很多计算机视觉领域、人群管理等领域学者的广泛关注，并且已经取得了很多研究成果。文献中视频数据中的人群行为分析过程主要包含人群行为特征表示研究和行为识别模型研究两个步骤，因此首先从这两个方面进行综述。

（1）人群行为特征表示研究。针对视频数据动态性的特点，学者们主要提取其动态特征来对视频图像中的人群行为进行表达，人群动态属性特征大致可以分为四类：光流特征[117-121]、轨迹特征[122-124]、动态纹理特征[125-126]和时空上下文特征[127-129]。

1）光流特征：空间运动物体在观察成像平面上的像素运动特征，被广泛应用于全局运动信息的提取。Ren 等[117] 提出了基于光流特征与人群信息熵融合的特征来实现异常群体性行为的检测。Gao 等[120] 提出了一种 ViF 的扩展描述符，称为定向 ViF，即基于光流特征获取的人群大小和方向信息来准确地对动作行为进行描述，从而实现暴力事件检测。Zhang 等[121] 提出一种用于暴力检测的运动韦伯局部描述符（MoWLD），该描述符是由光流信息和韦伯局部描述符融合构成的。

2）轨迹特征：常用于视频中运动物体的跟踪，并且行人运动轨迹的分析有助于群体运动模式的识别。Chongjing 等[122] 通过实现人群自动轨迹聚类算法来分析视频图像中的异常运动模式。Cosar 等[123] 采用目标轨迹分析和像素分析结合的方式对群体运动模式进行表示，从而实现了多种类别的异常事件的检测。Rabiee 等[124] 提出了定向轨迹直方图及简化的定向轨迹直方图来实现对视频数据中人群行为的描述。

3）动态纹理特征：属于全局特征，用于表征图像序列运动物体的形状或在运动过程中产生的内容间的差异性，即表征了人群整体的变化差异特征。Li 和 Mahadevan 等[125-126] 提出了一种时空异常联合检测方法来实现拥挤场景中异常行为的检测问题，该方法使用了一组混合的动态纹理模型，并在后续研究中实现了模型的优化以及异常行为定位等改进操作。

4）时空上下文特征：作为一种局部特征，其基本原理为：通过对视频相邻的多帧图像进行特征提取，来保证行为动作的相关性。Fradi 等[127] 采用时空不变特征对异常行为进行检测。Hao 等[128] 提出了一种时空模型分析方法来检测监控视频中的人群异常记录。Zhou 等[129] 采用时空卷积神经网络获取时间和空间维度的特征实现异常事件的检测和定位，其中，时空相关的特征包括外观和运动特征。

另外，学者们尝试结合多种属性特征实现人群行为的特征表示[130-132]。其中，文献［130］主要结合人群密度信息和光流信息来实现异常行为的识别。Ingole 等[131] 融合了人群运动分析和纹理分析实现了拥挤场景下的异常行为检测。Ahmed 等[132] 首先对监控场景的来源、目标的速度和大小等特征进行学习，然后与目标行为相结合，实现了目标异常轨迹的监测，最后提出一种聚合方法，用于减少聚合过程丢失的警报数量。

（2）行为识别模型研究。选取具有可区分性的人群动态特征后，就可以基于人群行为分类模型对异常群体性行为进行识别。根据学习过程所需样本的类型（正常或异常），目前视频数据中人群的行为识别模型主要分为监督学习、半监督学习和无监督学习三类。

1）监督学习：旨在通过标记数据对正常和异常行为进行建模。它们通常用来检测训练阶段预定义的特定异常行为，如打架检测、徘徊检测和摔倒检测[123]等。目前文献中所采用的分类方法主要有支持向量机[134]、神经网络[130,135] 等。例如，Kim 等[134] 提出了一个利用测地线图和支持向量机分类器进行人体部位估计的异常行为识别方法。Lazaridis 等[130] 提出了新的双流神经网络结构实现异常行为的识别。Lohithashva 等[135] 提出了概率神经网络实现视频异常拥挤事件的检测。Wu 等[136] 基于全局的运动向量场和局部特征，提出了运动轨迹的散度旋度描述子，并利用这类描述子提取特征结合 SVM 分类器对不同的群体性行为进行分类识别。Chebi 等[137] 根据行人的运动速度大小和方向特征，采用人工神经网络 ANN 对群体性异常行为进行识别，采用基于密度的空间聚类算法

(DBASCAN) 对个体异常行为进行识别。

2) 半监督学习：只需要对正常的视频数据进行训练的分类方法，可以分为基于规则的方法和基于模型的方法。

基于规则的方法主要是使用包含正常人群行为的视频数据对规则进行构建，然后，将任意不符合此规则的样本视为异常值。例如，Ahmed 等[132] 提出模糊聚类方法聚合监控场景下多种属性特征对目标异常轨迹进行识别。Liu 等[138] 采用两类稀疏表示对每个测试样例进行评价，然后，根据每个分类器的重要性，采用模糊组合方法使用模糊度量来描述分类器间的相关性，从而实现异常事件的检测。Batchuluun 等[139] 提出了基于模糊系统方法综合考虑多种行人的属性信息，实现了单人行为识别系统。Aguilar 等[140] 首先基于帧间差分方法得到前景运动像素，然后基于运动像素密度的统计数据实现异常行为的快速识别。Zhou 等[141] 提出了一种新的动态行人代理（Mixture Model of Dynamic Pedestrian-Agents，MDA）混合模型用于学习聚集场景中行人的集体行为模式，在基于代理的模型中，每个行人由一个代理驱动，形成一个带有初始状态和终止状态的线性动力系统，从而可以根据行人的部分轨迹推断行人过去的行为并预测行人未来的行为。

基于模型的方法主要对正常行为进行建模，然后，通过判断行为是否偏离正常行为来检测异常行为。这类方法主要包括：马尔可夫随机域（MRF）、高斯混合模型（GMM）[142-146] 和隐马尔可夫模型（HMM）、隐式狄利克雷分配模型[126]、社会力模型[147-148] 以及多种模型的改进或融合模型等。例如，Feng 等[146] 从 3D 梯度中使用 PCANet 提取出人群的外观特征和运动特征，并基于提出的深度高斯混合模型对正常模式进行学习，从而实现异常行为的检测。Bera 等[149] 首先利用在线多目标跟踪算法获取行人的运动轨迹，然后应用贝叶斯方法得到基于运动轨迹的局部行为特征和全局行为特征，最后通过计算局部行为特征和全局行为特征的欧式距离来判断行人的异常行为。

3) 无监督学习：主要通过从无标记的数据中提取统计特征进行学习，从而实现分类。如 Alvar 等[150] 提出了一种基于优势集的非监督学习框架的异常行为方法。Ren 等[151] 考虑训练样本的自相似性，利用非负矩阵分解学习样本的特征空间，并采用支持向量数据描述法来衡量特征空间中的聚类程度，从而提出了基于无监督核学习的方法来实现异常事件的检测。文献[152]提出了基于混合主体的策略实现人群场景中的异常行为检测，首先基于主体进行场景分析（动态和静态信息），然后将人的行为分为个体行为和群体性行为，分别提取行为信息，并通过词袋方式进行特征表述，最终基于分类的方式进行实现。Chen 等[153]提出了基于加速特征的算法，即采用基于三帧相邻图像的灰度不变性的加速特征代替光流特征，并将相邻图像的行为状态进行运动关联，实现异常行为的分类。文献[154]通过丰富的可视描述集对场景中人群特征进行量化，并基于时空模型实现了描述集的计算，通过综合各类层次的表述实现人群行为的判断。Pennisi 等[155]提出了一种在线实时的基于香农熵的异常群体性行为识别方法，该方法不需要离线的训练过程，主要利用提取的特征和图像分割计算图像熵（Image Entropy）和时间占有变量（Temporal Occupancy Variation，TOV），并用这两个参数对行人行为进行分类。

为加速异常群体性行为的识别速度，文献[156]和文献[157]分别进行了探索，文献[156]提出了有效稀疏融合的群体行为学习框架，在一定程度上加快了异常行为的识别速度；Zhang 等[157]提出了基于位置敏感哈希滤波的方式，并使用粒子群优化方法实现最优哈希函数的搜索，从而加快了算法的识别速度。

2.2.3.2 人群人数属性研究

群体性行为不仅可以通过行人速度的突变信息反映，还包含通过人群数量的变化信息反映，即人群数量信息或人群密度信息随时间的突变将导致群体性突发事件的产生。另外，视频图像中行人人数统计问题或行人区域密度估计问题[158-160]也是公安领域对智能视频监控的群体性事件监测的需求任务之一。在社会治安领域中，行人数量的估计可以用于拥挤检测以及人群中其他异常行为识别[161-162]等方面，因此具有重要的现实意义。为此很多学者对这一问题进行了大量研究。综述性文献[163-164]和近些年学者们的研究成果将行人计数算法归结为以下三类。

（1）基于检测的方法。这类方法主要是通过设计检测器来检测视频图像中的每个个体，然后统计个体数量实现计数功能，也称为直接方法。检测器主要有行人检测器[166-169]、行人头肩检测器[170-173]和人脸检测器[174-175]等。基于行人检测的方法主要分为图像特征提取和二分类器的训练两个过程。采用的图像特征主要有颜色特征、Haar Wavelets 特征和梯度直方图特征（Histograms of Oriented Gradients HOG）[176]等及其改进的特征，分类器主要选用支持向量机、神经网络、Adaboost、深度神经网络等。基于形变部分模型（Deformable Part Model，DPM）[177-178]检测方法进一步改进了由于图像中行人间的部分遮挡导致的检测失败问题。这类方法的优势在于，当场景中的单个行人可以被正确分割时，场景中的总人数在某种程度上不受摄像机透视问题、不同人群密度和部分遮挡等因素的影响。但是复杂场景下实现准确的分割或检测行人本身就是件很复杂的问题，目前尽管很多学者对行人检测和人脸检测算法进行了大量的改进（如采用深度卷积神经网络等方法进行改进），而且行人检测精度也一直在提高，同时人脸识别算法在门禁、移动支付、机场、车站、商场等很多场景下已经实现应用，而且精确度也非常高，但是当场景中行人较多存在拥挤，导致行人间存在严重遮挡，或者室外监控设备安置较高导致人脸较难以准确捕捉等情况下，基于检测算法在内的直接计算方法的漏检率很高。

（2）基于统计或基于机器学习的方法。该类方法的主要思路是将视频图像的行人前景划分为多个图元块，分别提取每个图元块的低级属性特征，通过构建图元低级属性特征与人数属性的回归映射来确定每个图元的人数，最后进行累加得到总人数。因此这类方法的关键在于行人图元特征的选取和回归模型的选取，采用的图元特征主要包括纹理特征、前景像素量、SURF特征点[179]和边缘特征[180]等特征，采用的分类和回归策略包括线性回归、神经网络、高斯过程回归和机器学习等模型。这类方法也称为基于回归的方法[181-196]，是目前使用最广泛的视频人群计数方法。

基于图元属性与人数间映射的方法最初是由Albiol等[181]提出的，文中采用Harris角点检测器[182]来检测运动的关键点，并将这些关键点作为特征，然后基于关键点与人数的直接正比例关系来估计场景中的人数。Chan等[183-185]最先采用高斯过程回归方法和贝叶斯泊松回归方法来得到图元低级特征（如前景面积、图元内包含的边缘数量和纹理特征）与人数间的映射关系；文献［186］—［190］均采用SURF特征或者改进的SURF特征等构成的集成特征，并基于支持向量机确定每个前景图元的人数。文献［191］使用基于流速度场估计得到的新特征，并基于二次回归方法实现视频数据中的行人计数。Zhang等[195]在基于回归模型的基础上添加分布式标记学习策略实现行人计数。Al-Zaydi等[196]提出了分段线性模型的动态特征选择来解决监控场景中行人间存在的低遮挡和高遮挡情况。虽然这类方法需要一些前提工作，包括特征选择和离线训练过程，但在行人间存在严重遮挡的情况下，这类方法比基于检测的方法鲁棒性更好而且效率更高，因此很多学者基于这类方法进行了后续的改进研究。

另外很多学者也尝试其他的机器学习方法，如稀疏表示方法[197]和深度学习方法[198-200]，并取得了较好的行人计数结果。深度学习方法主要通过大量的样本数据，采用卷积神经网络模型确定图像特征与人数间的直接关系，从而不必分割前景行人，仅依据图像的整体特征便可确定场景中的人数。基于深度卷积神经网络模型算法的精确度高，但该类算法对样本数量和处理设备的计算能力要求较高。

（3）基于跟踪的方法。近几年较为流行的行人跟踪方法主要是将视频中的行人流看作一个网络流，并且将相邻多帧图像中的每个个体的行走路径看作一个连续的运动轨迹，通过计算运动轨迹个数来确定该段时间内行人的数量。目前学者们将跟踪问题建模为一个仿真网络中的 1-流问题或者 1-路径问题，然后采用一些网络流优化的方法来解决同时跟踪多个目标的任务。文献［201］将多目标跟踪问题建模为在仿真网络中的多标记的条件随机场问题，并且采用了 alpha-扩张算法得到连续轨迹集。由于多个行人间的运动轨迹会存在交叉的情况，Ben Shitri H 等[202]将该问题建模为多商品（Multi-commodity）网络流。该类方法在场景中行人相对稀疏的情况下跟踪效果较好，当行人出现交叉或者行人遮挡严重时，会导致跟踪失败，从而影响计数结果的精度。需要注意的是，时间信息和网络模型除用于多目标跟踪研究之外，也可以用于图像特征选择[203-204]和其他应用中。

近年也出现一些多种模型的融合算法，Hashemazdeh 等[205]提出了基于关键点和基于分割特征融合的方式实现拥挤场景下的人数统计；Zalluhoglu 等[206]提出了一个检测跟踪区域与回归融合的框架实现监控视频中的人群数量统计。针对视频图像中行人极度密集的情况，文献［207］—［210］采用了深度卷积神经网络进行视频数据中行人的分类计数。

2.2.4 视频大数据分布式处理模式研究进展

大量的高清摄像机布防在各个城市的每个角落，每天 24 小时昼夜不停地进行监控，其产生的数据量随时间的增加而增多，同时也随摄像机个数的增加而增多。因此视频监控系统每天将产生海量的视频数据，这些视频大数据的存储、查询和分析对计算机科学和管理科学提出了巨大挑战，而且非结构化的视频图像数据的处理方式不同于文本、数字数据等结构化数据，它需要特定的数据分析技术。文献［211］和文献［212］基于云计算技术对视频大数据进行处理，提出了基于语义的视频结构描述方式实现对云计算环境中视频数据的表示和组织。Apache Hadoop[213] 被广泛用于存储和处理大数据，它具有高扩展性和很好的灵活性。对于大多数的监控系统，很多监控摄像机不具有智能性，只具有获取数据的功能。另外，除视频处理技术的局限性之外，针对每个监控摄像机提供一个处理器来实时有效地处理录制数据是不切实际的，而且代价非常昂贵。因此针对治安监控系统来讲，其在所管辖范围内部署了大量的监控摄像机，并需要将这些监控摄像机录制的海量视频数据存储在分布式文件系统中，并需要采用云计算处理技术实现视频数据的并行处理。针对这个现象，很多学者[214-222]尝试采用分布式框架来实现多媒体数据的研究分析。Wang 等[214] 采用基于 Hadoop 的 MapReduce 分布式框架实现了图像分类、视频事件监测和近似视频检索的应用研究。Tan 等[215] 提出了快速并行的视频处理方法，主要使用 FFMPEG 和 OpenCV 开源库，并基于 MapReduce 框架实现了人脸检测、运动检测和简单的跟踪算法，实验部分采用 6 个计算机节点的 Hadoop 集群对其提出的方法进行了验证。Liu 等[216] 针对视频摘要提取问题提出了基于 Hadoop 的大规模视频管理平台，并验证了 Hadoop 集群的参数配置对视频处理性能具有较大的影响。文献 ［217］提出了一个基于 Hadoop 的分布式视频转码系统，实现了在云计算环境中将不同编码格式的视频向 MPEG-4 格式的转换功能。文献 ［218］和文献 ［219］使用 MapReduce 模型实现了分布式的人脸检测，其实验结果验证了基于 Hadoop 集群环境的人脸检测算法具有较低的计算复杂度。在文献 ［220］中，作者实现了视频大数据在 Hadoop 集群的多个节点上的分布式处理，其中前景物体检测任务主要采用背景差分算法的并行处理来完成。Lin 等[221] 阐述了当前视频大数据处理技术的发展现状，并提出了分布式智能视频监控系统框架。Ding 等[222] 基于 11 台机器构建的 Hadoop 并行平台实现了视频大数据中行人的分布式检索问题。目前针对视频大数据的研究还处在初期阶段，多数研究中采用的并行视频处理算法相对简单，其实现的功能也相对简单。

2.2.5 现有研究存在的不足

上述对国内外研究的综述分析和总结了视频大数据中行人具体问题的研究方

法。从系统工程角度和技术算法角度总结发现，现有研究存在以下四方面的不足。

(1) 视频大数据中行人行为识别问题缺少整体统一的知识管理框架。目前视频数据中的行人信息挖掘问题受到国内外学者的广泛关注，也取得了很多的研究成果。在计算机视觉领域，目前的行人信息挖掘方法大多基于机器学习方法，依据分析需求设计多种不同的底层特征并选择单个或多个融合的分类模型进行信息提取。这类处理方法大多数仅从图像图元属性角度去分析，与人类视觉的处理过程还有较大的差距。人类对视频图像中物体的视觉认知过程离不开人脑中庞大的知识网络，人脑中存储的大量历史先验知识使得人类视觉在分析理解场景中的事物具有很高的准确性和稳定性。与人类视觉相比，目前的行人信息挖掘过程中仍然缺少系统的先验知识的管理、关联和应用，即文献中较少有针对行人属性特征的融合方法的研究，以及较少有关于行人属性特征间的关联关系的研究。此外，不同监控场景下对视频数据的处理需求不同，而不同摄像机下的行人问题的处理算法多数是包含多个处理步骤的集成的算法，多个模型算法包含的子模型算法间会出现重复的情况，在大数据环境下，模型算法的冗余会造成大量存储空间的浪费。而且不同监控场景不同监控需求所需要的先验知识可能会存在差异，因此针对整个视频监控系统，需要统一的知识框架模型对整个行为分析过程涉及的知识、信息和数据进行管理和组织，对行人属性特征和先验知识的融合方法的研究以及属性特征间的逻辑关系的研究对实现异常群体性行为关联特征的有效融合和管理具有重要的理论和现实意义。

(2) 骨架属性挖掘算法时间复杂度高。单人骨架属性挖掘算法存在的主要问题是对轮廓细节过于敏感，容易产生很多小的分支，从而导致后续的识别工作几乎无法进行。从人类视觉认知的角度出发，人类具有注意分配功能，即人们对基于骨架的事物识别这一过程仅仅是注意物体骨架的主要分支，而自动忽略一些由于形状边界轮廓微小变化而产生的小分支。因此在挖掘骨架信息的同时需要对所提取的骨架进行剪枝，而目前较好的剪枝效果为 Bai 等[223] 提出的基于离散曲线演化[224] 的骨架剪枝算法和沈为等[225] 提出的基于贝叶斯后验概率的剪枝算法，该文献中所应用的骨架是采用距离变换方法[226] 所得到的。虽然这两种算法提取的骨架很精确，并且没有细小分支，但是其算法复杂度较高，运行速度相对较慢。在智能视频信息分析过程中，行人骨架信息的挖掘是对行人行为进行分析的基础步骤，已有的骨架提取算法运行过慢，完全不能满足视频大数据快速性的处理要求，这使得已有的骨架化算法在视频大数据的行人信息挖掘中较难实用。另外，基于深度学习的骨架提取算法精确度很高，但是需要大量的训练数据做支撑，而且所提取的骨架算法表达不够简便。

（3）行人人数信息仅针对单张图像进行分析，未考虑视频人群间的时空关联性。目前基于检测的计数方法和基于统计学习的计数方法这两类方法几乎都是针对监控视频中的单张图像进行处理，这将导致相邻多帧图像人数预测结果值曲线波动性较大。换言之，对于相邻图像中的同一组人群图元，基于这两类方法得到的人数属性值可能是不同的。主要原因是监控摄像机的透视现象：当同一组行人从摄像机近处走到远处时，虽然该组行人的总数未发生变化，但由于该组行人所对应的图元低级属性特征（包括图元周长、图元内行人的遮挡情况等）发生变化，导致估计的人数不一致。这一现象在很大程度上会影响到场景人数计算结果的精度，而且与人类视觉对事物认知的形状恒常性是相违背的。

通过多人跟踪得到人群数量的方法，需要首先识别出场景中的每个个体。将行人检测器用于在视频每帧图像中确定行人可能的位置，然后采用网络上的全局优化方法将这些位置分别连接成一些连续的轨迹。因此，当每张图像中行人可以很好地实现分割的情况下，基于跟踪的方法的计数效率较高，当行人间存在较严重遮挡时则容易出现漏检和误检的情况。另外，该类方法还存在两个问题：ID交换问题和无法准确跟踪每个个体的问题，由于视频目标跟踪技术限制，计算机无法像人类一样在视频中准确跟踪行走过程中出现相互交叉重叠的行人。

（4）单个人或人群的群体性行为分析缺少多类先验知识的应用。目前视频中行人的行为分析研究大多数仍然基于机器学习方法、高斯混合模型等监督学习和半监督学习的分类模型进行分析，这些方法大多依赖于底层视频图像特征直接构建机器学习模型来实现行为分类识别，所涉及的知识通常是行为模型中指定的部分的知识。然而针对海量视频数据的处理问题，行人的某种行为有可能在这个监控场景是异常的，但在另一个场景是正常的，因此为实现异常行为的精确分析，整个视频处理过程离不开知识的参与。知识在整个公安系统的重要性越来越重要，从视频数据的编码及视频数据的分析到视频数据的存储都离不开先验知识的应用。人类视觉认知理论认为，人类大脑可以依据人脑中日积月累的知识系统对视频数据中人群多种不同的信息进行相互推理、相互印证补充，从而保证人类视觉认知的严密推理性、高度精确性和强大容错性。而且当场景中有异常行为出现时，该行为会对周围的行人产生影响或通过行人图元的其他属性信息的变化反映，即可以通过场景中行人图元属性信息的变化推理分析是否有异常事件的产生。因此如何将包括历史性数据在内的多类型的先验知识和业务知识转化为可灵活应用的规则，基于所获取的视频数据中人群属性信息，综合地实现监控视频数据中的群体性行为的识别是目前需要解决的主要问题之一。

综上所述，本书基于知识工程与认知科学理论，实现监控视频数据中的异常群体性行为的监测识别。类比于人类视觉的信息提取过程，采用知识元模式对视频数据中行人群体的属性信息进行组织管理。并分别对视频数据中的单人部分属性及人群属性提取算法进行改进；然后将行人属性信息与行人行为之间关系的先验知识进行梳理，并转换为模糊逻辑命题；最后构建模糊逻辑决策规则用于部分单人行为和群体性行为的识别。

2.3 行人行为先验知识

2.3.1 单人行为的先验知识

在现实世界中，人类视觉在对不同单人行为进行类型识别时，主要基于自身的知识系统对人的四肢以及关节点的位置信息进行分析，其所涉及的先验知识是通过社会实践所总结出的可以用规则进行表达的显性知识。为了将这一类显性知识用于智能行为分析，本节主要针对行走、跑步、向前跳跃、原地跳不向上挥手、弯腰、侧身走、挥手这几类行为进行先验知识梳理。

（1）行走（Walk）。当单个人在行走时，通常情况下行人的高度变化不大。由于行人通常沿着自身既定的方向行走，在一段时间内会有较大的水平位移。在行走时，大多数行人手臂会有小幅度的摆动，两只脚时而分开，时而合并，步幅和步频具有一定稳定性。

（2）跑步（Run）。人在跑步的过程中，其高度通常情况下变化不大。在一段时间内，行人会有比行走更大的水平位移。在正常奔跑时，大多数行人手臂会有小幅度的摆动，两只脚时而分开，时而合并，有着较稳定的步幅和步频，并且步频相比行走更快。

（3）向前跳跃（Jump）。行人双腿并拢向前跳跃时，不仅在水平方向有一定的位移，而且在垂直方向上也会周期性地出现较大的位移，即高度通常情况下会有轻微变化。在跳跃时，通常情况下行人的双腿会合并，双臂会有一定频率的摆动。

（4）原地跳不向上挥手（Pjump）。人在跳跃时，人的高度通常情况下会有轻微变化。由于原地跳跃，行人在垂直方向上会周期性地出现较大的位移。在跳跃时，通常情况下行人的双腿会合并，双臂可能会有一定频率的摆动。

（5）弯腰（Bend）。人在弯腰时，人的高度会有较大变化。由于人弯腰时基本上是静止的不产生移动，所以基本没有水平位移。

（6）侧身走（Side）。人在侧身行走时，行人的高度通常情况下变化不大。在一段时间内，行人会有较大的水平位移。侧身行走时，行人双臂会相对明显，人体骨架上半身会更多地出现两只手臂；两只脚时而分开，时而合并，双脚分开的频率比行走更大，而且双脚之间的分开的距离较大。

（7）挥手（Wave Hands）。人挥手时通常处于静止状态，胳膊会周期性与头部同高或略高于头部。

需注意的是，本节中所涉及的行人先验知识是基于行人与摄像机垂直角度时的情况，当行人与摄像机距离由远及近或者由近及远时需要添加人的图像高度与其图像宽度间关系的知识。另外，本节定义的单人行为类型并不是完善的，可以基于先验知识对单人行为知识元的行为类型进行不断完善。

2.3.2 群体性行为先验知识

基于人类视觉的认知科学认为：当指定监控画面在人眼前进行呈现时，大脑会基于视觉的注意机制，仅对场景中具有突出特点的行人属性状态进行分割提取，并依据已认知的多类先验知识对人群属性状态进行综合判别，从而确定当前的人群行为是否是异常的。本书认为人类对群体性事件的这种相对精准的判断方式主要依赖于以下的三类先验知识，这三类先验知识是与人群属性状态信息相呼应的。

（1）具有异常行为的人数。在一般情况下，行人会以稳定的步态或步频在室外场景中行走或跑动，偶尔会因某种因素出现突然奔跑、突然停止或者运动速度突然发生变化等异常行为,这在多数情况下时正常的。但是当监控区域内的多个人几乎同时出现这类异常行为时,则极有可能是监控场景下或相邻监控场景下突然发生或正在发生某种异常事件。例如,有人持有危险性器械对行人进行暴力袭击时,将会导致当前场景下的行人出现恐慌,从而出现突然跑动、摔倒等异常行为。

(2) 行人聚集和行人疏散。当监控场景内突发异常事件时,如老人摔倒等情况,路过的行人会靠近老人,慢慢附近的行人会受其好奇心驱使而产生聚拢行为;当出现有组织的示威游行活动时,行人会从多个地方会集到整个移动的人群中。因此当监控场景中的某个区域或团体不断有行人聚集,且行人是从多个角度进行聚集时,则当前场景下极有可能已经发生或者正在发生某种群体性行为。需要注意的是,当附近的行人朝一个区域有聚拢的行为,这一现象还可能存在于商场促销活动或者某门店开业仪式等情况,因此需要结合场景知识元和摄像机知识元管理的场景特征进行分析判断。

(3) 人数变化规律。对指定监控场景,在正常状态下,不同的时间段内场景内的行人数量具有一定的历史规律性。例如,随着人们对自身健康的关注以及广场舞的盛行,在 18:00—20:00(随季节气候变换而变化)内是属于广场舞时间,因此该段时间广场上的人数相对较多,在这段时间前后,场景内会存在较大量的人群移动情况;又如在学校路口,正常状态下,只有上下学时间段内会出现较大的人群流量,而其余时间指定区域内人数较少。而当有游行、示威等突发群体性事件发生时,监控场景下的人群量会出现与正常规律不一致的情况,如持续增多的状态。需要注意的是:不同的监控场景其人群数量的规律性是不同的,而且当在节假日、大型晚会、音乐会等演出的时候,监控场景下的人群数量也会出现急剧增多的情况,这需要结合当前的日期、场景知识元和摄像机知识元管理的场景特征进行分析。

简言之,群体性行为对应的先验知识主要分为两类:正常情况和非正常情况。其中,正常情况下,监控场景内行人运动状态剧烈变化情况较少;不同时间段的人群总量具有一定的周期规律性。非正常情况下,场景内人群数量远离正常人数曲线;速度或行为具有突变性的人数相对较多。

3 基于知识的行人行为识别模式

3.1 概述

治安监控视频中的行人行为识别是视频监控领域极具应用价值的研究方向，一直是计算机视觉、模式识别、人工智能等领域的研究热点。近年来，学者们在视频图像中行人等研究方向（如行人人脸识别、行人检测、图像分割、行人单人和多人跟踪、行人人数统计、行人密度估计和行人再识别），取得了大量的优秀的研究成果。然而大多数学者对视频数据中行人某个属性信息的处理方式为：首先基于视频图像数据建立数学模型，提出新的行人特征或者多特征融合的图像特征；然后采用机器学习方法或者统计学习等前沿方法，实现对问题的求解。这类信息挖掘方法仅基于图像中图元属性特征和机器学习方法，而缺乏先验知识和各类相关知识的指导，而且行人属性信息挖掘的精度在大数据背景下很容易受限于算法的局限性，导致行人属性信息提取的错误率较高。因此在模拟人类视觉认知的视频监控系统中，行人行为等信息的挖掘过程离不开监控场景信息以及先验知识的指导。另外，海量的治安监控摄像机所监控的场景信息以及不同监控日期的天气状况可能会存在较大差异，不同监控场景下的治安业务需求也会存在差异，因此对多来源的监控视频进行处理时，需要综合多方面的知识实现视频数据中的行人属性信息以及行为信息等信息的管理。

3.1.1 监控视频大数据的特性

治安监控视频大数据具有明显的 5V 特征，使得视频中的行人行为信息挖掘异常困难。首先，治安监控录制的视频数据量非常大，每天都有成千上万的高清监控摄像机在 24 小时内不间断地对其覆盖范围的所有事物进行信息录制；其次，治安监控视频数据内容具有多样性，每个摄像机所覆盖的社会区域不同，导致录制的视频背景画面不同，而且不同监控场景一般对行人行为的关注点不同，即一般具有不同的监控需求；再次，视频大数据具有价值密度低的特点，大多数情况下行人都是以正常平稳的行为状态出现在监控场景下，由于自身或外界引起的异常行为发生的概率非常小，导致对智能预警的有价值的异常行为数据所占比例非常小；最后，在对视频大数据进行处理时，为保障数据的时效性，需要较快的处理速度，可以实现快速有效预警，否则异常行为数据的价值仅停留在异常数据的搜集中，不能很好体现出智能监控的优势。

治安视频监控系统基于物联网技术将部署的海量高清摄像机连接入网，对海量监控数据进行处理和管理时，需要基于分布式框架实现结构化数据和非结构化数据的有效管理和快速分析。

3.1.2 知识在监控数据中的重要性

目前，基于机器学习的计算机视觉方法日益盛行，如深度学习方法在人脸识别、图像理解等视觉任务中取得了巨大的成功。然而，尽管这些机器学习方法使得监控设备具有了一定的智能性，但与人类视觉认知功能相比仍存在很大的不同，主要体现在具有智能性的机器设备缺少存储于人类大脑中的在人类视觉中发挥重要作用的庞大知识网络。人脑中日积月累的先验知识使得人类视觉具有严密的推理性、高度的精确性和强大的容错性。

人类基于视觉对行人行为进行认知的过程离不开大脑中的知识系统。当人眼看到某个行人时，经传输系统将视觉信息传输到大脑中，与已存储的知识系统发生关联，从而可以迅速得到该行人的属性信息，如身高、样貌、服饰、胖瘦、轮廓、肢体动作等信息。除此之外，还可以依据行人多种不同的属性信息相互推理，进一步准确判断该行人的行为目的和大概的心理状态，即人的知识系统与思维能力可以实现信息的补全功能。在治安监控视频中，由于摄像机深度和拍摄角度问题，使得监控场景中很多行人以相互遮挡的形式显示在视频图像中，在这种情况下人类仍然可以较为准确地提取被遮挡行人的轮廓和行为动作。这主要是因为人类大脑的知识系统中存储了人的多种完整轮廓或部分轮廓骨架知识，可以利用这类知识对被遮挡的行人进行较准确的行为分析。针对治安监控视频中的人群行为，如当人眼看到某公园内行人非常的多，人类会很自然地关联到今天是不是节假日或其他特殊日期，结合每个个体具体的行为状态信息，从而可以很精确地判断出当前状态是否正常；又如，当大量行人从不同街道或路口往某条通往大型商场的街道上拥挤时，人类会关联大脑中的知识网络，通过先验知识，猜测出该大型商场可能有促销活动。

因此，作为模拟人类视觉的模拟系统，视频监控系统需要融合多来源的知识和治安业务信息来实现视频数据中行人的综合分析。例如，视频监控网络中相邻摄像机的监控场景信息存在一定的关联性，如果针对每个摄像机单独进行分析，则容易出现部分信息重复的问题，因此需要基于摄像机间的关联知识将同一路段或同一广场的多个监控视频信息进行综合管理。同时，不同监控摄像机所肩负的监控任务不同，监控数据所关联的治安业务需求可能存在不同，那么在处理不同监控视频所需的先验知识、业务情报信息等也会存在一定的差异，为避免知识数据间的相互交叉造成的冗余问题以及为了提高视频处理精度，需要基于知识工程的管理方式实现对先验知识以及视频处理过程中所涉及的行人属性信息的分布式管理。其中，视频图像中行人行为识别过程中所涉及的先验知识主要来源于三个方面：①人类视觉认知的常识性知识；②治安群体性事件的业务知识；③基于大数据分析所获取的知识。

3.1.3 行人行为识别思路

正如 3.1.2 节所述，人类基于视觉在进行行人行为识别时，需要综合行人的多种属性信息以及这些信息所形成的庞大网络，来指导实现行人属性信息间的相互推理和相互印证。因此，当计算机处理器智能地提取视频数据中行人行为属性信息时，需要同时提取出行人的多种属性信息，并根据这些属性信息在时间域上的变化情况进行准确的和鲁棒的行为识别。

基于知识的行人行为识别思路为：首先，采用知识元模型对人的行为（个体或群体行为）进行描述，并将相关的行人属性先验知识进行显性知识化。在视频图像处理过程中，将视频图像中的行人以图元为最小单元进行分离并提取其相应的行人图元属性信息，将行人图元属性作为行人知识元的一类属性；其次，依据行人知识元的基础属性与图元属性间的关系、行人图元间时空关系以及场景和环境相关的先验知识，以模糊逻辑规则化了的先验知识为指导，实现对行人行为的识别。其中，行人知识元的行人图元属性信息包含人脸属性信息、行人位置信息、行人骨架属性信息、区域内行人数量属性信息、速度属性信息等各方面属性信息。针对开放性公共场所，由于摄像机监控的范围通常较广，其角度和高度使得目前的人脸检测算法较难获取视频数据中大多数行人的人脸信息。另外，从人类视觉认知角度，行人群体性异常行为通常由行人在视频中的几何肢体状态以及几何肢体的机械运动表达出来，因此本书主要针对行人在视频中表现出的行为状态进行异常行为的识别。

在监控场景下，行人透过监控摄像机成像时，由于人与人之间的距离和摄像机的空间深度问题，导致视频图像中存在行人之间相互遮挡、无法分离的情况。本书将视频图像中可以分离出的单个行人作为单人图元，将视频图像中相互遮挡、不能很好地进行分离的多个行人作为多人图元，并对单人图元和多人图元分别进行图元属性信息提取。

针对治安监控视频大数据，监控视频所处的场景环境、不同区域的监控摄像机之间的地理位置关系、道路交通信息、治安业务等，都是与行人行为信息相关的知识源。因此，当对数以万计的监控视频大数据进行行人行为识别时，需要管理和存储的信息量巨大，而且采用传统的行人行为识别方法具有一定的局限性。

因此，本章基于知识工程理论提出了基于知识的行人行为信息挖掘框架，基于知识元模型实现对行人行为识别过程中涉及的多类知识进行管理，并指导视频数据中行人的信息挖掘过程。

3.2 行人相关知识元及图元

知识元是对事物及其属性关系的一种最小知识粒度的描述方式。客观存在的事物具有一定的尺寸大小，这会占用一定容量的空间，当通过光学设备构成图像时，表现为占据图像的对应比例区域，称为图元，即视频图像中行人的图像属性信息主要以图元为粒度进行描述。

本书将事物以对象知识元进行描述，并将事物的图元属性作为事物对象知识元的一类属性，事物对象知识元的尺寸大小以及颜色特征等基础属性分别表现为其图元的几何属性和图像属性。对象知识元与其图元属性具体关系描述为：图元可以被看作相应对象知识元在物理光学影像下的包含色彩信息在内的看得见的实体，是对象知识元在视频图像中的实例化的图形表达，因此图元是对象知识元的一类属性。此外，图元具有自身的影像属性，也称为图元属性，其几何属性和图像属性与光源的位置和角度有关，而且对象知识元的基础属性与图元属性间具有映射关系。一方面，已认知的物体对象及属性知识元可以作为图像中图元（客观存在的对象）及其属性的提取和识别的理论基础；另一方面，针对某些具体场景与事件，也可通过构建知识元的基础属性与图元属性间的关系映射，对已识别的客观对象及其属性进行修正。

3.2.1 行为识别相关知识元

为更好地描述不同监控场景下的行人状态信息，实现行人在视频大数据环境下的综合分析，需要基于知识元模型对视频监控中行人行为分析过程中涉及的场景以及行人的一些信息进行抽象化描述，其中基础知识元主要包括环境知识元、监控摄像机知识元、场景知识元、事件知识元、行为知识元、行人知识元和关系知识元。其中，行人知识元又可以细分为单人知识元和人群知识元，关系知识元主要用于描述基础知识元间的关系以及基础知识元属性间的关系。

3.2.1.1 环境知识元

环境[227]，本书中也称为天气，是大气状态在一定时间间隔内的变化。天气的状态会在一定程度上影响着事物的表象状态。例如，行人的行为习惯和行为方式在天气晴朗和雨雪天气下会有一定的不同。同时天气状态和光照强度也会影响监控场景下客观存在事物的实际状态和成像情况，继而影响视频处理策略以及行人分析识别算法的精度。因此需要定义环境知识元。

天气主要以各种自然现象进行描述，即某一时刻或某一时间段内的气象情况，包括气温、气压、湿度、风向、风速、云、雾、雨、闪电、雪、霜、雷、雹和霾等，针对具体的某一种气象要素还存在着更细致的描述方式。天气系统具有一定的空间尺度和时间尺度。本书将云、雨、雪、雷、雹等气象因素用天气现象来描述，包括晴、多云转晴、小雨、雨夹雪、中到大雪、沙尘暴、霾等。

环境知识元={序号ID,属性{日期、时刻、气温、气压、湿度、风力风向、天气现象、光照强度、能见度}}。

环境知识元主要用于辅助得到监控场景在不同时刻的背景图像信息,以及作为视频图像处理过程中预处理算法的选择和具体算法参数的选择的重要依据。

3.2.1.2 监控摄像机知识元

视频监控系统主要包括前端摄像部分、传输部分、控制部分、显示部分、供电系统和防盗报警部分。其中前端摄像部分依据不同的分类规则得到的分类情况如下。

(1) 按工作原理及传输信号的不同主要分为数字摄像机和模拟摄像机。这两者的区别主要在于视频数据的传输方式和清晰度,目前模拟监控摄像机由于基数较大,在市场上仍占有很大的比例,但是在市场的需求推动和科技的发展形势下,数字摄像机所占的比重将会越来越大,未来将有可能完全代替模拟摄像机。

(2) 按照外观可以分为枪机、半球、球机。其中交通道路等室外场所多是枪机,半球多在室内或车辆内,而球机可以在远程实现旋转局部放大等功能,从而实现360度无死角的场景监控。

(3) 按照摄像功能分为宽动态、强光抑制、道路监控专用、红外摄像机、一体机等。

(4) 按照特殊环境应用分为针孔摄像机、摄像笔、烟感摄像机、防暴摄像机等。

由于本书主要以公安安防业务为需求展开研究,而监控系统中对场景信息成像效果影响较大的主要为前端摄像机的参数,因此本书中仅对监控摄像机知识元的部分属性进行定义阐述。监控系统中其余部分主要按照公安领域的标准进行部署,包括 H.264 和 H.265 的视频编码方式,这里不做介绍。

监控摄像机知识元={设备 ID,属性{设备外观、设备配置、设备类型、监控地点、是否具有智能性、设备智能功能},关系{}},其中设备配置包含摄像机的焦距、成像的分辨率等。是否具有智能性是指该设备能否对其监控场景实现简单异常事件的智能检测,如入侵检测、快速移动等简单事件的自动识别。

3.2.1.3 场景知识元

针对具体一个监控场景,将场景内存在的树木、建筑、路灯等固定事物,称为客观存在的事物。首先基于监控摄像机获取场景背景图像;然后依据算子库中的图像分割算法得到该场景背景图像的分割状态,将场景分割状态与监控视频数据提取的前景图元结合,可以有效地排除噪声对视频处理精度和处理速度的影响。通过在视频图像处理过程中仅考虑可能存在行人的场景区域,可以很好地提高前景行人图元提取的精度和提取速度。

场景知识元＝{场景ID,属性{场景类型、场景名称、场景地点、场景格局、监控设备数量},关系{ }}。其中场景类型主要包括：小区、交通路口、公园、广场、停车场、商场、室内等；场景格局主要通过场景背景图像的分割状况体现，以便于用于辅助视频数据中前景物体的提取。

3.2.1.4 事件知识元

根据调研结果，基于视频监控系统的社会治安突发事件管理主要关注监控场景下以下事件：边界入侵事件、越线检测事件、徘徊检测事件、人数统计、人群聚集、踩踏事件、暴力事件、聚众斗殴等事件。本书采用模型知识元的方式进行组织管理。

事件知识元＝{事件ID,属性{事件名称、事件类型、事件发生时间、事件发生地点、行人数量、对社会影响程度},关系{行人数量与影响程度存在潜在关系、事件类型与行人数量间存在关系}}。关系属性主要基于大量实际案例结合当时社会情境分析得到的。

3.2.1.5 行为知识元

行人行为的共性特征可以基于行人行为视频图像库采用知识发现算法得到，或者对常识性知识中针对不同行为类别的先验知识进行梳理。行为知识元定义如下。

行为知识元＝{行为ID,属性{行为类别、行人的肢体状态、行人间的肢体空间关系、行人的人数信息、行人行为图元序列特征},关系{ }}。其中，行为知识元可以细分为单人行为知识元和人群行为知识元。单人所表现出的行为类别主要有直立、蹲下、跑动、行走、挥手等；多人可能存在的行为类别主要有行走、打架、聚集、游行等，或依据监控需求仅分为正常行为和异常行为两种类型。行人肢体状态、行人间的肢体空间关系和行人的人数信息特征这三类行人特征的描述对应于行人指定行为图元序列的特征。行人行为图元序列特征主要来源于两个途径：①对行为视频图像库中的指定行为类型的数据基于统计学习或机器学习挖掘算法得到特征；②对于指定行为类型依据常识性总结得到其共性特征。这些行为图元序列特征可以作为先验知识，用于辅助视频图像处理过程中对行人图元属性的匹配提取，然后结合视频图像序列的时空特征实现行人的行为分析，为公安业务人员提供决策依据，最后结合人工研判的方式来实现异常事件的识别。

3.2.1.6 视频知识元

视频知识元主要用于记录视频片段的主要信息。视频数据的来源有很多，例如手机、录像机、平板电脑、电脑、监控摄像机以及网络等。本书主要针对监控摄像机录制的视频，而对于治安监控系统来讲，其部署的监控摄像机有成千上万个，因此视频知识元中需要包含摄像机 ID 这一属性来对录制设备进行表示，从而可以关联摄像机 ID 来获取摄像机相关的属性。其定义如下。

视频知识元＝{视频 ID,属性{时间戳、视频名称、监控场景 ID、摄像机 ID、视频大小、分辨率、视频描述、存储路径}}。

3.2.1.7 行人知识元及其关系知识元

监控场景下的人依据其交通工具主要分为机动车辆上的人、非机动车辆的人和不采用任何交通工具的人。本书所研究的人主要为不通过任何交通工具在场景中出现的人，包括单人和具有相似运动特征的人群，统一简称为行人，且多为动态的。行人知识元主要通过单人知识元和人群知识元进行分别描述，通过光学影像对应得到的图元属性主要包括单人图元和多人图元，若不明显区分则统称为行人图元。由于视频中的行人处于运动状态，其移动位置具有连续性，表现为图元的时空位置关系，即图元位置关系知识元＝{位置关系 ID，属性{视频 ID、图像序列起止号、图元网络模型}}。因此基于图元网络，可以得到其行人图元的属性信息的关联关系以及具体的行人图元的属性信息。

3.2.1.8 单人知识元及其关系知识元

人作为一个社会生活的个体，按照生理和心理的变化规律分为婴儿期、幼儿期、童年期、青春期、成年期和老年期。本书依据行人在行为习惯上的不同，将行人主要分为婴儿（成人通过肩带背着或者坐于婴儿车）、幼儿（可以独立行走，但不具有辨别意识）、成人（可以独立支配自己行为的，有辨别能力的，可以承担刑事责任的）、老人（具体表达在其行为上，拄拐杖等），这种形式的分类主要体现在其行为状态以及行走速度上的区别。单人的基本属性信息主要有：单人 ID、姓名、国籍、籍贯、民族、年龄、身高、体重、衣着、发型、是否戴眼镜、是否具有典型的外观特征、工作、家庭住址等。当单个行人依托于其所在的场景环境，并通过该场景对应的监控摄像机形成的图元区域，本书称为单人图元。

单人知识元＝{单人 ID,属性{基本信息、类别、行为、单人肢体状态特征、单人图元}，关系{}}，单人肢体状态特征是描述行人行为的方式，其对应于单人图元的骨架信息；单人的基本信息中的身高、体型、发型、类别等本征属性以及单人与摄像机的距离决定了对应单人图元的几何属性，通过关系知识元获得；单人的基本信息中的衣着属性、发型等外貌属性以及单人与摄像机的距离决定了对应单人图元的图像属性，即单人的本征属性决定了单人图元的属性，而且同一个个体的图元属性还取决于监控数据录制时的天气状态、摄像机状态、所处的场景信息等。反过来讲，在视频监控系统中，计算机视觉和模式识别领域面临的主要问题是如何依据单人的多个图元属性实现单人本征属性的恢复。

由于监控场景成像的图像特征与监控摄像机的属性有关，因此将监控摄像机知识元与场景知识元进行关联，得到关系知识元，该关系知识元的属性除了继承这两种知识元的属性之外，还包括监控场景的成像状态、摄像机具体的参数等。具体为场景成像关系知识元={知识元关系 ID,属性{摄像机 ID、时间戳场景 ID、设备安装角度、设备安装高度、设备状态、场景成像的图元分割情况、关注事件 ID}}。该关系知识元主要用于监控视频中的预处理过程和前景图元的提取过程。个体成像关系知识元={属性关系 ID,属性{摄像机 ID、时间戳场景 ID、单人知识元基础属性与图元属性的映射关系}}。依据该类关系知识元可以实现前景图元中个体图元的筛选，关系函数的确定主要采用经验法、调查研究和机器学习算法等。

3.2.1.9 人群知识元及其关系知识元

社会活动中的人具有群体性特征。通常情况下，监控场景下的单人可能会聚集在一起行走，他们具有相同的行为属性。在视频图像中通常表现为一组相互间存在遮挡的人群，这使得人群内每个行人的图元都较难以准确分割，即使可以通过细致的分割算法得到多个单人图元，每个单人图元也具有不完整性，不能很好地用于行为分析，因此将相互遮挡的人群作为一个整体图元进行分析。

人群知识元={人群 ID,属性{人数属性、速度属性、行为属性、多人图元},关系{}}。其中人数属性对应于人群图元（多人图元）的人数属性信息，在理论上这两个属性值是应该相同的，但由于多人图元的人数属性主要由图元的低级属性特征通过映射关系得到，因此会存在一定的差异。

人群关系知识元用来描述多人图元低级属性特征与人群属性间的映射关系，映射关系的表达主要通过机器学习或统计分析等方法挖掘分析得到。其具体定义为人群关系知识元={映射函数 ID,人群 ID,多人图元,场景 ID,摄像机 ID,关系函数表达式}等。除人群关系知识元外，还存在图元属性间的其他关系知识元，书中统称为人群属性关系知识元。

3.2.2 基础知识元的图元属性

由于本书在视频图像处理过程中以图元为最小单元对图像信息进行分析，针对行人的图像属性信息挖掘也主要是基于行人图元进行的，通过与行人知识元的图元属性构成映射，并基于关系知识元指导其属性的提取。因此本小节对在行人图元分析过程中可能涉及的图元属性（包括几何属性和图像属性）进行梳理。

给定一个监控社会情境，显然监控区域出现较多的变化的事物为车辆和行人，因此将监控图像中的图元分为场景图元、车辆图元和行人图元。本书中场景图元可以细分为树木图元、道路图元、建筑图元等客观存在的事物图元，由于这些图元在具体场景中具有客观存在性，并且当监控摄像机参数状态不发生变化时，客观存在的事物图元的几何属性一般情况下是不会发生变化的，因此本书统一用场景图元表示。由于场景下的行人信息是社会治安对突发异常事件管理的关键，因此本书仅针对监控场景下的行人图元进行分析。

给定一张包含有行人的图像，基于图像粗略分割算法获取到的图元内人数出现两种情况：单个人情况和多个人情况，对应的图元分别简称为单人图元和多人图元。多人图元是包含多个人的行人图元，由于空间深度原因或行人本身空间位置相近，导致这些行人相互遮挡很难分离。显然针对某些多人图元可以继续依据图像精确的分割算法将其分出多个行人，但分割出的行人图元严重脱离了单个人的基本形状，这会对后续的分析造成很大的干扰，因此本书针对多人图元情况，不再进行进一步细分。针对单人图元的情况，单人图元依据其图像色彩属性以及人体分割理论也可以精确分割成多个图元，其中，用于图像识别和行为分析的主要图元为头部图元、上身图元、下身图元。因此根据不同的处理需求可以对图元进行不同粒度的分割，本书将单人图元和多人图元分别作为最小粒度图元进行分析。由于单人图元和多人图元均属于行人图元，在图元属性类型上是相同的，因此将这两种图元进行统一定义和分析。

行人图元的属性主要分为几何属性和图像属性，其中几何属性与行人知识元的空间大小属性以及行人的肢体状态等属性相关，图像属性与行人知识元的外观、衣着样式等属性相关。

3.2.2.1 几何属性

行人图元的几何属性即对应于行人图元的几何特征，有中心坐标、形状、周长、面积、外接矩形的长宽、Hu 不变矩等。其中形状属性是客观物体本身的一种外在轮廓表现，是人类视觉系统对物体进行识别的重要依据之一。形状属性主要有点集属性、轮廓属性和骨架属性三种表示形式。其中，点集中所有的点在位图中的显示构成了图元的轮廓属性，通过将轮廓上的所有顶点根据顶点对其形状的贡献程度进行删减，可以得到简化的多边形轮廓。骨架是将轮廓进行理想化细化得到的一种表示形式，保持了图元的结构信息，其表达方式一般为位于图元中心的顶点集。因此形状属性的三种表示形式的描述方式可以为点列的顶点集描述方式，也可以为简化之后的边集所构成的图结构的描述方式。因此单人图元的形状属性可以采用点集描述的图元或者边集描述的图元进行表示；中心坐标属性可以通过形状属性来计算得到中心位置坐标；周长属性分别为点集中所有顶点的数量和边集中所有边的长度之和，该属性的两种描述方式均具有可测度性，其测度量纲为数值型；面积属性为图元几何形状中所包含的像素点的总个数，该属性具有可测度性，其测度量纲为数值型；Hu 不变矩属性也称为几何不变矩，在连续图像条件下可以保持平移、缩放和旋转的不变性，Hu 不变矩在一定程度上可以用于识别包括色彩信息在内的图元的部分属性特征。Hu 不变矩属性通过基于二阶中心矩和三阶中心矩来构造的七个不变矩来进行表示，该属性具有可测度性，其测度量纲为 7 个测度值。假设图元的多边形属性的顶点序列的坐标为 $(x_0, y_0), (x_1, y_1), \cdots, (x_n, y_n)$，则基于顶点集可以得到图元的外接矩形的两个对角顶点为 $(\min(x_0, x_1, \cdots, x_n), \min(y_0, y_1, \cdots, y_n))$ 和 $(\max(x_0, x_1, \cdots, x_n), \max(y_0, y_1, \cdots, y_n))$。

3.2.2.2 图像属性

百度百科[228]认为图像的基本属性包括像素、分辨率、大小、颜色、位深、色调、饱和度、亮度、色彩通道、图像的层次等。本节主要针对本书提出的算法所涉及的图像属性进行说明，将图元的图像属性定义为图元的色彩属性，主要有色彩通道数、颜色类型、颜色直方图、纹理属性、显著性特征、行人人数属性等。

（1）色彩通道数：用来表征图像的颜色通道，主要分为三通道彩色图像和两通道灰度图像，该属性为可描述属性，其测度量纲为测度值，取值为 1 和 3。

（2）颜色类型：由于受外界环境及光照强度的影响，以及视频图像处理技术的限制，书中图元的颜色类型属性主要考虑图元内颜色为纯色的情况，表征具体颜色的名称。该属性为描述型属性，其测度量纲为颜色名称，当图元内含有多种颜色时，颜色名称规定为混色。

（3）颜色直方图：是图元中的所有像素点颜色值的统计信息，用来表征图元内像素点的颜色分布特征，为常规可测属性，其测度量纲为特征向量。

（4）纹理属性：可以用纹理特征来具体表述，纹理特征是图元的一种全局特征，用来描述图元包含的所有内容的表面性质，为常规可测属性，其测度量纲为特征向量。提取纹理特征属性的主要方法有基于灰度共生矩阵的纹理特征分析方法（统计方法）、建立在纹理基元基础上的纹理特征分析方法（几何法）和信号处理方法等方法。

（5）边缘属性：主要通过图像边缘检测算法获取，边缘属性主要用来标识图元中亮度变化明显的点。边缘属性作为图元的一种全局特征，主要以人类视觉系统处理机制中的亮度及对比敏感度机制为依据，它保留图元内事物的结构属性。该属性具有不可描述性，可以通过计算图元内边缘的数目和对应的像素点数量将该属性转化为可测属性，其测度量纲为测度值。目前图像处理算法中的边缘检测算法主要采用一阶导数（Sobel算子、罗盘算子等）或者二阶导数（Canny算子和Laplacian算子等）等方式实现的。

（6）显著性特征：是图元的一种局部特征，主要以人类视觉选择性注意机制模型（或者称为视觉关注机制）为依据，即针对一幅图像，模拟人类视觉系统，将视觉主要的关注点作为显著特征，如物体突出颜色、物体小图标等。在图像中，显著性特征主要以特征点、特征线和特征块三种形式进行描述。目前使用较为广泛的特征点有：①1999年加拿大教授罗伊（Lower）提出的尺度变换不变特征（Scale Invariant Feature Transform，SIFT），该特征对旋转、尺度缩放、亮度变化等图像变化因素保持不变性，是一种非常稳定的局部特征，主要用于图像的匹配问题；②2006年Hebert Bay提出的加速鲁棒特征（Speeded Up Robust Features，SURF）。SURF特征与SIFT特征相似，SIFT特征算法比较稳定，检测特征点更多，但是复杂度较高，而SURF特征运算简单、效率高、运算复杂度较低，在用于图像的匹配问题上要优于SIFT特征；③2011年Calonder提出的二值鲁棒独立因素特征（Binary Robust Independent Elementary Features，BRIEF），该特征匹配速度快，存储所需的内存低。图元显著性特征具有可描述性，但其测度量纲主要依据具体显著性的描述方式来确定，当图元显著性为特征点时，测度量纲为点集；当图元显著性为特征线段或特征块时，测度量纲为显著图元。由于目前精确度较高的人数属性提取算法主要采用的特征点为 SURF 特征，因此为验证本书算法的有效性，图元的显著性特征也采用 SURF 特征。

图元的几何特征和图像特征中除人数属性外均为图元的低级特征，而人数属性和行为信息等描述性信息为图元的高级语义属性，行为信息可以从行人图元或图元序列所描述的人的行为状态中提取。单人图元的骨架属性主要是基于图元形状属性得到的，即确定骨架属性与图元形状属性的映射关系，然后便可以在先验知识的指导下基于所提取出的骨架属性序列得到图元序列所表达的行人行为信息；多人图元的人数属性提取的过程可以看作将图元的低级特征向高级特征转换的过程，其映射关系也对应于属性间的关系知识元的关系函数，具体关系函数可以通过机器学习算法进行训练学习确定；行人图元群体性行为信息是由随时间动态变化的行为状态所描述的，主要依据多人图元的人数属性变化信息、单人行为信息等属性信息，然后在先验知识的指导下进行分析得到。通过不断完善关系知识元的映射函数准确度，可以提高图元高级语义信息的提取精度。

行人相关知识元及其基础属性的逻辑关系如图 3.1 所示。

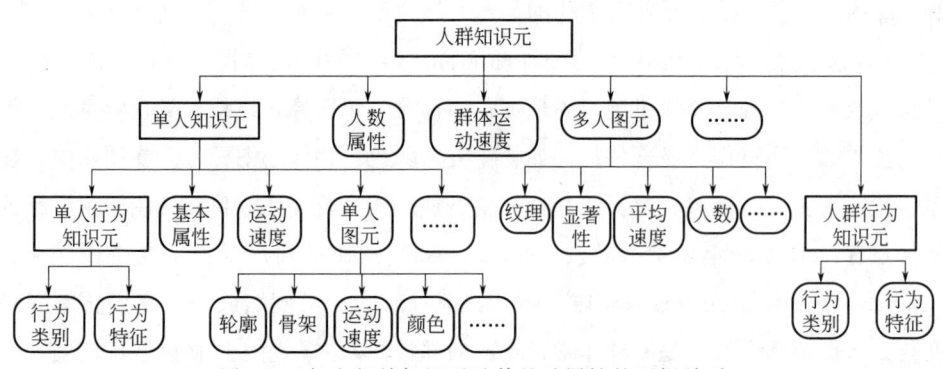

图 3.1 行人相关知识元及其基础属性的逻辑关系

人群知识元主要用于描述一群具有相似或相同的运动特征的行人，其属性既包括这群行人的公共属性，如人数属性、群体运动速度等，也包含这群行人中每个人对应的单人知识元实例。因此多个单人知识元的实例化数据所涌现出的属性特征可以看作人群知识元的一个属性。此外，单人知识元的行为属性可以采用单人行为知识元进行描述，单人图元作为单人知识元的一类属性，其属性是单人知识元的基本属性在物理光学影像下所形成的包含色彩信息在内的看得见的属性，因此单人图元属性是与单人知识元的部分基本属性相对应的；人群知识元的行为属性可以采用人群行为知识元进行描述,多人图元作为人群知识元的一类属性,与单人图元相似,其图元属性与人群知识元的部分基本属性是相对应的。

行人相关知识元的基本属性和其图元属性之间具有密切的关联关系,这些关联关系是知识元属性挖掘的关键,是人类在实践中或采用机器学习等算法总结获得的显性知识。已认知的行人知识元基本属性可以作为图像中图元(客观存在的对象)及其属性的提取和识别的理论基础;针对某些具体场景与事件,也可通过构建知识元的基本属性与其图元属性间的关系映射,实现对已识别的客观对象及其属性的修正。这些行人相关知识元基于其图元属性的关联关系如图 3.2 所示。

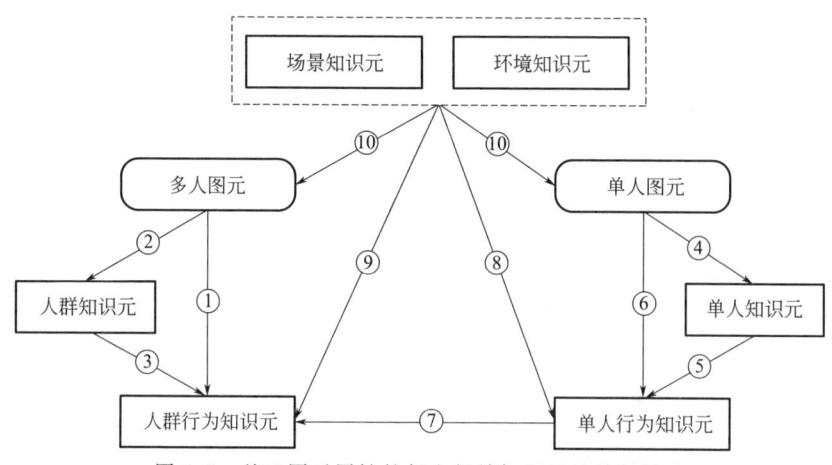

图 3.2 基于图元属性的行人相关知识元的关联关系

其中,①表示多人图元随时间变化的人群速度属性和人数属性与人群行为知识元的正常和异常的两种行为类别之间的关系;②表示多人图元作为人群知识元的一个属性,人群知识元的图元属性与人群知识元的基本属性间的映射关系;③表示人群知识元的人数等属性与人群行为知识元的正常和异常的两种行为类别的关系;④表示单人图元作为单人知识元的一个属性,图元属性与单人知识元基本属性间的映射关系;⑤表示单人知识元属性与单人行为类别属性之间的关联关系;⑥表示单人图元随时间变化的骨架属性与单人行为知识元的不同行为类别之间的关系;⑦表示单人行为知识元内行为类别与人群行为知识元的行为类别的关系;⑧和⑨表示场景知识元和环境知识元的属性是单人行为类别、人群行为类别的判断过程中的辅助信息。⑩表示场景知识元和环境知识元的属性信息为行人知识元图元属性的提取过程提供背景和参数选择信息。

3.3 基于知识的行人信息挖掘框架

3.3.1 大数据环境下的行人行为信息挖掘框架

为了有效地对治安监控视频大数据中的行人进行行为识别，本节提出的行人行为信息挖掘框架以知识元模型为基础。人类视觉系统对行人行为的认知理论认为，行人的行为信息通常可以由行人的基础属性的状态变化来表征，如骨架属性的变化状态、行人速度属性以及人群人数属性的变化状态等。视频数据中的行人属性主要以图元属性信息的形式进行提取，而图元作为知识元的一类属性，是行人知识元实例化对象的部分基础属性通过物理光学影像所得到的包含色彩信息在内的图形表达，与行人知识元基础属性之间通常具有对应关系。由于基础知识元的多个属性内部具有复杂的关联关系，因此可以依据知识元属性间的关系知识元和先验知识进行对象知识元属性之间的相互推理和相互印证，从而得到精确度高和容错性强的属性信息挖掘算法。为了更好地实现视频大数据环境下的先验知识的搜集管理、知识元属性关系函数的训练数据管理以及行人行为信息挖掘相关的资源的管理，本节首先构建以下的五个库：视频图像资源库、算法库、知识元库、知识仓库和行为库。

3.3.1.1 视频图像资源库

视频图像资源库包含非结构化的视频数据库、非结构化的图像资源库和结构化的数据。其中非结构化的视频数据库为直接来源于大量监控摄像机录制的原始视频和经处理之后的含有有效线索的视频片段；非结构化的图像资源库包含行人图像库、异常事件图像库和与监控摄像机及监控区域关联的场景图像库；结构化的数据主要包括非结构化监控场景的结构化描述信息、视频数据的结构化描述信息、行人特征结构化描述信息和治安案件的结构化描述信息等。

结构化的数据和非结构化的图像资源库可以通过人工操作和视频数据的智能分析两种方式进行补充。结构化的数据作为基础数据资源，加上数据读取速度较快的特点，主要用于视频数据行人行为分析过程中涉及的情报信息研判、案件研判等相关业务中。非结构化的图像资源库中的行人图像库可以通过人工操作或者通过视频数据的智能分析进行补充,主要用于行人知识元的图元共性属性挖掘和行人图元衣着样式属性的共性属性挖掘,以及用于录制视频图像中的行人匹配检索等;异常事件图像库主要用于事件知识元共性属性挖掘和视频数据中异常事件的匹配检索等;场景图像库主要通过场景知识元实例化数据进行描述,主要用于辅助视频数据中行人图元的提取。

3.3.1.2 算法库

算法库主要包括视频图像处理相关算法、统计学习算法和机器学习算法等。这些算法中既包含了最细粒度的基础算法,也包含了细粒度算法组合的集成算法。其中视频图像处理算法主要有视频图像初始化处理算法(畸形矫正、色彩校正、图像增强、噪声处理、模糊去除、图像复原、去雨雪操作等相关算法),前景差分算法库(背景提取算法、前景提取算法等),图像特征提取算法库等。其中图像特征提取算法库主要包括边缘特征提取算法、梯度方向直方图特征(HOG 特征)提取算法、尺度不变特征(SURF 特征)提取算法等特征提取算法。机器学习算法主要包括支持向量分类学习算法、级联 adaboost 集成分类算法、支持向量回归算法、神经网络算法以及多种匹配算法等。

3.3.1.3 知识元库

知识元库主要用于存储在 3.2.1 节介绍的行人相关知识元以及知识元属性之间的关系知识元和先验知识,通过知识元库中的信息来指导整个信息挖掘过程。

3.3.1.4 知识仓库

知识仓库是知识元库中的知识元的实例化集合,主要用于存储信息挖掘过程中得到的信息数据,并以知识元的实例化形式进行存储。

3.3.1.5 行为库

行人行为图像库是根据调研结果以及公安领域的实际需求,对简单的行为以及复杂的单人和多人的行为进行分别定义,并对每类行为的视频图像资源搜集构造得到的,该图像库主要用于行人图元属性的匹配检索和行人行为的分析。结构化的视频图像描述信息的获得方式包括单纯人工标记的方式和智能视频分析加人工交互的标记方式。

监控视频大数据中基于知识的行人行为信息挖掘框架如图 3.3 所示,该图显示的挖掘框架主要包含两个方面,即单人行为信息挖掘和人群行为信息挖掘。其中单人行为信息挖掘主要基于单人行为知识元的单人行为类别进行识别;群体性行为主要基于人群行为知识元的行为类别进行识别。

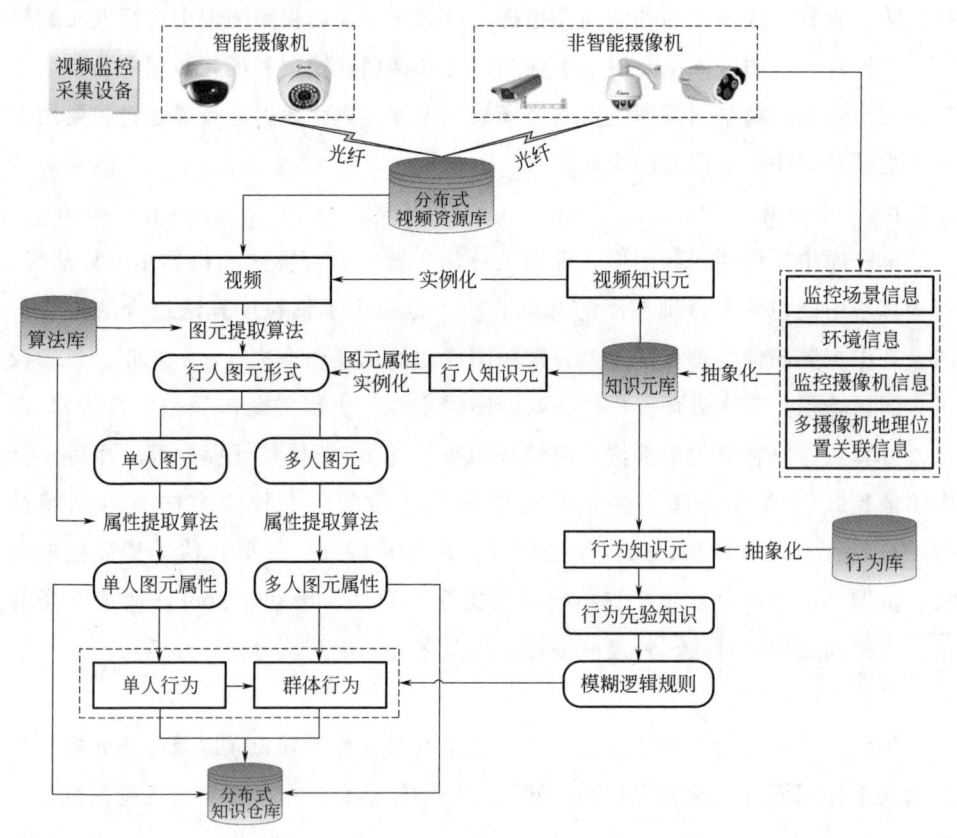

图 3.3 基于知识的行人行为信息挖掘框架

首先对不同场景或者同一场景通过分布式视频监控采集设备进行视频的录制，并将录制的大量视频数据实时地存储在分布式视频资源库中，同时每个采集设备的监控场景信息、环境信息、监控摄像机信息以及多摄像机的地理位置关联信息都存储在知识仓库中，将知识仓库存储的数据信息进行抽象化得到知识元库；其次，将知识元库中的视频知识元进行实例化，得到所需要处理的视频片断及该视频片段所对应的相关属性，并采用算法库中不同的视频处理算法进行图元提取；下一步，基于行人知识元的图元属性将所提取出的图元进行筛选分类，得到单人图元和多人图元，它们分别对应了单人知识元和多人知识元的图元属性实例化；然后，采用算法库中视频图像处理算法进行简单的行人图元属性提取。由于行人图元属性与行人知识元的部分基础属性之间存一一对应关系，因此可以利用行人知识元属性间的关系知识元,对行人图元属性进行相互推理和修正,从而得到更多的行人图元属性信息并提高属性信息提取的准确性;最后,基于行为库和行人知识元构建行为先验知识,并模糊化形成关于行人图元属性的模糊规则,并将该模糊逻辑推理规则用于指导单人行为和群体性行为的识别。并且将处理过程中涉及的单人图元属性、多人图元属性、行人行为信息、对应的视频片段描述信息存储于分布式知识仓库中,实现有效监控视频数据的自动搜集与存储。

显然,由于先验知识搜集能力、视频处理技术水平、算法设计等多种因素,本节所构建的视频图像资源库、算法库是不完备的,视频资源库可以通过监控摄像机的录制和业务的需求不断地增加和完善。算法库可以通过科研工作者在计算机视觉、认知科学和人工智能等领域的不断发展,进行完善。

3.3.2 行人图元属性挖掘框架

针对某一指定监控场景下的一段视频数据,其视频数据中基于知识元的行人图元属性信息挖掘框架如图 3.4 所示。

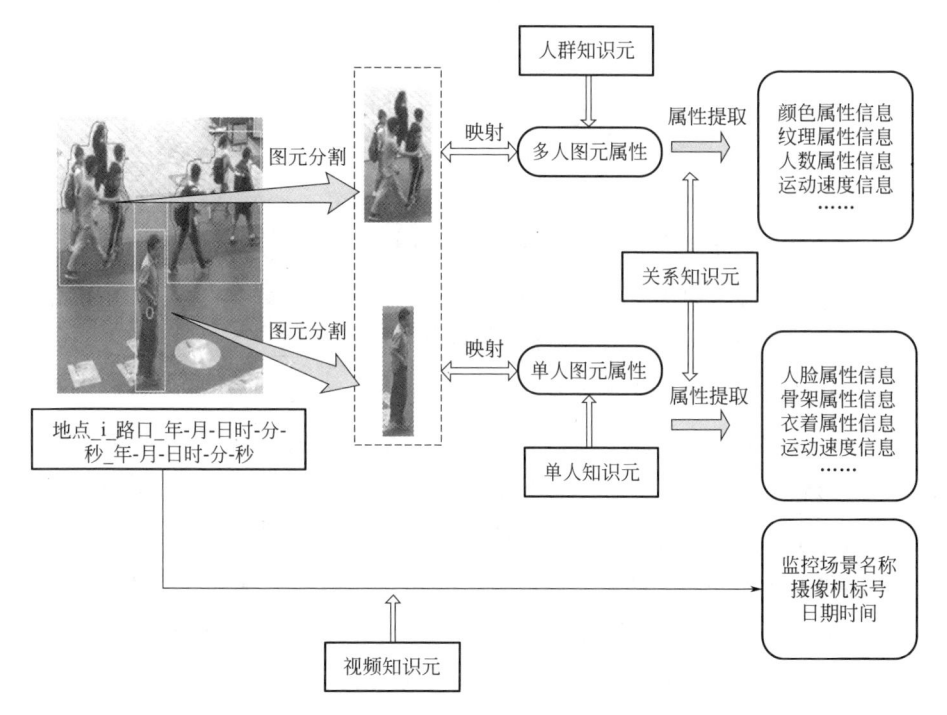

图 3.4 基于知识元的数据视频中的行人图元属性信息挖掘模式

本书主要通过行人图元的形式对行人图像信息进行提取。基于知识元的视频图像中行人图元属性信息挖掘流程为：首先采用视频图像分割算法对视频图像中的行人进行分割提取，得到前景行人的图元；然后综合场景先验知识与行人检测算子将行人图元分为单人图元和多人图元；将行人图元与行人知识元的图元属性进行映射，即单人图元为单人知识元的单人图元属性的实例化，多人图元为人群知识元的多人图元属性的实例化，依据已有的图元属性库采用视频图像处理算法中成熟的属性提取算法提取图元的低级属性特征，依据关系知识元中事物知识元基本属性与其图元属性间的映射关系进行图元高级属性信息的提取，其中单人图元属性信息主要包括形状属性、颜色属性和骨架属性等属性信息；多人图元属性信息主要包括形状属性、边缘属性和显著特征等属性信息，结合得到的视频相关的标签信息（包括视频录制地点、监控摄像机信息和录制日期信息等），将这些信息以元数据的形式对视频图像进行描述，并补充到大数据环境下的分布式文件管理系统中。其中行人图元分类主要基于由行人知识元、监控摄像机知识元和监控情境得到的成像关系知识元的实例化元数据等先验知识，并结合图像处理算法中的行人检测算子来实现；一系列视频图像的信息的融合构成了该视频片段的摘要信息，以元数据形式进行存储。

3.3.3 行人行为识别具体流程

监控视频中行人的异常行为主要从单人行为和多人行为两方面进行梳理，其中单人的异常行为主要包括：突然跑动、突然静止、摔倒等异常行为；多人的异常行为主要包括多人打架、游行、聚集等群体性异常行为。由于人类视觉系统主要基于事物的形状实现对事物及其状态的认知，而多人情况和单人情况对应的前景图元在几何形状具有较大的区别，而且其对应的图像色彩信息也有很大不同。为了降低行人图元属性信息挖掘过程对行人行为分析的错误率，本书首先基于行人认知的形状恒常性，即单人知识元的身高属性和胖瘦属性间的尺寸比例关系，结合算法库中的行人检测算子将行人前景图元筛选为单人图元和多人图元两种类型；然后依据行人知识元的图元属性与行人知识元的部分基本属性的对应关系，对行人图元进行相关图元属性信息的提取；接下来通过将不同行为的先验知识进行模糊逻辑规则化，并依据其图元序列的行人图元属性信息实现行人行为的识别；最后将视频图像中存在的两种图元的所有分析结果进行综合分析，确定当前

3 基于知识的行人行为识别模式

监控情境下的人群活动状态。其中，治安视频监控系统中行人行为相关的先验知识的获取也是基于单人情况和多人情况分别进行的，通过将单人或多人的行为以行为知识元形式进行描述，来构建针对不同行为类别的行人图元属性特征的先验知识。

基于知识元模型的视频数据中行人行为识别分析流程如图 3.5 所示。

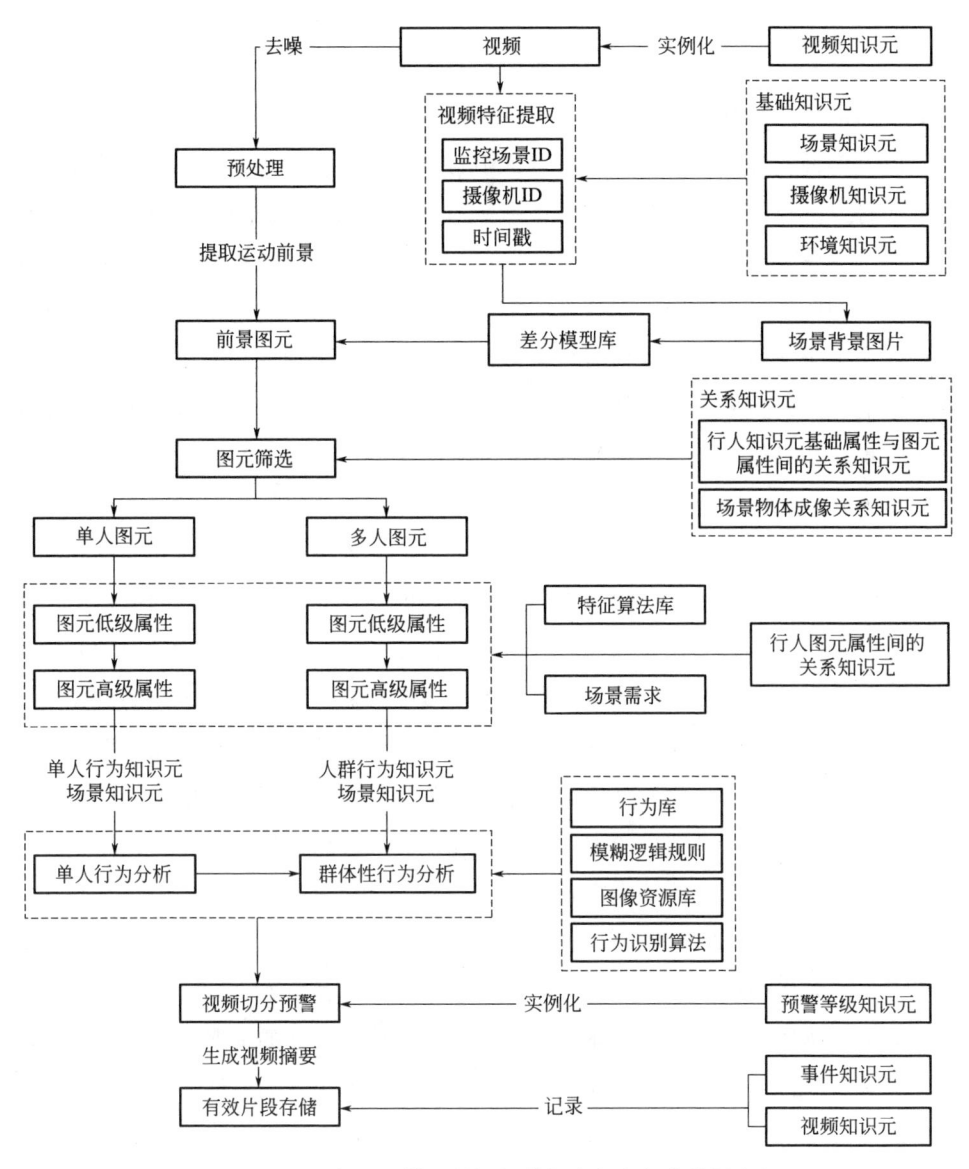

图 3.5 基于知识元模型的视频数据中行人行为分析流程

— 59 —

图 3.5 中指出了视频数据中行人行为识别过程的三个主要步骤为：①行人图元提取；②行人图元属性提取；③行人行为识别。

3.3.3.1 行人图元提取

在行人图元提取过程，当处理对象是图像时，可以采用算法库中单独的行人检测算法或多个算法的集成算法对行人进行识别，得到行人图元；当处理对象是视频时，为加快视频处理速度，可以采用算法库中的差分算法得到当前视频的运动前景，并基于单人知识元的图元属性与基本属性的映射关系进一步去掉由当前环境引起的噪声。其中，差分算法主要包括相邻图像帧间差分算法和背景差分算法，以及多种差分算法的集成算法。其中背景差分算法需要预先获取当前监控情境下的背景图像，然后将视频中每帧图像与背景图像进行做差，差值大于指定阈值的像素点作为前景像素。当前监控场景下的背景图像可以从由环境知识元、场景知识元和监控摄像机知识元管理的图像库中获取，也可以基于视频处理算法动态获取。由于光照、雨雪等环境因素和摄像机视角对录制视频的色彩等信息存在较大影响，因此当采用差分算法进行运动前景提取时，所涉及的参数主要是基于场景知识元和摄像机知识元的实例化先验数据来确定。单人知识元的图元几何属性与单人知识元的基本属性的映射关系的确定：当监控摄像机固定时，同一个行人以同一种朝向方式在监控场景的不同位置上所成像的单人图元的几何形状属性是不同的，这主要由摄像机的透视问题所引起的，这与人眼观看事物成像的原理是一致的，即当距离人比较远的时候目标显得比较小，而距离人比较远的时候目标便显得较大。因此针对监控摄像机的透视问题，需要预先针对不同的监控摄像机，采用最小二乘法等回归模型来实现不同位置下的单人图元的高宽关系，并作为共性关系知识元指导单人图元的去噪声和分类操作。为了更好地提高行人图元提取的精度，采用人机结合的方式对先验知识和处理结果进行筛选，并基于强化学习理论提高共性知识的准确度。

3.3.3.2 行人图元属性提取

行人图元属性提取是针对单人图元和多人图元两种情形进行分别提取的。对于低级图元属性特征，通过构建的特征库，依据所需属性的提取算法或者提取规则便可实现对行人图元属性的提取。对于特征库中不包含的属性特征或者尚需进一步改进完善的特征算子，则基于已提取的属性特征采用机器学习方法或前沿机器视觉算法得到，并将该算法补充到算法库中，同时将得到的行人图元属性间的映射关系补充到关系知识元实例化数据中。例如：本书的研究内容单人图元的骨架信息挖掘算法，主要是在单人图元形状属性的基础上，采用骨架化算法进行骨架提取。本书为提高骨架属性的提取速度，提出了基于截线法的快速提取算法，并用图结构对骨架进行简洁表达，即进一步完善特征算法库中的骨架化算法。针对多人图元的人数属性，主要基于图元的低级属性特征采用统计学习方法或者机器学习方法来得到图元的人数属性特征，并将得到的图元低级属性与人数属性的映射关系作为先验知识以关系知识元形式进行存储。本书主要采用支持向量回归机实现基于图元低级属性特征和人数属性映射关系的确定，并基于视频图像序列中图元间的时空关系构建网络流模型来实现对多人图元人数属性预测结果的修正，即进一步提高人数属性提取的准确性。

3.3.3.3 行人行为识别

监控场景下的行人行为主要基于所提取的行人图元属性信息进行识别的，以行为知识元所描述的不同行为类别的先验知识为依据，结合行人行为图像库中所提取的行为共性特征，采用先验知识的模糊逻辑规则化方法进行行为分类。针对单人的简单行为还可以基于视频的时空特征，结合图元属性特征进行识别；针对复杂行为则可以基于上下文无关语法模型和网络模型等目前鲁棒性精确性较高的方法进行识别。本书为提高不同监控场景下的行为识别精度，以不同行为的先验知识为指导，实现行人的行为识别。针对单人行为的识别主要基于不同行为类型的骨架属性先验知识，并构建先验知识的单人行为规则，通过计算骨架序列的骨架端点信息对应每种行为类型的隶属度，来实现单人行为的识别；针对多人群体性行为的识别，主要将行为分为正常行为和异常行为两类，通过将人类视觉系统对群体性行为分析的先验知识规则化，分别计算人数变化信息、单人行为信息和速度变化信息对应这两类行为的隶属度，来实现多人群体性异常行为的识别。

最后，针对海量监控视频数据，为提高视频数据处理的运算速度，可以采用基于分布式环境的 Map/Reduce 框架来实现对整个分析过程的并行处理。

总结，本章将知识元模型应用于监控视频大数据中的行人异常行为识别问题中，基于知识元模型构建了视频中行人属性以及行人行为等信息的挖掘框架。通过将治安监控视频数据中涉及的监控场景、所关注的行人行为、常识性知识以及业务知识等先验知识以知识元模型的方式进行组织管理，将视频图像中的行人图元属性作为人这一基础知识元的一类属性，来指导行人图元属性信息的挖掘以及行人行为的识别，较好地实现了视频数据中行人分析处理过程中涉及的概念层、逻辑层和方法层等多个层面的综合集成。该模型框架为本书基于骨架属性的单人行为识别方法以及基于先验知识的人群异常行为的识别方法提供了理论依据，可以很好地指导在大数据环境下的视频数据中行人异常行为的分布式识别，以及视频图像资源的分布式管理。从社会治安突发异常事件管理角度来看，该框架内多源化知识和算法的可扩展性较强，可以很好地适用于视频大数据中行人不同信息的挖掘任务，有效实现突发异常事件的及时预防和控制。

4 基于知识元骨架属性的单人行为识别方法研究

4.1 概述

4.1.1 单人行为类别

监控场景下的暴力袭击事件是治安视频监控系统关注的主要问题之一,这类突发事件不仅严重威胁和损害了人民群众的生命和财产安全,同时也扰乱了正常的社会秩序。当监控场景有暴力袭击事件发生时,附近行人的主要表现有突然跑动、突然静止等异常行为,因此结合先验场景知识,对场景内的单人行为进行识别,有助于实现场景内突发异常行为的智能推理和识别,从而实现对突发异常事件的预防和及时控制,对降低异常事件危害具有重要的现实意义。

将单人知识元和行为知识元相关属性进行关联融合,得到单人行为知识元:单人行为知识元={行为 ID,属性{行为类别、行人的肢体状态、行人行为图元特征},关系{}}。其中,行为类别主要包含:站立、坐、弯腰、躺、行走、跑步、双膝跪、单胳膊挥手、双胳膊挥手等。行人行为是否异常主要与其所在的监控场所、所处的社会情境以及是否与他人交互等有关,如突然快跑这一行为:在绿灯情况下的人行横道出现被认为是正常行为;而出现在广场时,则认为存在发生异常事件的可能。因此需要基于监控场景、社会情境的先验知识来判断行人行为是否异常。

4.1.2 单人图元骨架属性与单人行为

给定一组单人图元序列,人类视觉系统可以迅速精确地得到图元中人的头部、四肢等关节结构信息,并根据图元序列中单人图元对应的身体各个部位的运动轨迹实现行为识别。而骨架关节模型可以很好地实现人体形态学特征的描述,因此,单人的骨架属性的序列信息可以作为行为类别判别的重要依据。

单人行为知识元中的行为类别属性主要基于视频图像中单人的肢体状态变化属性确定的,而单人图元的骨架属性可以用于描述监控场景下单人的肢体状态,包括胳膊、腿、躯干的位置关系信息及其单人关节点的结构信息等静态信息。单人图元的骨架属性是单人知识元的图元属性的重要属性之一,当给定一组连贯的单人图元骨架属性信息,其骨架属性信息的动态性由其骨架序列所表达,继而可以基于其胳膊、腿等肢体或骨架关节点的连贯的时空运动信息在图元骨架属性先验知识的指导下得到当前的单人行为类别。例如,当人胳膊的部分骨架在一定范围内摆动,则可以认为该人处在挥手状态;人体两条腿的骨架关节点随图元序号的变化在水平方向周期性摆动,则可以认为该人处在行走或跑动状态;而当人体腿的骨架关节点随图元序号的增加出现转折变化时,则可以认为该人遇到突然状况导致行为状态的突变,可以在检测出到突变时,与已有的先验知识进行核验或者增加人工参与研判,从而实现对异常突发事件的有效检测和预警。因此,视频数据中的单人图元的骨架属性对行为识别起着关键性作用。

4.1.3 识别方法框架

人类基于视觉系统对人行为认知的主要过程是:首先从包含监控场景的背景信息在内的视觉图像中分离出单人图元;然后基于单人图元的肢体属性的状态变化情况,依据头脑中强大的知识库、知识网络和推理系统,以及不为人知的大脑存储和搜索机理,实现单人行为识别。目前很多学者将单人的肢体状态以单人骨架属性的方式进行表述,通过对视频图像序列内单人骨架属性(2D骨架和3D骨架)的时空序列信息进行描述和分析,来实现单人突发异常行为的识别,即将异常行为识别的过程分为:鲁棒的单人骨架属性提取、具有视觉不变量的骨架可视化、图像序列间的骨架关联和行为分类识别四个步骤。本章主要基于该思路实现单人行为的识别。

由于治安视频监控大数据的快速性特征,使得行人行为分析系统对视频数据处理的时间复杂度要求较高,而单人图元骨架属性提取作为单人肢体动作描述的基础和关键性的步骤,其骨架属性挖掘算法的精确性和骨架属性表达的有效性对

4 基于知识元骨架属性的单人行为识别方法研究

基于骨架属性信息的单人行为识别结果具有重要的影响，因此需要一个处理速度快而且可以有效表达骨架关节点的骨架属性挖掘算法。人类知识系统在人类视觉认知的整个过程中起着至关重要的作用，在视频数据处理过程中体现为信息的推理以及先验知识的应用。针对监控视频数据中的单人行为问题，其行为的类别与单人图元骨架属性涉及的先验知识相关，并且单人行为是否异常与当前的监控场景性质相关，因此视频数据中单人行为的识别过程离不开行为先验知识的指导。因此本章主要在先验知识的指导下对基于单人知识元的骨架属性的单人行为识别方法进行了研究，其中，视频图像中的单人行为分析主要以单人图元为最小单元，并作为单人知识元图元属性的实例化。基于骨架属性的单人行为识别方法框架如 4.1 所示。

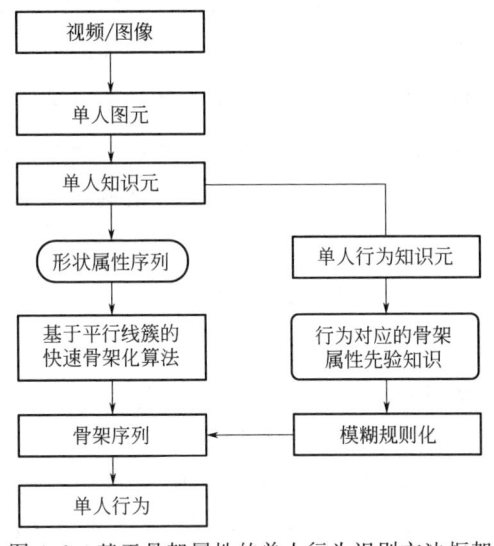

图 4.1 基于骨架属性的单人行为识别方法框架

识别方法框架主要包含了两个部分：①快速的单人图元骨架属性挖掘算法，该算法实现了单人图元形状属性到图元骨架属性的映射；②梳理单人行为的不同行为类别所对应的骨架属性序列先验知识，然后通过将先验知识规则化，继而采用模糊逻辑处理规则对骨架序列进行分析推理，实现了单人肢体行为的识别。由于单人图元属性是单人知识元的一类属性，其包含的具体的图元属性也必然是单人知识元的属性，因此下文简称为单人图元的具体属性，如单人知识元的图元的骨架属性简称为单人图元的骨架属性。

4.2 基于平行线簇的快速骨架属性提取算法

单人图元骨架属性是单人行为姿势属性状态的主要表现方式，骨架属性主要是基于单人图元形状属性得到的。形状属性是客观事物本身的外在表现，是人类对事物认知的重要依据之一。形状属性主要有边缘顶点集、轮廓和骨架三种描述方式，其中骨架采用顶点集或者顶点集和边集的组成来进行表示和存储，只是相对顶点集的描述方式其包含点的数量比较少。从计算机科学角度来讲，基于骨架的表示方式是一种将以轮廓方式描述的形状属性进行理想化细化得到的描述方式，不仅包含了原物体的几何特征，还保留了原物体的拓扑结构；从人类认知角度来讲，人体骨架作为人体的几何结构架构，其骨架点是位于人体每个部位的关键点。因此，当单个行人经监控摄像机进行录制，以图元形式显示在视频图像中时，其所对应的图元形状的所有中心点构成的结构关系便构成了单人图元的骨架。

针对目前骨架化算法的时间复杂度高的现状，本节主要采用了平行截线法来近似得到图元形状的中轴骨架，即基于平行截线法对单人图元轮廓属性进行处理，从而实现单人图元轮廓属性与单人图元骨架属性的映射关系。其实例化的具体过程为采用一簇平行线（水平平行线与垂直平行线）对图元的轮廓进行截取，并用截线段的中点来近似轮廓的内接圆圆心（也称为骨架点），以下将这一算法简称截线法。该算法在保证骨架属性整体几何结构不变的情况下，采用了以精度换时间的策略实现了对单人图元骨架属性的快速提取，并且采用图结构而不是点列对骨架属性进行表达，进一步降低存储空间。由于单人图元的骨架属性是基于单人图元的形状属性进行获取的，与图元的图像属性无关，为了与目前文献算法进行比较，验证本节算法在处理速度和提取精度两方面的性能，其算法的输入单人图元主要采用二值图像的形式进行表达，即图元内图像颜色为白色，图元以外的背景颜色为黑色；算法的输出为行人图元骨架属性的图结构。

4.2.1 图元骨架属性挖掘算法流程

单人图元骨架属性挖掘算法的主要实现思路为：首先，得到二值图像中单人图元的轮廓属性；其次，对轮廓属性的所有点进行初步预处理，得到原轮廓多边形，采用基于离散曲线演化算法得到轮廓多边形上对曲线形状影响较大的凹凸顶点，从而实现原轮廓多边形的分割与分段；再次，将对曲线形状贡献较大的凸顶点作为骨架图模型中的端节点，利用截线法对闭合轮廓块进行中轴（骨架点）提取；最后，基于图结构理论连接所有骨架点，从而得到连通的骨架。本节方法提取出的每个骨架分支均是人体形状的主要分支，符合人类对骨架信息的显著性注意原理，也为基于骨架属性的行为分析提供了较好的全局特征（注意：本节的图元形状属性以轮廓的方式进行描述，因此下文将用轮廓代替形状）。

4.2.1.1 轮廓属性的表示

本节采用梯度方法提取二值图像中物体的边缘属性，并通过边缘扫描得到物体图元的轮廓链，即以点列形式表示的多个图元的轮廓。单连通区域的轮廓只包含一个闭合的图元轮廓，而多连通区域的轮廓可以包含多个闭合图元轮廓。为了方便起见，本节将图元轮廓定义为多边形无向图的集合，并做如下符号化规定。

定义 4.1 无向图 $C:=G(V, A)$，其中，$V=\{s_0, s_1, \cdots, s_{n-1}\}$ 为顶点集，$E=\{(s_{j-1}, s_j): j=0, 1, \cdots, n-1, 下标对 n 取模\}$ 为边集，则称该无向图 C 为闭合轮廓。多个闭合轮廓的并成为物体轮廓，记为 $\mathcal{C}=C_1 \cup C_2 \cup \cdots \cup C_m$，其中 C_i ($1 \leqslant i \leqslant m$) 为闭合轮廓，物体轮廓的点集 $V(\mathcal{C}) = \bigcup_{C \in \mathcal{C}} V(C)$，物体轮廓的边集 $E(\mathcal{C}) = \bigcup_{C \in \mathcal{C}} E(C)$。

4.2.1.2 轮廓的离散曲线演化操作

在图像处理中，物体的轮廓线不可避免地受到边界噪声的影响，同时轮廓上一些细小的突起总是会产生小的骨架分支。通常情况下这些小的骨架分支不能描述物体的不变特征，人类视觉系统对事物的显著性选择会自动忽略掉这些细小的骨架分支，将注意力集中在骨架的主要分支上。这些细小分支不影响人类对事物骨架的认知，但由于计算机具有精确性表达和准确性计算的功能，所以不可避免地会受到这些噪声的干扰，导致无法实现物体的准确识别。在理论和实验两方面，Bai 等[175]在文章中证明了离散曲线演化算法是一种可以有效删除边界噪声点的算法，进而可以减少骨架的细小分支。离散曲线演化算法是一种递归删除对轮廓多边形形状贡献最小的点，从而不断简化轮廓多边形的算法。通过对轮廓多边形不断演化删除顶点的过程可以得到多层次的轮廓多边形，并得到显著轮廓多边形，也就是只保留轮廓上对轮廓形状贡献较大的顶点，这些顶点称为显著凹凸顶点，基于显著轮廓多边形上的显著凸顶点可以实现对原轮廓的分段。对于一条闭合轮廓 C，$V(C) = (s_0, s_1, \cdots, s_{n-1})$，$E = \{(s_{j-1}, s_j) : j = 0, 1, \cdots, n-1$，下标对 n 取模$\}$，离散曲线演化对每一个顶点 s_i 定义一种对形状贡献的度量：

$$K(s_i) = \frac{\beta(s_i) l(e_{i-1}) l(e_i)}{l(e_{i-1}) l(e_i)} \tag{4.1}$$

其中，e_{i-1} 表示连接点 s_{i-1} 和点 s_i 的直线段，e_i 表示连接点 s_i 和 s_{i+1} 的直线段，如图 4.2 所示。$l(e_{i-1})$ 和 $l(e_i)$ 分别表示线段 e_{i-1} 和线段 e_i 的长度，$\beta(s_i)$ 表示顶点 s_i 处线段 e_{i-1} 和线段 e_i 偏转角的弧度值（下标均对 n 取模）。顶点的 K 值越大，代表了该顶点对形状的贡献越大。

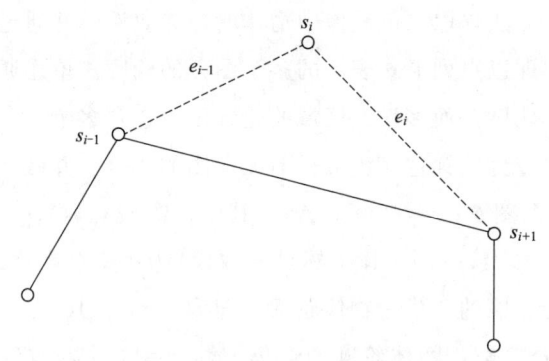

图 4.2 顶点 s_i 处的离散曲线演化

轮廓离散递归演化过程 $(DCE(C^0))$：

（1）依据式 (4.1) 计算闭合轮廓 C^0 中所有顶点的 K 值；

（2）从轮廓 C^0 中删除 K 值最小的顶点，同时重新计算并更新与该点相邻的两个顶点的 K 值；

（3）判断当前最小 K 值是否大于等于阈值 K^*，成立则执行（4），否则转至（2）；

（4）递归结束。

定义 4.2 一个闭合轮廓 C^0，对 C^0 进行离散曲线演化得到新的闭合轮廓，记为 $DCE(C^0) = C^*$，则称 C^0 为原始闭合轮廓，C^* 为显著闭合轮廓，$V(C^*)$

$\subset V(C^0)$。如果点 $s \in V(C^0) \bigcap V(C^*)$，则称 s 为 C^0 中的显著凸顶点；反之，称 s 为 C^0 中的显著凹顶点。

定义 4.3 给定物体轮廓 $\mathcal{C}$，将 $\mathcal{C}$ 中每个闭合轮廓分别执行离散曲线演化算法后，得到的显著闭合轮廓的并称为物体显著轮廓，记为 $DCE(\mathcal{C}) = C^*$。

为了有效地去除骨架中的细小分支，本书采用 Bai 等[218]介绍的显著性策略进行剪枝，即采用离散曲线演化算法得到显著轮廓多边形，然后选择轮廓上的显著凸顶点作为轮廓分段的分段点对轮廓进行分段，也实现了对骨架的剪枝操作。也就是说，只有截线段的两个端点位于不同的轮廓分段时，该截线的中点才被保留下来。（注：当两个显著凸顶点在原闭合轮廓中相邻时，本书方法将这相邻两点的中点作为分段点。因为实验发现在原闭合轮廓中相邻的两个显著凸顶点通常使得后续算法产生多余的分叉。）

4.2.1.3 轮廓的分割

由于轮廓的水平突起会导致水平截线骨架点的截线半径出现急剧增长，从而使得水平截线法无法提取出骨架的水平分支，所以需要将轮廓 $\mathcal{C}$ 进行分块。

定义 4.4 显著闭合轮廓中的凸顶点，如果该点在显著轮廓中的两条邻边位于水平线的上下两侧，则称该凸顶点为 I 型显著凸顶点。显著闭合轮廓中的凸顶点，如果该点在显著轮廓中的两条邻边位于水平线的同一侧，则称该凸顶点为 II 型显著凸顶点。

I 型显著凸顶点和 II 型显著凸顶点的分类如图 4.3 所示。

(a) I 型显著凸顶点　　(b) II 型显著凸顶点

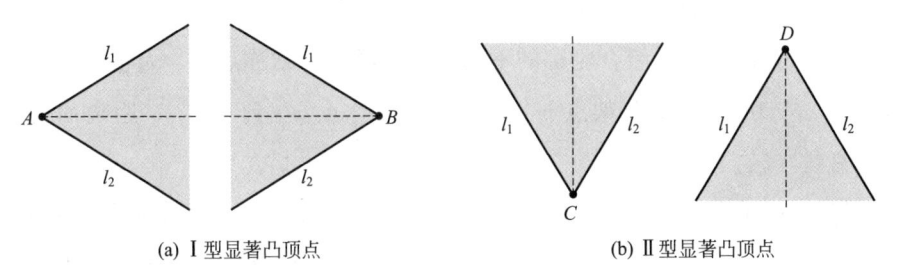

图 4.3　显著凸顶点的分类

由定义 4.4 可知，轮廓中的显著凸顶点分为两类：I 型显著凸顶点和 II 型显著凸顶点。由于 I 型显著凸顶点关联的两条边在不同的轮廓分段上，只有垂直截线才能够得到 I 型显著凸顶点连接的骨架分支，该分支是趋于水平的。相反地，对于一个水平分支，其端点对应的显著凸顶点的两条邻边必然是一条在水平线上方，一条在水平线下方。因此，Ⅰ型显著凸顶点对应着水平分支。

为了将水平分支分割出来，只需将Ⅰ型显著凸顶点从轮廓中分割出来，因此需要在轮廓多边形中找到Ⅰ型显著凸顶点两端的分割点；①若Ⅰ型显著凸顶点两端分别连接着一个显著凹顶点，则这两个凹顶点作为分割点；②若Ⅰ型显著凸顶点某一端连接着一个Ⅱ型显著凸顶点，若这两点间存在凹顶点，则该凹顶点作为分割点，否则选择夹角最大的凸顶点作为分割点。连接这两个分割点，即可将水平分支轮廓从原轮廓多边形中分割出来，剩下的部分作为主分支轮廓。分割出的每一个水平分支轮廓中的显著凸顶点都是Ⅰ型的，主分支轮廓中的显著凸顶点都是Ⅱ型的。（注：对于只有Ⅰ型显著凸顶点而没有Ⅱ型显著凸顶点的轮廓，可以将轮廓的所有 x 坐标和 y 坐标交换，得到转置后的轮廓，从而将Ⅰ型显著凸顶点转化为Ⅱ型显著凸顶点，然后再进行处理。）

4.2.1.4 近似骨架模型

本书主要采用截线段的中点来代替最大内切圆圆心作为骨架点，与传统骨架化算法有一定的区别，因此需要对骨架点及其获取方式进行重新定义。采用水平截线法得到主分支轮廓的骨架，用垂直截线法得到水平分支轮廓的骨架，由于水平截线法与垂直截线法是完全类似的，书中只讨论水平截线法。

定义 4.5 给定一个物体轮廓 C，设水平直线 $y=i$ 与轮廓多边形 C 的交点为 p 个，记为 $x_1^i, x_2^i, \cdots, x_p^i$（按 x 坐标从小到大排序），计算中点 x 坐标 $m_j^i = (x_j^i + x_{j+1}^i)/2$，其中 $0 \leqslant j \leqslant p-1$；若点 m_j^i 位于轮廓内部，并且 x_j^i 和 x_{j+1}^i 满足：

(1) 位于不同的闭合轮廓上；

(2) 或者位于同一闭合轮廓的不同轮廓分段上，则称点 m_j^i 为轮廓 C 的骨架点，称点 x_j^i 和 x_{j+1}^i 为骨架点 m_j^i 的生成点，称点 x_j^i 到点 x_{j+1}^i 距离的一半为 m_j^i 的截线半径。

因为当使用平行于水平线的平行线族截取梯形轮廓时，得到的骨架点均在同一条直线上，所以水平截线法只需选择过轮廓顶点的水平线。例如，图 4.4(a) 为原始轮廓多边形的一部分，其中顶点 A、B、C、D 为轮廓多边形中的四个顶点，过顶点 C 的水平截线中点为 E，过顶点 B 的水平截线中点为 G，则由于截线中点 F 的两个生成点分别落在边 l_2 和 l_5 上，顶点 F 必然会落在直线段 EG 上，所以过点 F 的水平截线是多余的。因此仅需计算并保留生成点至少有一个是轮廓顶点的骨架点。

(a) 无效骨架点F   (b) 有效骨架点B

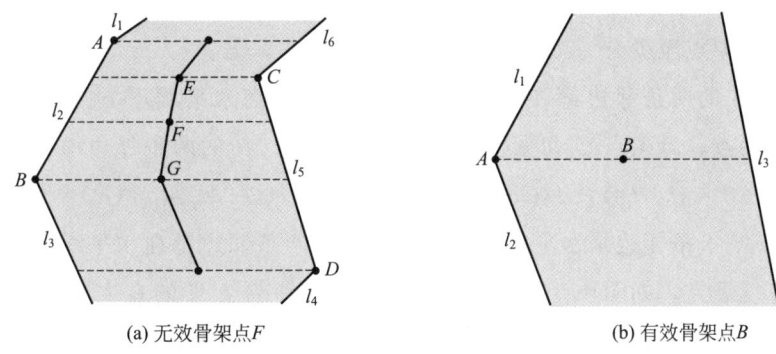

图 4.4　水平截线法的截线中点类型

定义 4.6　当骨架点的两个生成点至少有一个点为闭合轮廓的顶点时，称这个骨架点为有效骨架点。同时将显著凸顶点也记为有效骨架点，主分支轮廓中所有的有效骨架点的集合记为 V_m。

由于下文中算法仅考虑有效骨架点的生成与连接，所以下文将有效骨架点简称为骨架点。

定义骨架点对应的两个函数来确定 V_m 中骨架点间的邻接关系。函数 u,d：$V_m \mapsto E(\mathcal{C}) \times E(\mathcal{C})$，对应任意 $x \in V_m$，定义 $u(x)=(u_l, u_r)$，其中 u_l 为过 x 的截线段（以左右生成点为端点）在微小上移后左端点所在的边，u_r 为过 x 的截线段在微小上移后右端点所在的边。类似地，定义 $d(x)$ 为二元组 (d_l, d_r)，其中 d_l 为过 x 的截线段（以左右生成点为端点）在微小下移后左端点所在的边，d_r 为过 x 的截线段在微小下移后右端点所在的边。

定义 4.7　定义集合 $E_m = \{(x,y):x,y \in V_m \land (u(x)=d(y) \lor d(x)=u(y))\}$ 为骨架的边集，则无向图 (V_m, E_m) 称为本节算法提取出的主分支轮廓的骨架。

如图 4.4(a) 中，对于骨架点 E，$u(E)=(l_2, l_6), d(E)=(l_2, l_5)$，对骨架点 G，$u(G)=(l_2, l_5), d(G)=(l_3, l_5)$，由于 $d(E)=u(G)$，所以 E 和 G 之间有连边。

根据骨架点的两个生成点的邻边类型，可以将骨架点分为三类：骨架端点、骨架衔接点和普通骨架点。

（1）若骨架点是 II 型显著凸顶点，如图 4.3（b）所示，称这样的骨架点为骨架端点。并规定显著凸顶点 C 有 $u(C)=(l_1, l_2), d(C)=\varnothing$；显著凸顶点 D

有 $u(D)=\varnothing$，$d(D)=(l_1,l_2)$。

（2）骨架点至少有一个生成点是轮廓的顶点 S，若：

① 点 S 的两条邻边都在水平线上方，或者都在水平线下方，如图 4.5(a) 中 C、E 两点，骨架点 C 和骨架点 E 公共的生成点 B 的两条邻边均在水平线下方，则 $u(C)=(l_2,l_5)$，$d(C)=(l_2,l_3)$，$u(E)=(l_2,l_5)$，$d(E)=(l_4,l_5)$。

② 点 S 一条邻边是水平的，且该水平线的两条邻边都在水平线上方，或者都在水平线下方。如图 4.5(b) 中 E、F 两点，骨架点 E 的右生成点 A 有一条水平邻边 AB，并且该邻边 AB 的两条邻边 l_2、l_3 均在水平线上方，则 $u(E)=(l_1,l_2)$，$d(E)=(l_1,l_4)$，$u(F)=(l_3,l_4)$，$d(F)=(l_1,l_4)$。

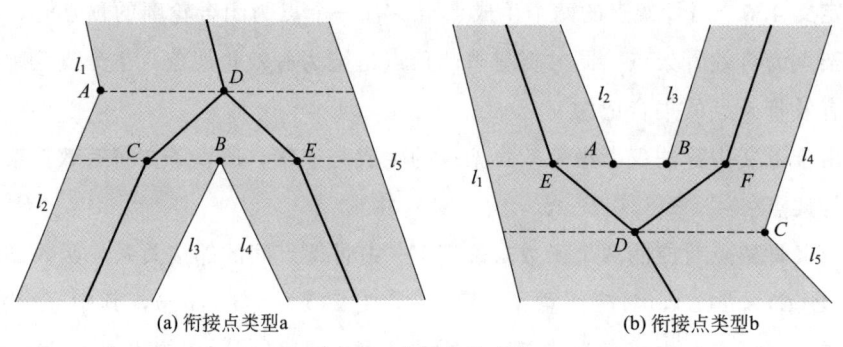

(a) 衔接点类型a　　　　　　　　(b) 衔接点类型b

图 4.5　衔接截线中点

由于这类骨架点通常连接到骨架的分叉点上，所以称这类骨架点为骨架衔接点。

（3）既不是骨架端点也不是骨架衔接点的骨架点称为普通骨架点，即该骨架点的生成点或者落在一条边上，或者为轮廓的顶点，且这个顶点的一条邻边在水平线上方，另一条邻边在水平线下方。

4.2.1.5　骨架的拼接

基于水平截线法得到主分支骨架，和基于垂直截线法得到水平分支骨架后，通过将多个水平分支骨架拼接在主分支骨架上，便可以得到连通的整体骨架。

拼接方法具体描述为：在分割水平分支时将分割线的中点 S 人为地标注为水平分支轮廓的显著凸顶点，并作为该水平分支轮廓的轮廓分段点，即中点 S 为水平分支骨架的一个端点。在主分支轮廓中，将中点 S 标注为主分支轮廓多边形的顶点，当对主分支轮廓多边形采用水平截线法时，会产生一个以点 S 为

生成点的骨架点 X。在得到主分支骨架和水平分支骨架后，X 为主分支骨架中的一个骨架点，而 S 为水平分支骨架的一个端点，通过连接 X 与 S 便可实现水平分支骨架与主分支骨架的拼接。

例如，在图 4.6(a) 中，顶点 C 为 I 型显著凸顶点，以相邻凹顶点 A 和 D 作为分割点，将 $ABCDA$ 分割出来作为水平分支轮廓多边形，同时将割线 AD 的中点 L 作为该水平分支轮廓的显著凸顶点，并将 L 标记为剩余主分支轮廓多边形的顶点，而作为 II 型显著凸顶点的 G 点则不做切分，如图 4.6(b) 中所示。通过连接水平分支骨架端点 L 和主分支骨架点 K，得到最终骨架，如图 4.6(c) 所示。

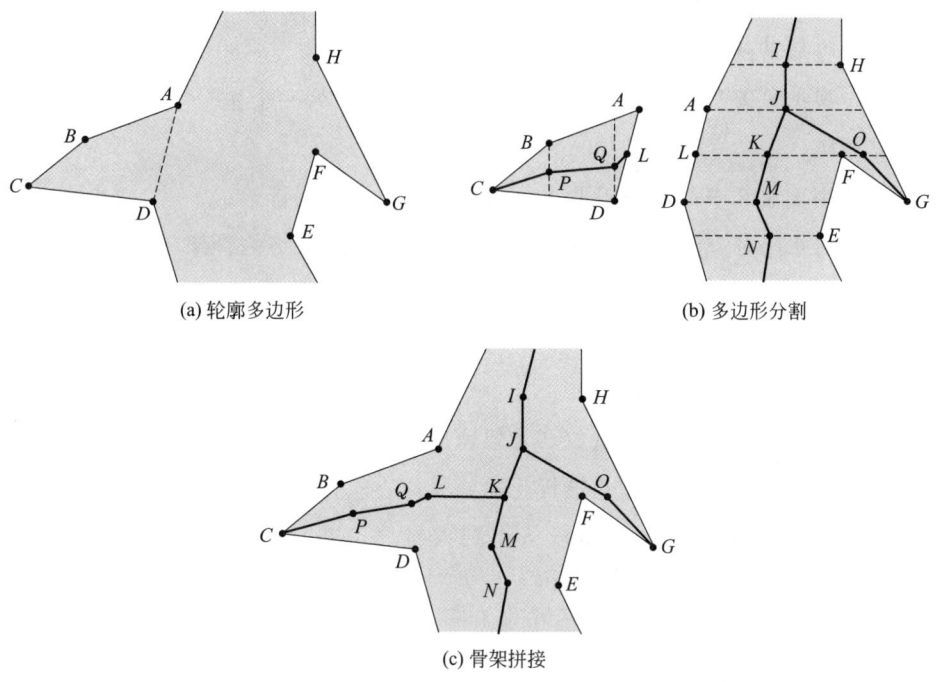

(a) 轮廓多边形

(b) 多边形分割

(c) 骨架拼接

图 4.6 水平分支骨架与主分支骨架的拼接

4.2.2 算法步骤描述及复杂性分析

4.2.2.1 算法步骤描述

单人图元骨架属性挖掘算法主要分为轮廓提取、轮廓简化、离散曲线演化过程和截线法提取骨架四个部分。其中截线法提取骨架又可以分为轮廓分割、截线法得到骨架点和骨架拼接三个阶段。算法 1 和算法 2 给出了该骨架挖掘算法的伪代码描述,其中算法 2 为算法 1 的一个子算法。

算法 1　骨架挖掘算法

输入:一个连通区域的二值图像。

输出:一个连通的骨架。

(1) 用梯度法提取边缘并通过边缘扫描得到轮廓像素点;

(2) 用贪心算法得到轮廓的多边形近似;

(3) 设置阈值 K_0,将 K 值过小的多边形顶点删除,得到原始轮廓多边形 C^0;

(4) 对原始轮廓 C^0 进行离散曲线演化,得到显著轮廓 C^*;

(5) 将显著凸顶点分类为Ⅰ型和Ⅱ型;

(6) 根据显著凸顶点的类型将原始轮廓 C^0 分割为一个主分支轮廓和多个水平分支轮廓;

(7) 用算法 2 中的方法提取主分支骨架和水平分支骨架;

(8) 将水平分支骨架拼接在主分支骨架上,得到最终的骨架图。

算法 2　水平截线法

输入:一个主分支轮廓 $\mathcal{C}$。

输出:主分支骨架 $G(\mathcal{V}, \mathcal{E})$。

(1) 将 $\mathcal{C}$ 中的显著凸顶点放到骨架顶点集合 $\mathcal{V}$ 中;

(2) 按照显著凸顶点对 $\mathcal{C}$ 进行轮廓分段;

(3) 将 $\mathcal{C}$ 中顶点的 y 坐标按从小到大排序,并且排除重复值,得到序列 $(y_1, y_2, \cdots, y_N)$;

(4) $for\ i=1; i<N; i++\ do$

(5) 将水平线 $y=y_i$ 上的 $\mathcal{C}$ 中顶点放到集合 $\mathcal{U}_i$ 中;

(6) 将水平线 $y=y_i$ 与 $E(\mathcal{C})$ 中边的所有交点放到集合 $\mathcal{U}_i$ 中;

(7) 对 $\mathcal{U}_i$ 中的点按照点的 x 坐标从小到大排序,并将相邻两点的中点置于截线中点集合 $\mathcal{V}_i$ 中;

(8) 从 $\mathcal{V}_i$ 中删除非有效骨架点;

(9) 对 $\mathcal{V}_i$ 中的每一个骨架点 v,计算函数值 $u(v)$ 和 $d(v)$;

(10) 骨架顶点集合 $\mathcal{V} = \mathcal{V} \cup \mathcal{V}_i$;

(11) end for

(12) 按照 V 中每个顶点的 u 值和 d 值确定边集合 ε。

得到主分支轮廓 C 的顶点集和边集。

4.2.2.2 算法复杂度分析

算法 1 中第（1）步轮廓提取的时间复杂度为 $O(mn)$（m，n 为图像的长和宽）。算法 1 中第（2）步和第（3）步的功能是对轮廓的表述方式进行简化，设第（1）步提取出的轮廓总顶点个数为 N_0；第（2）步采用贪心算法进行顶点删除实现轮廓的多边形近似，得到新的轮廓顶点数记为 N_1；第（3）步设定阈值 K_0，将轮廓上 K 值小于 K^0 的顶点一次性删除后（非递归删除），得到原始轮廓多边形 C^0，顶点个数记为 N，整个过程的时间复杂度为 $O(N_0)$。离散曲线演化［算法 1 第（4）步］在原始轮廓多边形 C^0 基础上进行，采用优先队列实现，每一次迭代选择并删除队列中 K 值最小的顶点，同时更新该点两个相邻顶点的 K 值，其时间复杂度为 $O(N\log N)$。轮廓多边形分割过程中需要扫描轮廓中的所有顶点，时间复杂度为 $O(N)$。

截线法需要对原始轮廓多边形中所有顶点的 y 坐标进行排序［算法 2 中第（3）步］，时间复杂度为 $O(N\log N)$。通常情况下水平或垂直截线与轮廓的交点为常数个，所以算法 2 中第（4）～（11）步的时间复杂度为 $O(N)$。算法 2 第（12）步计算骨架的连边集合可以采用哈希表实现，对于每个骨架点 v 生成两组键值对：定义键为 $u(v)$，对应的值为 (v, up)；定义键为 $d(v)$，对应的值为 $(v, down)$，其中 up、down 均为骨架点键的类型。将键值相同但是类型不同的骨架点进行连边，使得算法在 $O(M)$ 的时间内得到最终的骨架，其中 M 为骨架点的个数。骨架分支拼接的时间复杂度为 $O(k)$，k 为骨架分支的个数。通常情况下骨架点个数与轮廓多边形的顶点个数为同一个数量级，因此除轮廓提取外本节算法的时间复杂度为 $O(N\log N)$（N 为原始轮廓顶点个数），而除轮廓提取外基于距离变换法的骨架挖掘算法的时间复杂度仍然为 $O(mn)$。

4.2.3 实验验证及结果分析

在 Intel Core i5、CPU 主频 1.7GHz 和 4GB 内存的 64 位 Windows 7 操作系统下，基于 Microsoft Visual Studio 2010 编程平台利用 OpenCV 函数库对本节

算法单独进行了 C++ 实现。沈为等[225] 提出的骨架化算法是目前最好的骨架挖掘算法之一，其提供了算法的 Matlab 实现源码。本节首先讨论了书中提出的算法的实现和参数的选取；其次在 2 个数据集上与沈为的算法[225] 进行了对比实验；然后分析了本节算法在运行时间上的优势；最后简要说明本节算法对轮廓边界噪声的鲁棒性。

4.2.3.1 算法实验与参数选取

根据第 4.2.2 节中的算法描述对本节算法进行实现。为了更好地与目前文献算法进行比较，本节算法单独作为一个独立完整的小系统进行实现，其算法流程如图 4.7 所示。

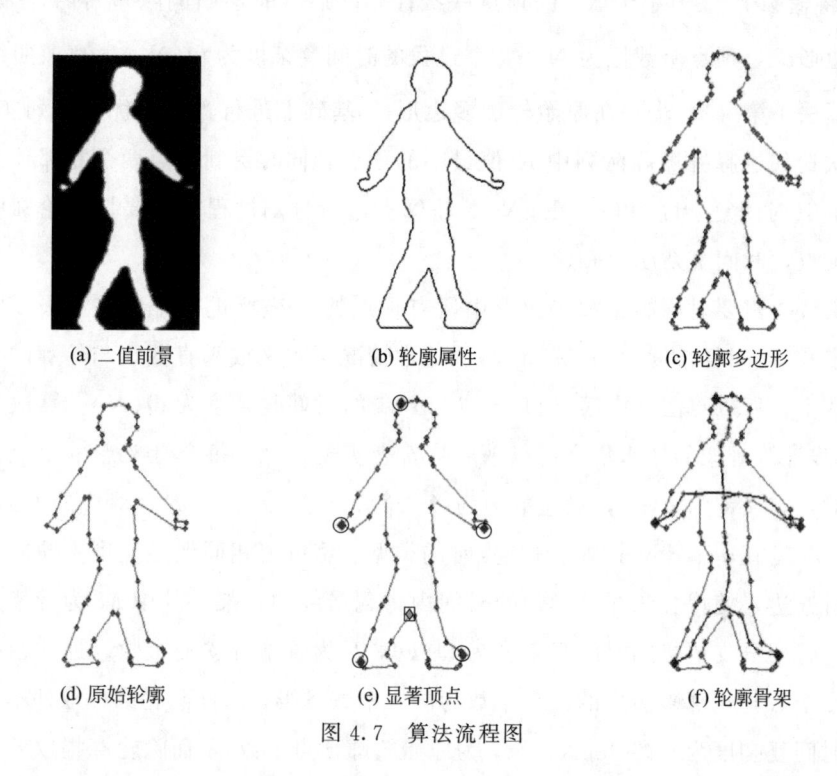

(a) 二值前景

(b) 轮廓属性

(c) 轮廓多边形

(d) 原始轮廓

(e) 显著顶点

(f) 轮廓骨架

图 4.7 算法流程图

算法输入为一张给定的二值图像，如图 4.7(a) 所示；输出为人体的骨架结构图像，如图 4.7(f) 所示。首先调用 OpenCV 函数库中的轮廓提取函数得到单人图元的轮廓属性，如图 4.7(b) 所示；然后用贪心算法得到单人图元轮廓属性的多边形近似 [图 4.7(c)]；设定阈值 K_0，计算多边形上每个顶点对多边形形状的贡献度 K 值，将对多边形贡献度 K 值小于阈值 K_0 的顶点从近似多边形顶点集中删除，从而得到原始轮廓多边形 C^0 ［图 4.7(d)］；在原始轮廓多边形 C^0 基础上执行离散曲线演化过程，得到显著轮廓多边形的显著凹凸顶点，在如图 4.7(e) 所示的轮廓中，图中较大的点为显著顶点，其中加圆圈的顶点为显著凸顶点，加小方框的顶点为显著凹顶点；最后在原始轮廓多边形 C^0 上采用截线法得到图元的骨架属性［图 4.7(f)］，骨架图的骨架点为图上形状内的顶点。

由于轮廓预处理中阈值 K_0 值的大小直接影响了原始轮廓多边形的形状和顶点个数，本节实验首先考察了不同阈值 K_0 值对原始轮廓多边形 C^0 的影响，如图 4.8 所示。从图中可以看出，通过设置阈值 K_0 对多边形中顶点进行过滤，可以使得原始轮廓多边形更加简洁，同时去除了轮廓的一些细节变化，即消除部分边界噪声。随着 K_0 值的增大，原始轮廓多边形的顶点总数 N 值减小。然而，如果 K_0 值过大，则不但会导致原始轮廓多边形失去物体本来的形状，而且还会降低所提取的骨架点位置的精确度。因此，选择合适的 K_0 值，不仅可以简化轮廓的细节部分，得到精确的骨架结构，而且相对较少的原始轮廓顶点数还可以加快后续算法步骤。本节通过多次实验并对实验结果进行分析，最终将阈值 K_0 设定为 1.5。

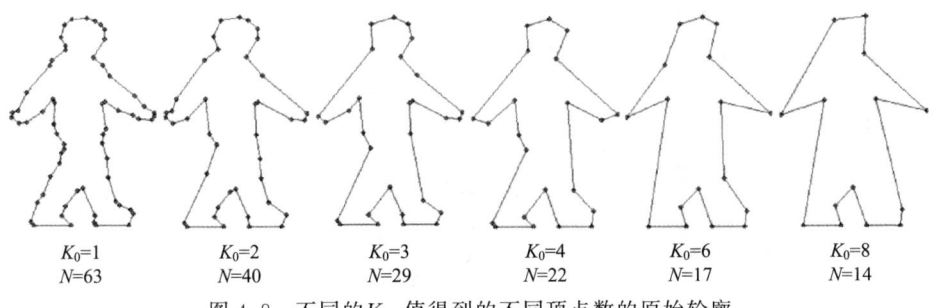

$K_0=1$
$N=63$

$K_0=2$
$N=40$

$K_0=3$
$N=29$

$K_0=4$
$N=22$

$K_0=6$
$N=17$

$K_0=8$
$N=14$

图 4.8　不同的 K_0 值得到的不同顶点数的原始轮廓

离散曲线演化过程即迭代删除轮廓顶点队列中形状贡献度 K 值最小的顶点，并更新该点相邻的两个顶点的 K 值的过程，演化过程的停止条件为轮廓多边形上所有顶点的形状贡献度 K 值均大于给定的阈值 K^*，此时轮廓上的顶点均为显著顶点。离散曲线演化中阈值 K^* 值影响了轮廓多边形上显著顶点的个数，最终影响事物骨架中的分支个数。通过在多个数据集上的实验效果观察，本节中设定阈值 K^* 为 15。

4.2.3.2 算法的实验结果对比

为了考察提出的快速骨架化算法在自然场景中的应用效果，本节采集了单人行走视频（帧频 $24s^{-1}$）和人体手臂伸张视频（帧频 $24s^{-1}$）所提取的前景图片作为骨架属性提取实验的数据集。在单人行走数据集、人体手臂伸展数据集两个数据上与沈为的算法[225]进行对比实验。

（1）行走数据集。行走数据集的构造方式为：首先采用摄像机在简单场景下对单人行走行为进行视频录制；然后经过视频数据的预处理算法，对单人行走视频采用基本的差分算法，得到仅包含单人图元的二值前景图片集。本节算法与沈为的算法的部分实验结果如图 4.9 所示。

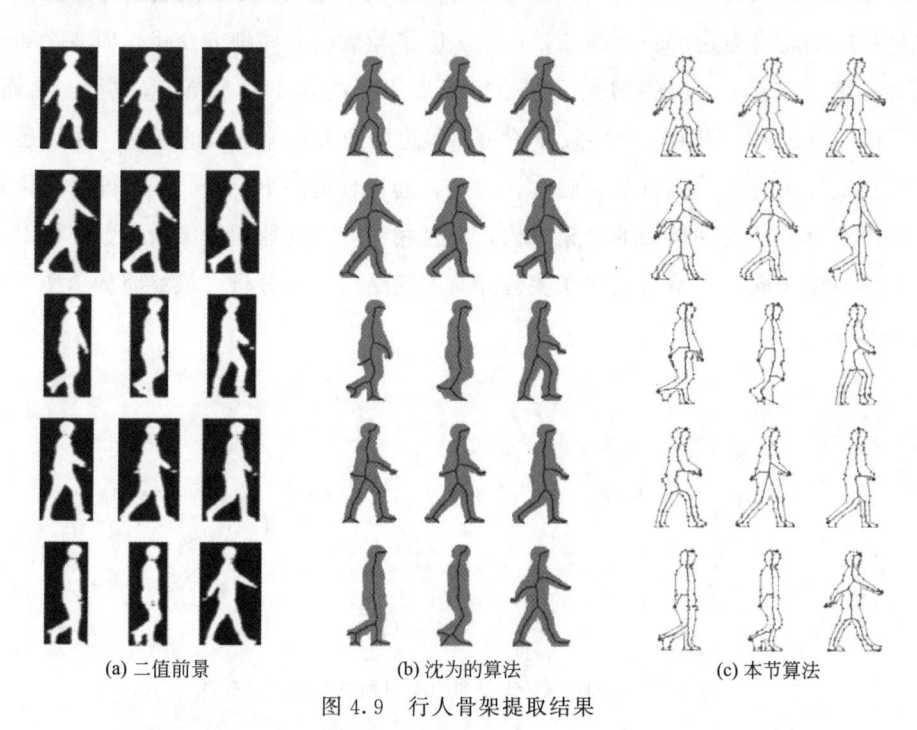

(a) 二值前景　　　　(b) 沈为的算法　　　　(c) 本节算法

图 4.9　行人骨架提取结果

（2）人体伸展数据集。其构造方式与单人行走数据集相似，是对在简单场景中的人体四肢伸展视频采用差分算法所得到的二值前景图片集。本节算法和沈为的算法的部分实验结果如图 4.10 所示。

从图 4.9 和图 4.10 中的实验结果可以看出，采用沈为的算法可以精确清晰地得到行人图元骨架属性，但是由于轮廓形状的特点，其得到的人体骨架的脚部有多余的分叉，而采用本节算法得到的轮廓多边形上的显著凸顶点基本可以代表人体的头部和四肢,并作为骨架分支的端点出现。此外,由本节算法得到的骨架为由骨架点和骨架点之间的连边构成的图模型结构,而由沈为的算法得到的骨架为所有骨架点的顶点序列集合,当图元形状属性比较复杂时所提取的骨架点较多,从而会占用较多的存储空间,而且也不便于后续的识别工作。

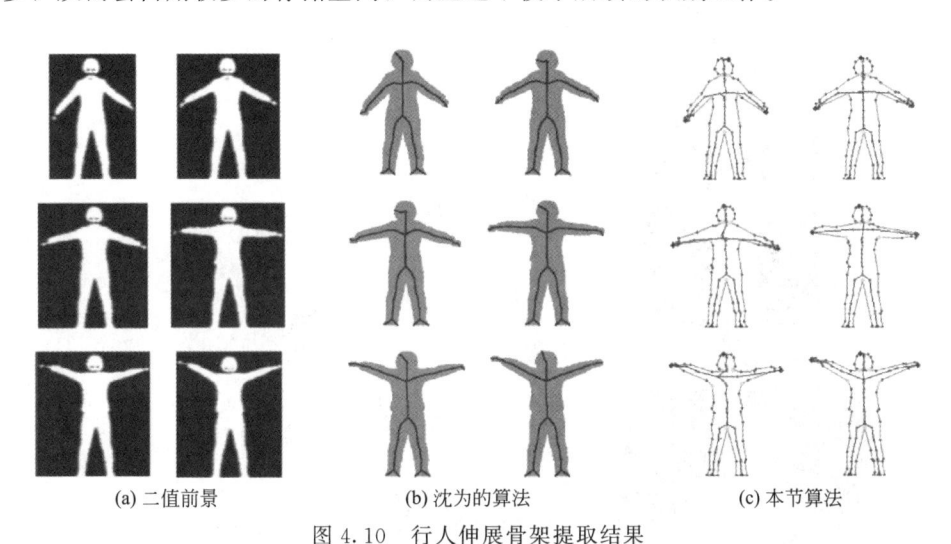

(a) 二值前景　　　　　　(b) 沈为的算法　　　　　　(c) 本节算法

图 4.10　行人伸展骨架提取结果

4.2.3.3　算法的运行时间对比

(1) 本节算法的各阶段时间分布。本节算法主要分为四个阶段:轮廓提取 [算法 2 中第 (1) 步]、轮廓简化 [算法 2 中第 (2)、(3) 步]、离散曲线演化过程 [算法 2 中第 (4) 步]、截线法提取骨架 [算法 2 中第 (5)～(8) 步]。这四个阶段在尺寸为 1560×2250 的二值前景图片的平均运行时间结果如表 4.1 所示,从表 4.1 中可以看出本节算法中截线法提取骨架阶段所需的时间最长。

表 4.1　图元骨架提取的运行时间

图片大小	原始轮廓顶点数/个	轮廓提取时间/s	轮廓简化时间/s	离散曲线演化时间/s	截线法提取骨架时间/s
1560×2250	875	0.0171	0.0305	0.0045	0.1294

(2) 不同尺寸图像的运行时间对比。针对图片尺寸为 156×225 的一张二值单人前景图片,通过同时增大图片的高度和宽度,得到增长倍数为 1 倍到 10 倍的 10 张图片。采用本节算法和沈为的算法[225]在这 10 张图片上进行对比实验,由图 4.11 可以看出,当图像尺寸增大时,这两种算法所提取的骨架属性结果变

化较小，因此仅对这两种算法在不同尺寸图像骨架提取的运行时间进行对比，结果见表 4.2。

(a) 二值前景　　　　(b) 沈为的算法　　　　(c) 本节算法

图 4.11　放大 1 倍、5 倍、10 倍实验结果

表 4.2　不同尺寸图像骨架提取的运行时间对比

图像大小	本节算法		沈为的算法运行时间/s
	原始轮廓顶点数/个	运行时间/s	
156×225	51	0.0036	8.0328
312×450	100	0.0089	18.6070
468×675	100	0.0125	38.2181
624×900	309	0.0506	64.4884
780×1125	327	0.0643	111.5206
936×1350	412	0.0741	218.3063

续表

图像大小	本节算法		沈为的算法运行时间/s
	原始轮廓顶点数/个	运行时间/s	
1092×1575	437	0.0922	267.5379
1248×1800	598	0.1348	410.8053
1404×2025	783	0.1572	545.5659
1560×2250	875	0.2128	733.5245

从表4.2中可以看出，沈为的算法的运行时间对图片的尺寸更加敏感，在图像的长和宽同时放大10倍后，运行时间超过了10分钟，是放大前运行时间的91倍；而本节算法在放大10倍后的运行时间是放大前的59倍，处理速度较快，仍然可以达到近似实时的处理结果。因此，本节算法在处理速度上可以更好地适应图像的多尺度变化。

（3）在两个行人视频数据集上的运行时间对比。本节算法与沈为的算法在不同数据集上的单张图像的平均运行时间比较结果见表4.3。从表中可以看出，本节算法在运行时间上有明显的速度优势。

表4.3 图像骨架提取的运行时间对比

数据集	图像数量/帧	本节算法平均运行时间/s	沈为的算法平均运行时间/s
人体伸展视频	420	0.0189	12.1216
人体步行视频	186	0.0064	14.6854

4.2.3.4 骨架鲁棒性分析

给定一张二值前景图像[图4.12(a)]，提取图元轮廓属性后，基于形状中轴理论所得到的骨架属性如图4.12(b)所示。从图4.12(b)中可以看出该骨架图存在很多冗余分支，这些分支均由轮廓边界上的微小变化引起，对于精确计算的计算机处理器来讲，这将会在很大程度上降低行为识别的精确度。利用沈为的算法提取的骨架[图4.12(c)]和本节算法提取的骨架[图4.12(d)]中分支较少，而且每一个分支都表示了物体轮廓的主要几何架构。在轮廓边界发生微小形变时，这两种算法所提取的骨架并不会发生变化，因此对轮廓多边形边界噪声具有一定的鲁棒性。本节算法所提取的单人图元轮廓的骨架简洁，而且多数情况下骨架中的分支与人体的头部和四肢是对应的，这使得本节算法非常适合于基于形状属性的行人识别问题及用于基于骨架属性的行为识别问题。

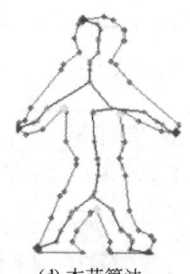

(a) 二值前景　　　　(b) 形状中轴　　　　(c) 沈为的算法　　　　(d) 本节算法

图 4.12　不同骨架提取方法得到的骨架分支

4.2.3.5　实验结果分析

由图 4.9、图 4.10 可以看出，轮廓多边形的显著凸顶点基本可以代表人体的头部和四肢，并且是作为骨架分支的端点出现，由此说明本节算法对于单人图元的骨架属性提取效果较好，可以很好地实现单人图元轮廓属性向图元骨架属性的转换过程，并实现骨架属性的有效表达。另外，单个行人正常行走具有一定的骨架属性序列规律性，这点基于图 4.9 的多张图像的骨架结构可以看出，因此可以基于海量单人行走的骨架属性序列信息得到单人行走这一行为对应的骨架属性特征的规律性知识。另外，基于单人骨架属性表达的四肢位置关系可以很好地实现单人当前肢体状态的表达，从而结合时间序列形成的动态过程可以很好地实现单人行为的识别，并结合当前监控场景信息实现单人异常行为的判别。

表 4.2 和表 4.3 显示了本节算法运行时间较快，在考虑视频前景提取过程所耗时间的情况下，本节算法平均每秒可以处理 7~8 帧图像，在采用多线程或者进行适当的代码优化后完全可以满足视频实时处理的需求。此外，从实验结果的骨架图中也可以看出，由本节算法所提取的骨架的描述方式为图结构，骨架点较少，这不仅节省了存储空间，而且对后续的识别处理工作也是非常有利的。

4.3　基于模糊逻辑规则的单人行为识别方法

在 4.2 节中提出了一种快速且骨架有效表达的单人图元骨架属性挖掘算法，本节主要基于该算法提取的骨架对单人图元序列所描述的行为进行识别。首先，根据不同行为类型对应的骨架属性先验知识得出每种行为类型对应的模糊逻辑规则；然后，确定这些模糊逻辑命题的隶属度函数表达式，构建基于骨架属性序列的单人行为识别方法。

4.3.1 基于骨架属性先验知识的单人行为规则构建

基于单人图元的骨架属性，针对 2.3.1 节中介绍的多种单人行为类别的先验知识，本节给出了如下不同单人行为类别对应的图元骨架属性特征。

（1）行走。单人图元的外接矩形的高度变化不大。单人骨架的顶端大多数情况下只出现一个骨架点，即头部骨架点。头部骨架点在多帧之内会有较大水平位移，而且在骨架的底部会周期性地检测到两只脚的骨架点。图 4.13 显示了单人行走行为的部分骨架序列。

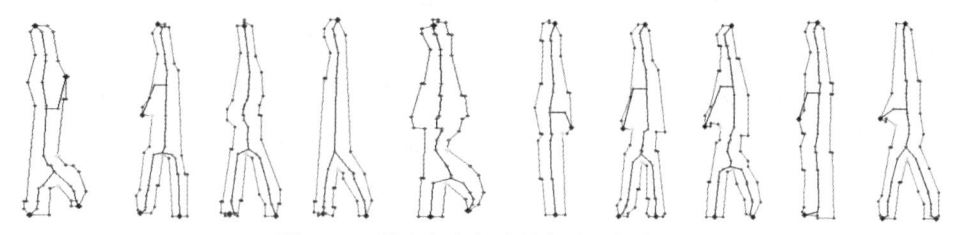

图 4.13 单人行走行为的部分骨架序列

（2）跑步。单人图元的外接矩形的高度变化不大。单人骨架的顶端大多数情况下只出现一个骨架点，即头部骨架点。头部骨架点在多帧之内会有很大的水平位移，而且在骨架的底部会周期性地检测到两只脚的骨架点，但是两只脚的骨架点同时出现的频率会比行走时少。图 4.14 展示了单人跑步行为的部分骨架序列。

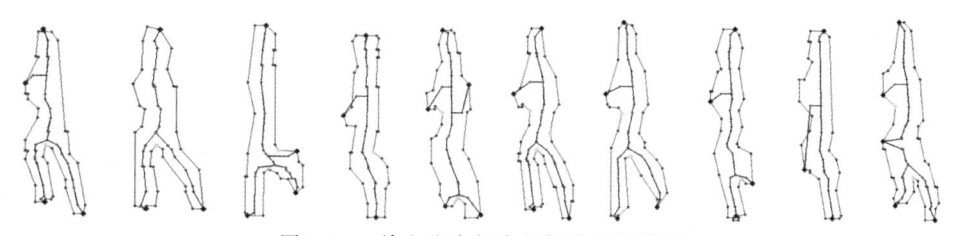

图 4.14 单人跑步行为的部分骨架序列

（3）向前跳跃。单人图元的外接矩形的高度有轻微变化。大多数图像帧中单人骨架的顶端只出现一个骨架点，即头部骨架点。头部骨架点在多帧之内会有较大的水平位移，周期性出现垂直位移；多数情况下，单人骨架的底部只出现一个骨架点；单人骨架的上半身出现骨架点的帧较多。图 4.15 显示了单人向前跳跃行为的部分骨架序列。

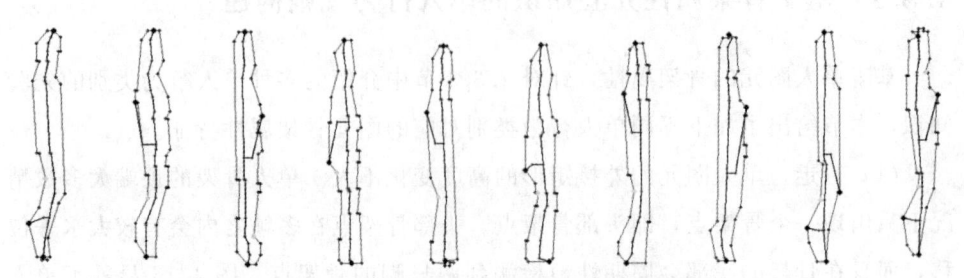

图 4.15　单人向前跳跃行为的部分骨架序列

（4）原地跳不向上挥手。单人图元的外接矩形的高度有轻微变化。由于单人不向上挥手，多数图像中单人骨架的顶端只出现一个骨架点，即头部骨架点。头部骨架点在多帧之内水平位移较小，而垂直位移出现周期性变化。单人骨架的底部只出现一个骨架点。图 4.16 展示了单人原地跳跃的骨架序列。

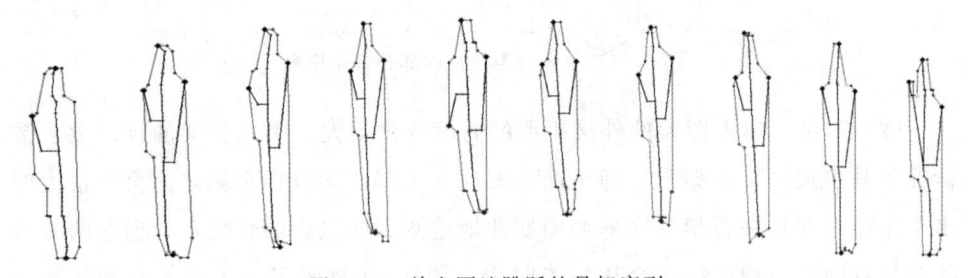

图 4.16　单人原地跳跃的骨架序列

（5）弯腰。单人图元的外接矩形的高度会有较大变化。单人图元的外接矩形在多帧之内水平位移较小。图 4.17 显示了单人弯腰行为的骨架序列。

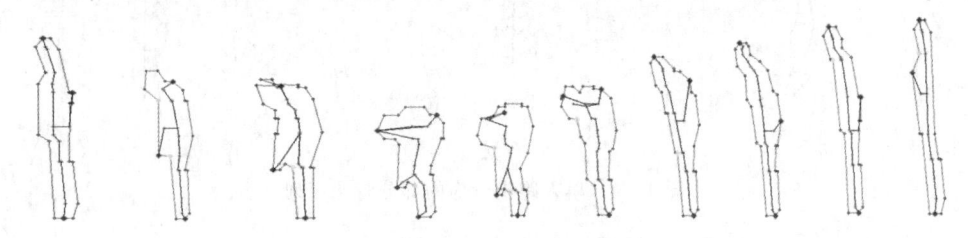

图 4.17　单人弯腰行为的骨架序列

4 基于知识元骨架属性的单人行为识别方法研究

（6）侧身走。单人图元的外接矩形的高度变化不大。单人骨架的顶端大多数情况下只出现一个骨架点，即头部骨架点。头部骨架点在多帧图像内会有较大的水平位移；单人手臂骨架点出现频率较大；在骨架的底部会周期性地检测到两只脚的骨架点，但是两只脚的骨架点同时出现的频率会比行走多。图 4.18 显示了单人侧身走一个迈步周期对应的骨架序列。

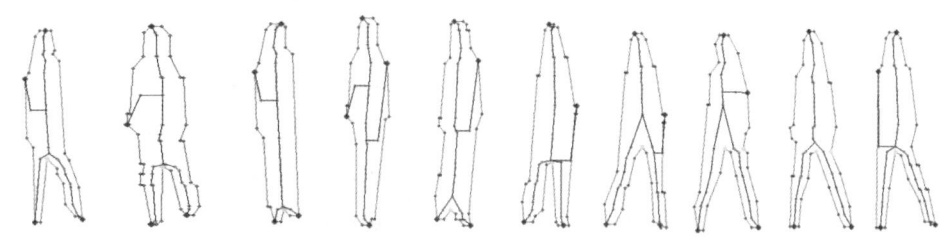

图 4.18　单人侧身走一个迈步周期对应的骨架序列

（7）挥手。单人图元的外接矩形的宽度和高度有轻微变化。当单人单手进行挥动的时候，骨架顶部会周期性出现两个骨架端点；当单人双手挥动时，骨架顶部会周期性出现三个骨架端点。骨架的底部要么有一个骨架点要么有两个骨架点，但不会随着时间发生变化。图 4.19 显示了单人挥手行为的骨架序列。

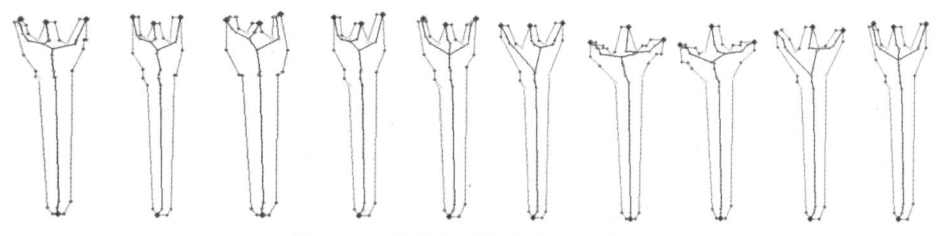

图 4.19　单人挥手行为的骨架序列

由于视频图像中的前景行人提取过程会受到光照、环境、遮挡等因素的影响而混有一些噪声，导致快速骨架算法提取出的骨架也会存在一定的误差。在误差存在的情况下，人类视觉认知的选择机制及极其复杂的神经网络模型仍然会精确识别出行人的行为类型。因此，为了更好地逼近人类视觉系统对行为的识别效果，本节采用将先验知识转化为经验统计量的模糊逻辑表达式的方式，来实现单人行为的识别。首先，根据不同类型行为的先验知识描述，定义如表 4.4 所示的某些统计参数符号用于推理规则的表达。

表 4.4　某些统计参数符号描述

参数符号	参数含义
Δw	单人边界框宽度最大变化值
Δh	单人边界框高度最大变化值
Δx	单人头部最大水平位移
Δy	单人头部最大垂直位移
n_1	区域 1 中平均骨架端点个数
n_2	区域 2 中平均骨架端点个数
n_3	区域 3 中平均骨架端点个数
n_4	区域 4 中平均骨架端点个数
n_5	区域 5 中平均骨架端点个数
f_1	区域 5 中骨架端点个数等于 1 的出现频率
f_2	区域 5 中骨架端点个数等于 2 的出现频率
h_1	区域 1 中骨架端点个数等于 1 的出现频率
h_2	区域 1 中骨架端点个数等于 2 的出现频率
h_3	区域 1 中骨架端点个数等于 3 的出现频率
d	区域 5 中骨架端点之间最大距离
a	区域 4 中平均显著凹顶点个数

设 $I_1, I_2, \cdots, I_t$ 是连续的 t 帧图像，假设该图像序列描述了单人的一类行为。首先，依据算法库中的前景提取或行人分割算法得出图像序列中的单人前景图元；然后，采用 4.2 节中的骨架提取算法分别得到每个单人图元对应的轮廓多边形序列 $P_1, P_2, \cdots, P_t$ 和骨架序列 $K_1, K_2, \cdots, K_t$。设 $(w_1, h_1), (w_2, h_2), \cdots, (w_t, h_t)$ 是每个轮廓多边形对应的外接矩形的高度和宽度，则统计参数高度变化幅度 Δh 和宽度变化幅度 Δw 的表达式为

$$\begin{cases} \Delta w = \max_i w_i - \min_i w_i \\ \Delta h = \max_i h_i - \min_i h_i \end{cases} \quad (4.2)$$

对于任意一个基于 4.2 节算法得到的骨架 K_j，该骨架属性信息的描述方式为图模型，即可以准确表达骨架结构的点集和边集。书中将该骨架图上的度为 1 的顶点称为该骨架的端点，并依据人的肢体比例先验知识将每个行人骨架对应的

外接矩形划分为五个区域，每个区域占总高度的比例分别为 0.12、0.27、0.35、0.20 和 0.06，如图 4.20 所示。

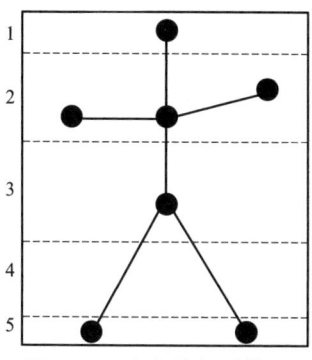

图 4.20 人的骨架图模型

令 n_j^i 表示第 i 帧图像中区域 j 中骨架端点的个数，n_j 表示该骨架序列中落入区域 j 中骨架端点的平均个数，其中，$i=1,2,\cdots,t$，$j=1,2,\cdots,5$。

$$n_j = \frac{1}{t}\sum_{i=1}^{t} n_j^i \tag{4.3}$$

令 F_1、F_2 分别表示骨架序列中落入区域 5 中一个骨架端点和两个骨架端点的骨架总数，H_1、H_2、H_3 分别表示骨架序列中落入 1 中一个骨架端点、两个骨架端点和三个骨架端点的骨架总数。

$$\begin{cases} f_i = \dfrac{F_i}{t} & (i=1,2) \\ h_j = \dfrac{H_j}{t} & (j=1,2,3) \end{cases} \tag{4.4}$$

令 d_j 为骨架 K_j 落入区域 5 中的多个骨架端点之间的最大水平距离，即

$$d = \max_{j} d_j \tag{4.5}$$

令 a_j 为轮廓多边形 P_j 落入区域 4 中的显著凹顶点的总个数，即

$$a = \frac{\sum_{j=1}^{t} a_j}{t} \tag{4.6}$$

定义坐标 (x_j, y_j) 为骨架 K_j 落入区域 1 中的骨架点的平均坐标，定义

$$\begin{cases} \Delta x = \max_{j} x_j - \min_{j} x_j \\ \Delta y = \max_{j} y_j - \min_{j} y_j \end{cases} \tag{4.7}$$

4.3.2 模糊逻辑行为识别模型

根据 4.3.1 节中定义的统计参数,将 2.3.1 节中梳理的不同单人行为的先验知识转化为下面的一些模糊命题,并确定其隶属度函数表达式。

4.3.2.1 外接矩形高度变化幅度 Δh

单人的高度变化不大　$P_1^\sim: \Delta h$ 很小　$\mu_{P_1^\sim} = \begin{cases} 1 & (\Delta h < C_{11}) \\ \dfrac{C_{12} - \Delta h}{C_{12} - C_{11}} & (C_{11} \leqslant \Delta h < C_{12}) \\ 0 & (\Delta h \geqslant C_{12}) \end{cases}$

跳跃　$P_2^\sim: \Delta h$ 较小　$\mu_{P_2^\sim}(x) = \begin{cases} 0 & (\Delta h < C_{21}) \\ \dfrac{1 - (C_{21} + C_{22} - 2\Delta h)^2}{(C_{22} - C_{21})^2} & (C_{21} \leqslant \Delta h < C_{22}) \\ 0 & (\Delta h \geqslant C_{22}) \end{cases}$

弯腰　$P_3^\sim: \Delta h$ 较大　$\mu_{P_3^\sim}(x) = \begin{cases} 1 & (\Delta h \geqslant C_{31}) \\ \dfrac{C_{31} - \Delta h}{C_{31} - C_{32}} & (C_{32} \leqslant \Delta h < C_{31}) \\ 0 & (\Delta h < C_{32}) \end{cases}$

4.3.2.2 存在两个脚骨架端点的频率 f_2

一直双腿合并　$P_4^\sim: f_2$ 很小　$\mu_{P_4^\sim}(x) = \begin{cases} 1 & (f_2 < C_{41}) \\ \dfrac{C_{42} - f_2}{C_{42} - C_{41}} & (C_{41} \leqslant f_2 < C_{42}) \\ 0 & (f_2 \geqslant C_{42}) \end{cases}$

跑步　$P_5^\sim: f_2$ 较小　$\mu_{P_5^\sim}(x) = \begin{cases} 0 & (f_2 < C_{51}) \\ 1 - \dfrac{(C_{51} + C_{52} - 2f_2)^2}{(C_{52} - C_{51})^2} & (C_{51} \leqslant f_2 < C_{52}) \\ 0 & (f_2 \geqslant C_{52}) \end{cases}$

行走 $P_6^{\sim}$：f_2 适中　$\mu_{P_6^{\sim}}(x)=\begin{cases}0 & (f_2<C_{61})\\ 1-\dfrac{(C_{61}+C_{62}-2f_2)^2}{(C_{62}-C_{61})^2} & (C_{61}\leqslant f_2<C_{62})\\ 0 & (f_2\geqslant C_{62})\end{cases}$

侧身走　$P_7^{\sim}$：f_2 较大　$\mu_{P_7^{\sim}}(x)=\begin{cases}0 & (f_2<C_{71})\\ 1-\dfrac{(C_{71}+C_{72}-2f_2)^2}{(C_{72}-C_{71})^2} & (C_{71}\leqslant f_2<C_{72})\\ 0 & (f_2\geqslant C_{72})\end{cases}$

一直双腿分开　$P_8^{\sim}$：f_2 很大　$\mu_{P_8^{\sim}}(x)=\begin{cases}1 & (f_2\geqslant C_{81})\\ \dfrac{C_{81}-f_2}{C_{81}-C_{82}} & (C_{82}\leqslant f_2<C_{81})\\ 0 & (f_2<C_{82})\end{cases}$

4.3.2.3　脚骨架端点间最大距离 d

一直双腿合并　$P_9^{\sim}$：d 很小，$\mu_{P_9^{\sim}}(x)=\begin{cases}1 & (d<C_{91})\\ \dfrac{C_{92}-d}{C_{92}-C_{91}} & (C_{91}\leqslant d<C_{92})\\ 0 & (d\geqslant C_{92})\end{cases}$

跑步　$P_{10}^{\sim}$：d 较小，$\mu_{P_{10}^{\sim}}(x)=\begin{cases}0 & (d<C_{10,1})\\ 1-\dfrac{(C_{10,1}+C_{10,2}-2d)^2}{(C_{10,2}-C_{10,1})^2} & (C_{10,1}\leqslant d<C_{10,2})\\ 0 & (d\geqslant C_{10,2})\end{cases}$

行走　$P_{11}^{\sim}$：d 适中，$\mu_{P_{11}^{\sim}}(x)=\begin{cases}0 & (d<C_{11,1})\\ 1-\dfrac{(C_{11,1}+C_{11,2}-2d)^2}{(C_{11,2}-C_{11,1})^2} & (C_{11,1}\leqslant d<C_{11,2})\\ 0 & (d\geqslant C_{11,2})\end{cases}$

侧身走　$P_{12}^{\sim}$：d 较大，$\mu_{P_{12}^{\sim}}(x)=\begin{cases}1 & (d\geqslant C_{12,1})\\ \dfrac{C_{12,1}-d}{C_{12,1}-C_{12,2}} & (C_{12,2}\leqslant d<C_{12,1})\\ 0 & (d<C_{12,2})\end{cases}$

4.3.2.4 单人的头部骨架端点最大水平位移 Δx

$$\text{静止}\quad P_{\widetilde{13}}:\Delta x\text{ 很小},\quad \mu_{P_{\widetilde{13}}}(x)=\begin{cases}1 & (\Delta x<C_{13,1})\\ \dfrac{C_{13,2}-\Delta x}{C_{13,2}-C_{13,1}} & (C_{13,1}\leqslant\Delta x<C_{13,2})\\ 0 & (\Delta x\geqslant C_{13,2})\end{cases}$$

$$\text{行走}\quad P_{\widetilde{14}}:\Delta x\text{ 较大},\quad \mu_{P_{\widetilde{14}}}(x)=\begin{cases}0 & (\Delta x<C_{14,1})\\ 1-\dfrac{(C_{14,1}+C_{14,2}-2\Delta x)^2}{(C_{14,2}-C_{14,1})^2} & (C_{14,1}\leqslant\Delta x<C_{14,2})\\ 0 & (\Delta x\geqslant C_{14,2})\end{cases}$$

$$\text{侧身走}\quad P_{\widetilde{14}}:\Delta x\text{ 较大},\quad \mu_{P_{\widetilde{14}}}(x)=\begin{cases}0 & (\Delta x<C_{14,1})\\ 1-\dfrac{(C_{14,1}+C_{14,2}-2\Delta x)^2}{(C_{14,2}-C_{14,1})^2} & (C_{14,1}\leqslant\Delta x<C_{14,2})\\ 0 & (\Delta x\geqslant C_{14,2})\end{cases}$$

$$\text{跑步}\quad P_{\widetilde{15}}:\Delta x\text{ 很大},\quad \mu_{P_{\widetilde{15}}}(x)=\begin{cases}1 & (\Delta x\geqslant C_{15,1})\\ \dfrac{C_{15,1}-\Delta x}{C_{15,1}-C_{15,2}} & (C_{15,2}\leqslant\Delta x<C_{15,1})\\ 0 & (\Delta x<C_{15,2})\end{cases}$$

4.3.2.5 出现1个、2个、3个头部骨架端点的概率 h_1、h_2、h_3

$$\text{不挥手}\quad P_{\widetilde{16}}:h_1\text{ 很大},\quad \mu_{P_{\widetilde{16}}}(x)=\begin{cases}1 & (h_1\geqslant C_{16,1})\\ \dfrac{C_{16,1}-h_1}{C_{16,1}-C_{16,2}} & (C_{16,2}\leqslant h_1<C_{16,1})\\ 0 & (h_1<C_{16,2})\end{cases}$$

$$\text{单手挥}\quad P_{\widetilde{17}}:h_2\text{ 很大},\quad \mu_{P_{\widetilde{17}}}(x)=\begin{cases}1 & (h_2\geqslant C_{17,1})\\ \dfrac{C_{17,1}-h_2}{C_{17,1}-C_{17,2}} & (C_{17,2}\leqslant h_2<C_{17,1})\\ 0 & (h_2<C_{17,2})\end{cases}$$

双手挥 $P_{18}^{\sim}$：h_3 很大，$\mu_{P_{18}^{\sim}}(x) = \begin{cases} 1 & (h_3 \geqslant C_{18,1}) \\ \dfrac{C_{18,1} - h_3}{C_{18,1} - C_{18,2}} & (C_{18,2} \leqslant h_3 < C_{18,1}) \\ 0 & (h_3 < C_{18,2}) \end{cases}$

4.3.2.6 腿部区域中显著凹顶点的平均个数 a

行走 $P_{19}^{\sim}$：a 较大，$\mu_{P_{19}^{\sim}}(x) = \begin{cases} 1 & (a \geqslant C_{19,1}) \\ \dfrac{C_{19,1} - a}{C_{19,1} - C_{19,2}} & (C_{19,2} \leqslant a < C_{19,1}) \\ 0 & (a < C_{19,2}) \end{cases}$

跑步 $P_{19}^{\sim}$：a 较大，$\mu_{P_{19}^{\sim}}(x) = \begin{cases} 1 & (a \geqslant C_{19,1}) \\ \dfrac{C_{19,1} - a}{C_{19,1} - C_{19,2}} & (C_{19,2} \leqslant a < C_{19,1}) \\ 0 & (a < C_{19,2}) \end{cases}$

侧身走 $P_{20}^{\sim}$：a 较小，$\mu_{P_{20}^{\sim}}(x) = \begin{cases} 1 & (a < C_{20,1}) \\ \dfrac{C_{20,2} - a}{C_{20,2} - C_{20,1}} & (C_{20,1} \leqslant a < C_{20,2}) \\ 0 & (a \geqslant C_{20,2}) \end{cases}$

4.3.2.7 单人的头部骨架端点最大垂直位移 Δy

跳跃 $P_{21}^{\sim}$：Δy 较大，$\mu_{P_{21}^{\sim}}(x) = \begin{cases} 1 & (\Delta y \geqslant C_{21,1}) \\ \dfrac{C_{21,1} - \Delta y}{C_{21,1} - C_{21,2}} & (C_{21,2} \leqslant \Delta y < C_{21,1}) \\ 0 & (\Delta y < C_{21,2}) \end{cases}$

不跳跃 $P_{22}^{\sim}$：Δy 较小，$\mu_{P_{22}^{\sim}}(x) = \begin{cases} 1 & (\Delta y < C_{22,1}) \\ \dfrac{C_{22,2} - \Delta y}{C_{22,2} - C_{22,1}} & (C_{22,1} \leqslant \Delta y < C_{22,2}) \\ 0 & (\Delta y \geqslant C_{22,2}) \end{cases}$

根据上述的模糊命题，组合得到用于判断单人行为类型的复合模糊命题如下。

(1) 行走：$Q_1^{\sim} = P_1^{\sim} \wedge P_6^{\sim} \wedge P_{11}^{\sim} \wedge P_{14}^{\sim} \wedge P_{16}^{\sim} \wedge P_{19}^{\sim} \wedge P_{22}^{\sim}$。

(2) 跑步：$Q_2^\sim = P_1^\sim \wedge P_5^\sim \wedge P_{10}^\sim \wedge P_{15}^\sim \wedge P_{16}^\sim \wedge P_{19}^\sim \wedge P_{22}^\sim$。

(3) 跳跃：$Q_3^\sim = P_2^\sim \wedge P_4^\sim \wedge P_9^\sim \wedge P_{14}^\sim \wedge P_{16}^\sim \wedge P_{21}^\sim$。

(4) 原地跳：$Q_4^\sim = P_2^\sim \wedge P_4^\sim \wedge P_9^\sim \wedge P_{13}^\sim \wedge P_{16}^\sim \wedge P_{21}^\sim$。

(5) 弯腰：$Q_5^\sim = P_3^\sim \wedge P_{13}^\sim$。

(6) 侧身走：$Q_6^\sim = P_1^\sim \wedge P_7^\sim \wedge P_{12}^\sim \wedge P_{14}^\sim \wedge P_{16}^\sim \wedge P_{20}^\sim \wedge P_{22}^\sim$。

(7) 挥手：$Q_7^\sim = P_2^\sim \wedge (P_4^\sim \vee P_8^\sim) \wedge (P_{17}^\sim \vee P_{18}^\sim) \wedge P_{22}^\sim$。

在传统的模糊数学中，析取和合取运算分别对应了取最小和取最大的运算。然而在单人行为识别模型中，由于视频数据算法中的前景提取算法和骨架提取算法不可避免地存在误差，这导致析取选择取最小运算变得非常不合理。因此，本书中采用加权平均运算作为析取运算、取最大运算作为合取运算，从而得到这些复合模糊命题的隶属度函数的计算公式：

$$\mu_{Q_1^\sim}(x) = \lambda_{11}\mu_{P_1^\sim}(x) + \lambda_{12}\mu_{P_6^\sim}(x) + \lambda_{13}\mu_{P_{11}^\sim}(x) + \lambda_{14}\mu_{P_{14}^\sim}(x) + \lambda_{15}\mu_{P_{16}^\sim}(x) + \lambda_{16}\mu_{P_{19}^\sim}(x) + \lambda_{17}\mu_{P_{22}^\sim}(x)$$

$$\mu_{Q_2^\sim}(x) = \lambda_{21}\mu_{P_1^\sim}(x) + \lambda_{22}\mu_{P_5^\sim}(x) + \lambda_{23}\mu_{P_{10}^\sim}(x) + \lambda_{24}\mu_{P_{15}^\sim}(x) + \lambda_{25}\mu_{P_{16}^\sim}(x) + \lambda_{26}\mu_{P_{19}^\sim}(x) + \lambda_{27}\mu_{P_{22}^\sim}(x)$$

$$\mu_{Q_3^\sim}(x) = \lambda_{31}\mu_{P_2^\sim}(x) + \lambda_{32}\mu_{P_4^\sim}(x) + \lambda_{33}\mu_{P_9^\sim}(x) + \lambda_{34}\mu_{P_{14}^\sim}(x) + \lambda_{35}\mu_{P_{16}^\sim}(x) + \lambda_{36}\mu_{P_{21}^\sim}(x)$$

$$\mu_{Q_4^\sim}(x) = \lambda_{41}\mu_{P_2^\sim}(x) + \lambda_{42}\mu_{P_4^\sim}(x) + \lambda_{43}\mu_{P_9^\sim}(x) + \lambda_{44}\mu_{P_{13}^\sim}(x) + \lambda_{45}\mu_{P_{16}^\sim}(x) + \lambda_{46}\mu_{P_{21}^\sim}(x)$$

$$\mu_{Q_5^\sim}(x) = \lambda_{51}\mu_{P_3^\sim}(x) + \lambda_{52}\mu_{P_{13}^\sim}(x)$$

$$\mu_{Q_6^\sim}(x) = \lambda_{61}\mu_{P_1^\sim}(x) + \lambda_{62}\mu_{P_7^\sim}(x) + \lambda_{63}\mu_{P_{12}^\sim}(x) + \lambda_{64}\mu_{P_{14}^\sim}(x) + \lambda_{65}\mu_{P_{16}^\sim}(x) + \lambda_{66}\mu_{P_{20}^\sim}(x) + \lambda_{67}\mu_{P_{22}^\sim}(x)$$

$$\mu_{Q_7^\sim}(x) = \lambda_{71}\mu_{P_2^\sim}(x) + \lambda_{72}\max\{\mu_{P_4^\sim}(x), \mu_{P_8^\sim}(x)\} + \lambda_{73}\max\{\mu_{P_{17}^\sim}(x), \mu_{P_{18}^\sim}(x)\} + \lambda_{74}\mu_{P_{22}^\sim}(x)$$

因此，通过模糊逻辑规则得到了基于骨架属性先验知识的单人行为识别模型，模型中的参数主要有简单模糊命题隶属度函数中的 $C_{i,j}$ 和复合模糊命题隶属度函数中的 λ_{kl}。这些参数可以采用遗传算法等智能启发式算法，以历史数据上的行为类型分类的正确率作为目标函数，对这些参数进行确定。在行为识别阶段，对于给定的单人行为视频图像片段，首先采用快速骨架提取算法进行骨架属性的提取，得到带有骨架关节点和骨架端点的输入向量；然后将输入向量带入每个复合模糊命题的隶属度函数中，比较隶属度函数值的大小，则最大隶属度函数值的那一类别即为最终的行为类别。

4.3.3 实例说明

本节提出的基于单人知识元的骨架属性的行为识别模型在"十二五"科技支撑项目"基于物联网的社会治安视频分析技术研究及应用示范"中实现，应用效果较好。由于项目的数据保密性，实验结果在这里不予展现。本节仅对网络中公开的几个 Weizmann 数据库中典型的单人行为进行说明。Weizmann 数据库是以色列 Weizmann Institute 于 2005 年发布的，该数据库包含 10 个动作：弯腰、原地开合跳、双腿合并向前跳、原地起跳、跑步、侧身走、单膝向前跳、走路、原地挥单手、原地挥双手（bend，jack，jump，pjump，run，side，skip，walk，wave1，wave2），每个动作有 9 个不同的样本图像集，并作为单人行为识别的标准样本集之一。

测试给定的三组骨架序列如图 4.21 所示。

基于这三组骨架序列得到的骨架外接矩形和骨架端点分布信息等统计参数值如表 4.5 所示。

表 4.5 图 4.21 中骨架序列对应的统计参数值

序列	Δw	Δh	Δx	Δy	n_1	n_2	n_3	n_4	n_5	f_1	f_2	h_1	h_2	h_3	d	a
1	77	40	47	45	1.3	0.1	0.8	0.0	1.5	0.5	0.5	0.6	0.1	0.3	32.6	0.0
2	22	20	38	25	1.5	1.0	1.0	0.0	1.0	1.0	0.0	0.5	0.5	0.0	0.0	0.0
3	22	20	122	25	1.0	1.0	1.0	1.1	1.0	1.0	0.0	1.0	0.0	0.0	0.9	0.4

（1）骨架序列 1：头部位移 Δx 变化较小，说明人处在水平位置相对静止的状态；外接矩形高度变化 Δh 较小；骨架序列落入区域 5 中 1 个骨架端点的概率 f_1 与落入区域 5 中 2 个骨架端点的概率 f_2 比例相同，以及骨架序列落入区域 5 中骨架端点间最大水平距离 d 的平均值较大，说明人的双腿要么处在合并状态

序列1

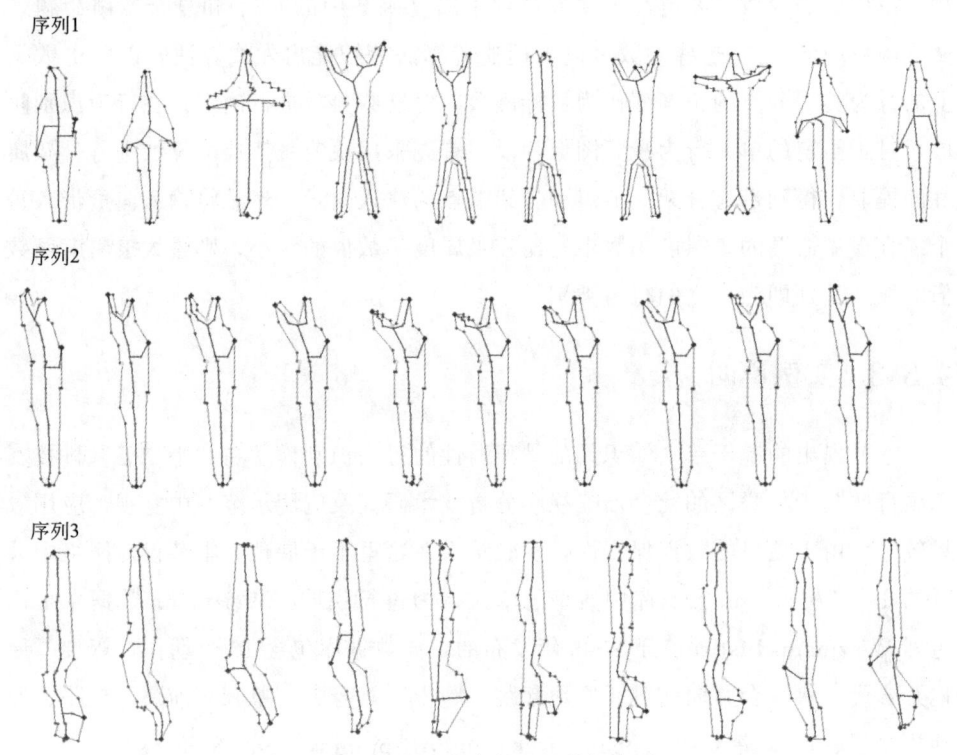

序列2

序列3

图 4.21 测试给定的三组骨架序列

要么处在分离状态；骨架序列落入区域 1 中 i 个骨架端点的概率 $h_i(i=1,2,3)$ 均占有比例，说明人的两只手周期性处在挥动状态；以及结合该骨架序列落入 5 个区域内的平均骨架端点个数，即该行人行为表现为周期性的挥动双手和跳跃，因此该行为对应行为数据库中的 jack 行为。

(2) 骨架序列 2：头部位移 Δx 变化较小，说明人处在水平位置相对静止的状态；外接矩形高度变化 Δh 较小；骨架序列落入区域 5 中 1 个骨架端点的概率 f_1 比例较大，说明当前行人一直处在静止状态；骨架序列落入区域 1 中 1 个骨架端点的概率 h_1 与 2 个骨架端点的概率 h_2 的比例相同，说明该行人在周期性挥动一只手；结合骨架序列落入 1~5 个区域内的平均骨架端点个数，即该行为表现为静止的周期性挥动单只手，因此该行为对应行为数据库中的 wavel 行为。

(3) 骨架序列 3：头部位移 Δx 变化较大，说明人处在不断移动的状态；骨架序列落入区域 5 中 2 个骨架端点的概率 f_2 较小，以及骨架序列在区域 5 中平均骨架端点数 n_5 约为 1，说明该骨架序列仅检测到一个脚部骨架点；$h_1=n_1=$

1，即骨架序列落入区域 1 中 1 个骨架端点的概率等于落入区域 1 中平均骨架端点个数，并且均等于 1，说明了该骨架序列中每个骨架仅有一个头部骨架点；骨架序列中落入区域 4 中平均显著凹顶点个数 $a=0.4$，说明区域 4 中存在显著凹顶点，基于对这几类行为的先验知识可知除了行走、跑这两个行为之外，其余的行为类型在区域 4 中存在凹顶点的概率较小，因此该行为对应行为数据库中的 skip 行为。

需注意的是，本节未能涵盖所有的单人行为，针对未涉及的行为，可以采用书中的方法，通过历史性运动骨架属性数据分析得到每种行为类型的共性特征及与其他行为间的区别，通过将这些先验知识模糊规则化，来实现视频图像中单人行为的识别。

总结：本章主要对监控视频数据中的单人行为识别问题进行研究，在先验知识的参与指导下，将行为识别问题分为两个主要过程：单人骨架属性信息挖掘过程和基于骨架属性的行为识别过程，其中，骨架属性信息挖掘算法主要实现了单人图元轮廓属性向单人图元骨架属性的转化。首先，针对目前传统骨架化算法时间复杂度较大的问题，提出了一种快速的图元骨架属性挖掘算法，即采用截线段中点来代替最大内切圆中心作为骨架点，大大提高了传统骨架化算法的处理速度，而且所提取的骨架为图结构的表示方式，因此依据图理论中的顶点度和顶点坐标信息可以快速得到骨架关节点和骨架端点。骨架化算法的快速性和骨架点的有效表达性，在完善算法库中已有的骨架化算法的同时，也为进一步的单人行为识别模型提供了较好的基础。然后，定义不同类别的单人行为类型，通过将不同类别行为对应的有效的历史骨架属性序列信息作为先验知识，将先验知识转化为模糊推理规则，提出了基于知识的单人行为识别方法，可以很好地实现单人行为类别的判别，为有效地完成基于知识元骨架属性的单人行为识别任务提供了新思路。

5 基于知识的行人群体性行为识别方法研究

5.1 概述

5.1.1 群体性行为类别

治安案件中群体性事件是指一定规模的群体为了达到特定目的,选择适宜的场所、时机和环境,聚众共同实施违法犯罪或者采取其他不正当手段,危害公共安全的群体越轨行为。群体性事件是由社会矛盾所引起的,主要分为群体性上访请愿事件、群体性游行示威事件、群体性冲击重要目标事件、群体性阻塞交通事件、群体性械斗事件、群体性哄抢事件以及群体性罢工罢课事件等。此类事件往往是临机而发,参与者情绪高度激动,互动性强,在一定程度上对社会秩序和交通秩序产生影响,同时也存在着危害人民生命财产安全的可能。如果不加以及时预警制止,将会造成较大的经济损失,影响社会政治稳定。由于群体性事件主要是由人群的异常行为演化而来的,所以智能地识别出监控视频中的异常人群行为有助于辅助治安管理人员对群体性事件的预防和及时控制,对维护社会政治经济稳定具有重要的现实意义。

异常群体性行为是由民众以群体性行为方式表达其意愿、在公共场所中表现的行为,依据行为的激烈程度分为:①非暴力行为,如游行示威、罢课、罢市等;②低度暴力行为,如聚众闹事、堵塞交通要道等;③暴力行为,即含有明显暴力或破坏性的冲突,如持有危险性武器对人对物进行攻击或破坏。为了实现群体性异常行为的识别,本书将群体性行为分为正常行为和非正常行为两类。当监控场景中的人群或单个个体行为处于正常状态时,行人的各项属性特征都处于平稳状态,如监控场景中大多数行人的运动速度处于匀速状态、场景内的人群位置分布及人群数量变化符合当前情境下的先验规律。一旦监控场景内有异常群体性行为发生时,对应的监控视频数据中行人属性特征表现为大多数单人的属性特征都会发生突然变化,比如检测出较多的单人出现突然奔跑等异常行为,或者对应监控视频数据中的人群数量违背规律性曲线。

本书中将人群知识元和行为知识元相关属性进行关联融合,得到人群行为知识元,即人群行为知识元={人群 ID,属性{行为类别、人群状态信息},关系{}}。其中,行为类别主要分为正常行为和非正常行为两类;场景内人群状态的属性主要以多人图元属性的形式进行描述。由于多人图元属性为人群知识元的一类属性,而视频数据中人群行为的特征主要通过多人图元属性来表达,所以多人图元属性也可以看作人群行为知识元的一类属性,多人图元属性主要包含图元人数属性信息、行人速度信息、图元内行人行为信息。本节中的行人若无特殊说明,则既包括了单个人也包括了人群。

5.1.2 多人图元属性与群体性行为

群体性异常行为通常是由视频中大量行人异常的图元属性信息反映出来,当监控场景中个别行人出现异常状态时,通常不能说明当前场景有群体性异常行为的发生。例如,一个场景中某个行人可能会因为紧急的事情而突然加速奔跑,这是正常的;然而当场景中很多行人同时突然加速奔跑,则极有可能出现了异常事件。不同程度的异常行为同样也可以由场景中的人数信息进行区分,低度的暴力行为主要体现在人群数量较非暴力行为的人数少,并具有较大不确定性,这是与特定的监控场景密切相关的;暴力行为,施暴人会出现过激行为,对周围的人群造成一定的恐慌和混乱,从而导致周围一定数量行人会出现如突然停住、突然加速等异常行为。因此,在行为识别过程中,行人图元属性信息发生突变的人群数量越多,通常说明群体性异常行为越严重。而且当监控场景中的行人数量较多或者出现违背规律的不断增加时,会逐渐增加群体性行为发生的概率,因此场景中人群数量是衡量群体性行为的重要指标之一,通过实时监测监控场景内的人数信息可以实现异常突发群体性事件的有效预防。

由于视频图像处理过程中,场景的背景信息是固定不变的,为加快处理速度,首先需基于算法库中的图像分割方法,得到视频图像中的行人图元,然后通过所有行人图元(包含单人图元和多人图元)的人数属性信息来实现场景内总人数的表达。由于多人图元是一群存在相互遮挡而无法分离的行人的集合,所以将其作为一个整体进行统一分析。多人图元的人数属性作为图元的高级属性可以度量图元属性信息变化的权重。因此，多人图元的人数属性在群体性异常行为的识别过程中至关重要。

5.1.3 识别方法框架

人类基于视觉系统对群体事件的认知主要是通过判断视野内人群的属性信息是否存在异常来实现的。目前很多学者对群体性异常行为进行了广泛研究，并取得了大量的研究成果，主要是通过对图像序列内的人群直接建立模型实现异常行为的识别。这在一定程度上会忽略先验综合知识的应用，从而导致模型算法的局限性，因此在治安视频大数据应用中，为得到精确度高的识别结果，需要将监控场景中的多类人群信息进行综合，继而基于知识推理方式进行异常群体性事件的识别。

监控场景中的人群信息主要包括人群中行人的运动信息、人群密度信息、人群数量信息及图像可分离的单人行为信息等。其中，人群数量信息是计算机视觉领域研究的热点问题之一，也是广场、体育场等大型活动场所实现聚集、踩踏等异常事件的有效预防所主要关注的信息之一，同时人群数量统计算法也是实现不同监控场景下的人群规律性数量曲线获取的主要步骤之一，因此研究监控场景下的人群数量统计具有重要的实际意义和理论意义。

为此，本章提出了基于图元属性先验知识的行人群体性行为识别方法。视频图像中行人的分析主要以行人图元为最小单元，即作为行人知识元的图元属性实例化，主要包括单人图元属性和人群图元属性。识别方法框架如图5.1所示。

监控场景中的群体性行为识别过程是在单人行为识别的基础上增加了多人图元属性获取分析，继而将这两部分融合，实现群体性行为的识别。除了单人行为识别部分之外，该识别框架主要包括了三部分内容：①基于视频图像中行人图元序列的位置关系构建行人图元网络模型；②基于行人图元网络模型修正多人图元低级属性与图元人数属性间的映射关系，即通过求解带有网络流约束的二次规划模型实现对传统回归算法得到的人数结果的修正，并得到较为精确的多人图元人数属性值；③融合基于行人图元网络的人数属性信息、基于图元网络得到的图元速度属性信息及第4章中基于图元骨架属性序列得到的多个单人行为信息，在先验知识的指导下实现行人群体性行为的识别。由于多人图元属性是人群知识元的一类属性，则其包含的具体的图元属性也必然是人群知识元的属性，因此下文简称为多人图元的具体属性，如多人知识元的图元的人数属性简称为多人图元人数属性。

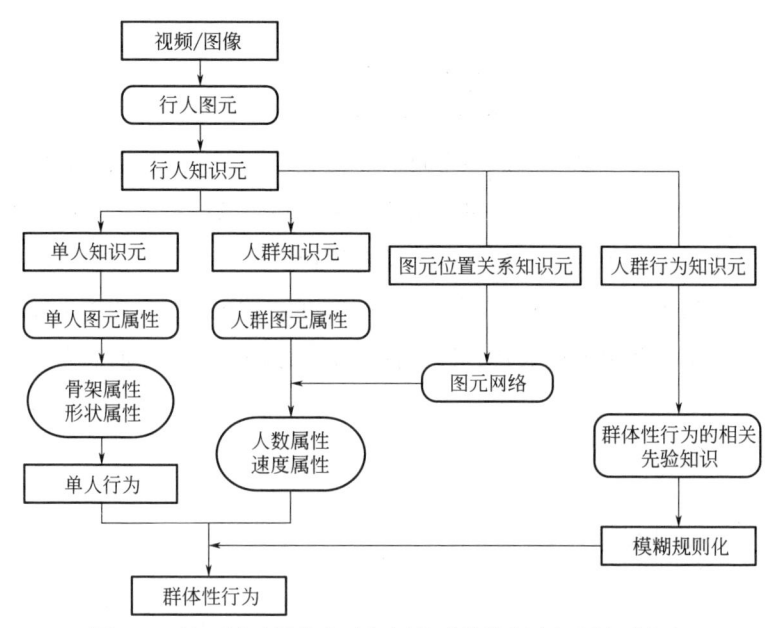

图 5.1　基于图元属性先验知识的群体性行为识别方法框架

5.2　图元网络与收缩网络

行人图元位置关系知识元的实例化可以用视频图像中行人图元序列的图元网络模型图来表达，而收缩网络图是视频图像中初始构建的行人图元网络的简化模型。利用该图元网络模型不仅可以很好地实现行人图元人数属性的修正，也可以实现行人图元的跟踪及行人运动信息的提取。视频中行人的状态变化是一个动态过程，行人图元的多种属性信息会随着时间的变化而变化。本书在对视频中行人行为进行分析时，首先从视频图像中提取出每一帧图像所包含的静态的行人图元。为了能够得到行人的动态信息，则需要对场景内的行人进行跟踪，即需要跟踪得到同一个或者多个行人的时空关系。在视频图像处理过程中，行人的时空关系主要表现为行人图元在图像序列的位置关联关系。当视频中有大量行人处于运动状态时,即使人眼也无法准确地同时跟踪每个行人,因此单独跟踪每个行人较难以实现;另外,同时跟踪每个行人对实现场景中的人数信息统计及群体性行为分析并未具有很大的意义,因此,针对多人图元情况时,需将多人图元中的多个行人当作一个整体进行跟踪。视频中每一帧图像都含有多个行人图元(单人图元和多人图元),在同一帧图像中两个或更多的行人图元可能在下一帧图像中融合成一个行人图元;前一帧图像的一个行人图元有可能在下一帧图像分成两个图元或更多的行人图元。因此,为了更形象地描述视频图像中行人图元序列的这种分裂合并的变化信息,书中将相邻两帧图像内的行人图元之间的位置关联关系用行人图元网络模型进行表示。行人图元网络模型可以很好地实现相邻多帧图像的行人图元间的时空关联关系的表达,通过将多帧图像的行人图元的静态属性信息关联起来,形成动态信息,提高了行人图元属性信息提取的精度,从而可以更好地实现行人行为的识别。

5.2.1 行人图元网络的建立

给定一个对道路监控的视频片段,以网络公开行人数据集 PETS2009 数据集中的一个视频片段为例。首先,将视频片段基于视频知识元进行实例化表示:{PETS2009-001, 2009.03.01-06.00.00, PETS2009_001_2009-03-01 06-00-00_2009-03-01 06-00-08.mp4, P-001, 11.7M, 768 * 576, "", "\root\user\"};然后,在基于算法库中的图像预处理算法对视频数据进行去噪声处理之后,采用基础的图像帧间差分算法进行前景分割,得到当前场景的运动前景图元;最后,对前景图元进行噪声(膨胀和腐蚀)处理,得到较为精确的前景图像。假设视频中所有运动物体是人,则经过前景提取算法后得到的前景图像中每个连通的区域均为一个行人图元,即行人知识元图元属性的实例化。如图 5.2 所示,图 5.2(a)将前景图像中的行人分为 4 个行人图元;图 5.2(b)则将前景图像中分割成 5 个行人图元;图 5.2(c)中行人被分割成 4 个行人图元。

令$(I_1, I_2, \cdots, I_n)$为 n 帧视频图像序列,通过图像分割方法将图像 I_i 的前景分割成 m_i 个行人图元(或连通前景区域),用集合 $P^i = \{P_1^i, P_2^i, \cdots, P_{m_i}^i\}$ 表示,其中,P_j^i 表示第 i 张图像的第 j 个行人图元,定义集合 $P = \bigcup_{t=1}^{n} P^t$。对于视

频分析来讲，时间线索非常重要，因此跟踪每个图元块可以获取更多关于人数的信息。例如，图 5.3(a)的前景被分割成 P_1^1，P_2^1，P_3^1 三个图元；图 5.3(b)的前景被分割成 P_1^2，P_2^2，P_3^2 三个图元。由于当前视频片段的帧频是 $25f/s$，因此，当监控摄像机配置参数不发生变化时，同一组行人在相邻两帧中的图像距离不会太大，正如图 5.3(c)所示，图元 P_1^1 与图元 P_1^2 会有较大的交叠，图元 P_2^1 与图元 P_2^2 会有较大的交叠，图元 P_1^3 与图元 P_2^3 会有较大的交叠。从图 5.3(c)可看出，图元 P_i^1 与图元 $P_i^2(i=1,2,3)$ 是同一组人群构成的图元，由于图像深度问题，从指定角度对场景中行人进行监控时，行人间不可避免地会出现相互遮挡的情况，加上行人与摄像机的距离问题，导致这两个行人图元的图元低级属性特征可能存在较大的不同，但是依据人类视觉认知科学理论，这两个图元的人数属性值应该是相同的。

(a) 第一帧　　　　　　　　　(b) 第二帧　　　　　　　　　(c) 第三帧

图 5.2　相邻三帧图像和其前景分割

(a) 第一帧　　　　　　　　　(b) 第二帧　　　　　　　　　(c) 第三帧

图 5.3　相邻两帧图像的分割结果和两帧得到的重叠图

本书通过计算相邻两帧图像中两个行人图元的重叠区域面积来判断这两个图元是否具有位置关联性，体现在行人图元网络模型上这两个图元是否具有连边。需要注意的是，当监控场景中的人处在运动的状态时，相邻两帧图像间的两个图元除了是同一组行人的情况外，还存在以下两种情况：①同一帧图像中两个或更多的行人图元可能在下一帧图像中融合成一个行人图元，融合后的行人图元的人数属性值应该等于融合前每个行人图元人数属性值的总和；②前一帧图像的一个

视频数据中的行人群体性行为识别方法

行人图元有可能在下一帧图像分成两个或更多的行人图元，被分割的行人图元人数属性值等于下一帧图像拆分成的多个行人图元的人数属性值总和。为了仿真模拟这些情况，本节采用有向图模型来跟踪每个行人图元，即将每个行人图元作为有向图的节点，如果前一帧图像的行人图元与后一帧图像的行人图元存在较多重叠区域，则这两个行人图元间存在连边。图元网络的定义在定义 5.1 中给出。

针对一个固定的监控场景，用 S 表示行人可能进入该场景的入口区域，用 T 表示行人可能离开该场景的出口区域。从入口区域 S 进入的人数在任意时间都存在增加的可能，而从出口区域 T 离开的人数也有随时减少的可能。当监控摄像机的参数保持不变时，其监控区域也是固定的，则行人进入和离开监控场景的可能区域也是不变的，通常是接近监控场景图像的边界。针对不同的监控场景，其行人入口区域和出口区域一般是不同的，因此需要基于场景先验知识采用人工标定的方式来获取。如图 5.4 所示，由于该监控场景的边界区域既允许行人进入也允许行人离开，所以入口区域 S 和出口区域 T 为同一区域。

图 5.4 进入场景区域 S 和离开场景区域 T

定义 5.1 $D(V,A)$ 表示有向图。其中，点集为 $V=P\cup\{S,T\}$，边集为 A，有向图的边需要同时满足以下四个条件：

(1) $\langle P_i^t, P_j^{t+1} \rangle \in A$，当且仅当 P_i^t 与 P_j^{t+1} 有重叠；

(2) $\langle S, P_i^t \rangle \in A$，当 P_i^t 与 S 有重叠；$\langle P_i^t, T \rangle \in A$，当 P_i^t 与 T 有重叠；

(3) $\langle S, P_i^t \rangle \in A$，当图像 t 为图像序列的第一帧，即 $t=1$；$\langle P_i^t, T \rangle \in A$，当图像 t 为图像序列的最后一帧，即 $t=n$；

(4) $\langle S, P_i^t \rangle \in A$，当 $\forall P_k^{t-1} \in P^{t-1}$，有 $P_i^t \cap P_k^{t-1} = \varnothing$；$\langle P_i^t, T \rangle \in$

A，当$\forall P_j^{t+1} \in P^{t+1}$，有$P_i^t \cap P_j^{t+1} = \emptyset$。

显然，有向图 D 是包含 S 和 T 的网络，且根据定义 5.1(4)可知：入口区域 S 指向第一帧图像的所有行人图元，最后一帧图像的所有行人图元均指向出口区域 T。由于图像帧的标号是随着有向图弧箭头的指向而增大的，因此有向图 D 是没有圈的。为方便起见，本节中的行人图元与有向图 D 的节点是等价的。需要注意的是：视频图像的前景行人分割算法很容易受到光照、天气状况等噪声因素的影响，也会受到图像帧间差分算法的阈值大小的影响，这些因素都会使得前景行人图元分割不精确，从而出现行人图元跟踪失败的情况，即出现以下两种情况：①当前帧前景图像的行人图元 P_i^t 与前一帧前景图像的行人图元 P^{t-1} 中所有图元都不存在连边；②当前帧前景图像的行人图元 P_i^t 与后一帧图像的行人图元 P^{t+1} 中所有图元不存在连边。当有这两种情况出现时，根据定义 5.1(4)进行处理：当前帧前景图像的行人图元 P_i^t 与前一帧前景图像的行人图元 P^{t-1} 中所有图元不存在连边时，则将$\langle S, P_i^t \rangle$作为边集 A 中的一条边，也就是将当前帧的所有行人图元 P_i^t 与入口区域进行连接；当前帧前景图像的行人图元 P_i^t 与后一帧前景图像的行人图元 P^{t+1} 中所有图元不存在连边，则将$\langle P_i^t, T \rangle$作为边集 A 中的一条边，也就是将当前帧的所有行人图元 P_i^t 与出口区域进行连接，这样便可以有效地处理视频图像中行人图元跟踪失败的情况。

对于任意的图像帧 I_c，本节使用（$2l+1$）张图像的集合 $I_{c-l}, I_{c-l+1}, \cdots, I_{c-1}, I_c, I_{c+1}, \cdots, I_{c+l}$ 来构建行人图元网络，称为以 I_c 为中间层的($2l+1$)层网络，用 $H(c, l)$ 表示。图 5.5 是与图 5.2 所示的三帧连续图像对应的三层行人图元网络，用 $H(2, 1)$ 表示。

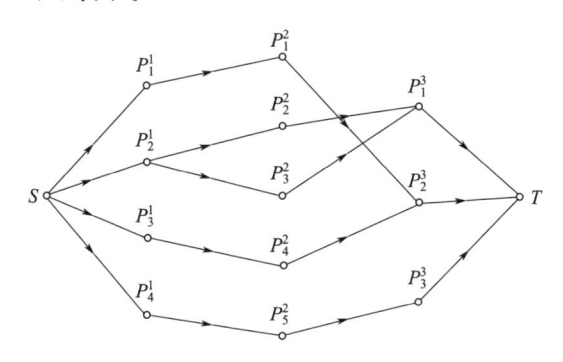

图 5.5 与图 5.2 对应的三层行人图元网络 $H(2, 1)$

将有向图 D 边集的子集 $V_1 \subset V$ 的导出子图用 $D[V_1]$ 表示。令 $D'=D[V\setminus \{S,T\}]$，并将 D' 分解成 p 个弱连通分支 $D'_1,D'_2,\cdots,D'_p$。对于 $\forall i \in \{1,2,\cdots,p\}$，导出图 $D[V(D'_i)\cup\{S,T\}]$ 是包含 S 和 T 在内的网络，简称为弱连通子网络 D_i。图 5.5 中的三层行人图元网络 $H(2,1)$ 可分解成三个弱连通子网络，如图 5.6 所示。

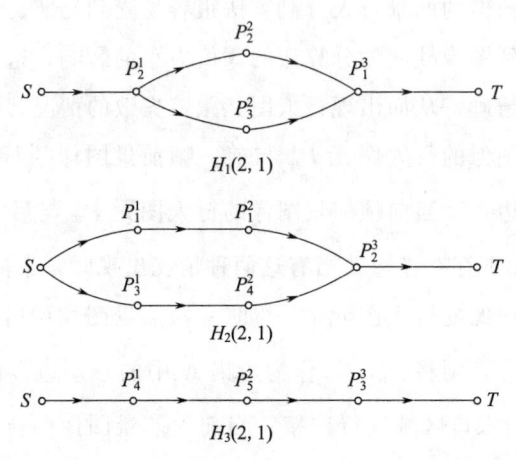

图 5.6　三层行人图元网络 $H(2,1)$ 分解成三个弱连通子网络

假设在对视频图像行人图元分割时，不存在将单个人分割到两个或多个行人图元中的情况，则每个行人图元中的实际人数属性值是个整数。定义函数 f 为

$$f: A \mapsto \mathbb{N} \tag{5.1}$$

使之满足下面三个条件：

(1) $\forall \langle P_i^t, P_j^{t+1}\rangle \in A$，$f(\langle P_i^t, P_j^{t+1}\rangle)$ 表示从第 t 帧图像的第 i 个行人图元移动到第 $t+1$ 帧图像的第 $j+1$ 个行人图元的实际人数值；

(2) $\forall \langle S, P_i^t\rangle \in A$，$f(\langle S, P_i^t\rangle)$ 表示第 t 帧图像的第 i 个行人图元的实际人数值；

(3) $\forall \langle P_i^t, T\rangle \in A$，$f(\langle P_i^t, T\rangle)$ 表示第 t 帧图像的第 i 个行人图元的实际人数值。

定义 5.2

$$\begin{cases} f^+(P_i^t) = \sum_{\langle P_i^t, y\rangle \in A} f(\langle P_i^t, y\rangle) \\ f^-(P_i^t) = \sum_{\langle x, P_i^t\rangle \in A} f(\langle x, P_i^t\rangle) \end{cases} \tag{5.2}$$

显然，$f^+(P_i^t)=f^-(P_i^t)$，均表示第 t 帧图像中第 i 个行人图元的实际人数值，即有 $f(P_i^t)=f^+(P_i^t)=f^-(P_i^t)$ 成立。由于行人总是从入口区域 S 进入监控场景，并且从出口区域 T 离开监控场景，所以 $f^+(S)=f^-(T)$ 成立。在边集 A 上的 f 函数可以建模为图元网络 D 上的整数 (S,T)-流。网络 D 上的流约束为

$$\begin{cases} \sum_{\langle x,P_i^t\rangle\in A}f(\langle x,P_i^t\rangle)=\sum_{\langle P_i^t,y\rangle\in A}f(\langle P_i^t,y\rangle)=f(P_i^t) & (P_i^t\in V\setminus\{S,T\}) \\ \sum_{\langle S,P_j^t\rangle\in A}f(\langle S,P_j^t\rangle)=\sum_{\langle P_k^t,T\rangle\in A}f(\langle P_k^t,T\rangle\in A) \end{cases}$$

(5.3)

因此，视频片段中 $(2l+1)$ 张图像的预测人数值应该满足网络 D 的网络流约束，即应该是一个在时间域上一致的结果。

5.2.2 收缩网络方法

令 $(I_1,I_2,\cdots,I_n)$ 为 n 帧视频图像序列，通过算法库中的前景图像分割方法将图像 I_i 的行人前景分成 m_i 块，即 m_i 个行人图元，用集合 $P^i=\{P_1^i,P_2^i,\cdots,P_{m_i}^i\}$ 表示，定义集合 $P=\bigcup_{t=1}^{n}P^t$。首先基于 5.2.1 节中介绍的方法对多帧图像的前景行人图元进行行人图元网络的构建，即实现行人图元位置关系知识元的实例化，然后对该网络基于割边原理进行收缩。

定义 5.3 $D(V,A)$ 为有向图，$\forall x\in V$，则顶点 x 的出度定义为以顶点 x 为头的弧的总数，用 $d^+(x)$ 表示；顶点 x 的入度定义为以顶点 x 为尾的弧的总数，用 $d^-(x)$ 表示。

定义 5.4 $D(V,A)$ 为有向图，$\forall x,y\in V\setminus\{S,T\}$，称有向边 $\langle x,y\rangle\in A$ 为割边，当且仅当 $d^+(x)=d^-(y)=1$。

令 f 为有向图 $D(V,A)$ 上的网络流，若 $\langle x,y\rangle\in A$ 为割边，由于 $f(x)$ 和 $f(y)$ 均等价于 $f(\langle x,y\rangle)$，所以 $f(x)=f(y)$。

定义 5.5 $D(V,A)$ 为有向图，边 $e=\langle x,y\rangle\in A$。有向图 D 中的边收缩操作定义为：收缩有向图 D 中的边 e，即删除边 e，并将边 e 的两个端点合并为一个端点，得到的图用 D/e 表示。图 D 的收缩图定义为收缩有向图 D 中所有的割边得到的有向图，收缩图用 $\Gamma(D)$ 表示。

如果边$\langle x,y \rangle$是有向图D的割边，则顶点x和顶点y在有向图$\Gamma(D)$中为同一个顶点。首先，定义$V(D)\backslash\{S,T\}$上的等价关系R，xRy当且仅当$\langle x,y \rangle$为割边；然后，将有向图D中的边集依据等价关系定义分割成多个R-等价类。显然$V(\Gamma(D)\backslash\{S,T\})$中的点与$\Gamma(D)\backslash\{S,T\}$中的$R$-等价类相对应。例如，5.2.1节中图5.5中$H(2,1)$的收缩图如图5.7所示，有向图的点集为$\{S,T\}$和$V(\Gamma(D)\backslash\{S,T\})$的$R$-等价类集的并集。

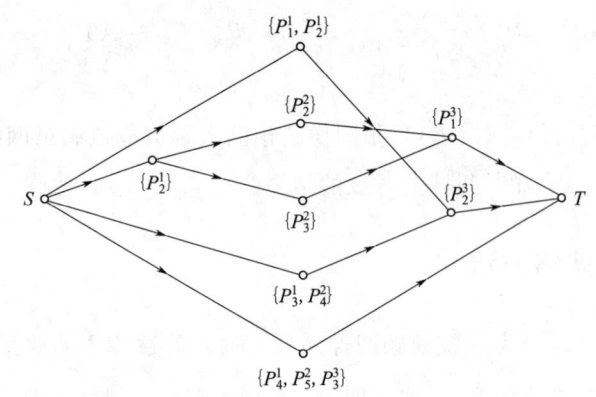

图5.7　图5.5中的三层行人图元网络$H(2,1)$的收缩网络

f为有向图元网络$D(V,A)$上的网络流，$V_1,V_2,\cdots,V_m$为$V\backslash\{S,T\}$上的R-等价类，则收缩图元网络图$\Gamma(D)$上的点集为$\{S,T,V_1,V_2,\cdots,V_m\}$。对于同一个$R$-等价类$V_s$内的任意两个点（两个行人图元）$P_i^j$，$P_k^l$，有$f(P_i^j)=f(P_k^l)$。令$f(V_s)=f(P_i^j)=f(P_k^l)$，则$f$为收缩图元网络图$\Gamma(D)$上的网络流。

5.3　多人图元的人数属性信息挖掘算法

监控场景下的人群数量信息是公安业务人员实现有效预防和控制人群聚集、游行示威等群体性事件的重要指标，因此视频数据中行人数量统计问题具有重要的现实意义。由于存在监控摄像机安装角度及摄像机的透视问题，录制的视频数据中行人之间会存在或多或少的遮挡，当行人距离较近时在视频数据中呈现的图像状态也会有遮挡的情况，这导致行人计数问题一直是计算机视觉领域中极具挑战性的问题之一。目前除了深度学习方法的研究外，效果最好、使用较广泛的方法是基于回归算法的计数模型。然而目前的大多数算法仅针对视频数据中的一帧图像进行分析，由于行人间的遮挡问题和摄像机的透视问题，同一组人群在相邻图像帧输出了不同的人数值，最终产生波动较大的预测结果。基于人类视觉系统的认知科学理论认为：人类对客观事物具有形状大小的认知恒常性，即同一组人群内的人数与其所占的空间大小无关，即与眼睛的距离无关，在监控视频数据中体现为同一组人群的数量并不会随着人群与摄像机的距离的变化而变化。因此，为了得到相邻图像帧间的同一组人群的一致性人数结果，需要基于恒常性理论对摄像机透视问题导致的人数震荡结果进行修正，即本节提出了基于行人图元网络的图元人数属性修正算法。

5.3.1 基于图元网络的图元人数属性挖掘算法

对于给定的一段具体情境下的录制视频，基于第 3 章中提到的模型框架，首先，提取该段视频相关的视频知识元实例化信息，即包括视频名称、录制时间、摄像机 ID 等信息，并使用算法库中的视频差分算法对视频数据进行运动物体分割来获取前景图像，同时将前景图像划分成一些连通的区域，即行人图元；然后，基于特定属性挖掘算法得到行人图元的属性特征，包括几何属性和图像属性，并以特征向量的形式将图元低级属性特征进行融合；下一步，基于回归模型和网络模型得到行人图元低级属性特征对应的图元人数属性值，其中回归模型为前期训练得到的以关系知识元方式管理的支持向量回归机，网络模型为 5.2.1 节中基于图像序列中行人图元的时空关系构建的行人图元网络模型；接下来，将基于回归模型得到的每个图元的人数属性值作为行人图元网络模型的输入，通过求解带网络流约束的二次规划模型对输入人数属性值进行修正；最后，将每帧图像中的所有行人图元人数属性值累加得到当前视频图像中总的行人数量，并将该段视频的人数统计信息结合视频元数据信息以记录的形式进行存储。本节中的视频行人计数方法的主要流程如图 5.8 所示。

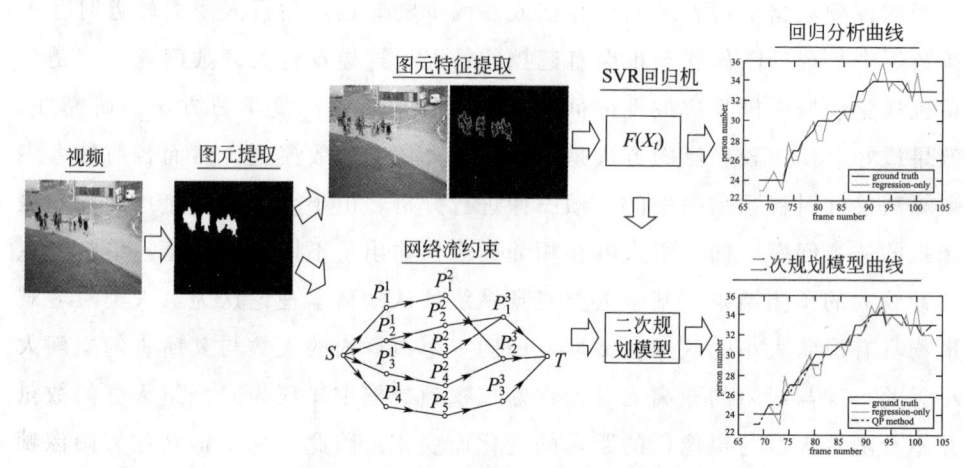

图 5.8 视频行人计数方法的主要流程

本节方法主要分为两个步骤：①基于支持向量回归机的行人图元人数属性的计数方法；②基于行人图元网络的行人流约束的人数修正。

5.3.1.1 基于支持向量回归机的行人图元人数属性的计数方法

令 P 表示前景分割图像中的一个行人图元，$\mathbf{V}=(x_c,y_c,\omega,h,\varphi,l,\zeta,\theta)$ 表示从行人图元 P 中提取的图元低级属性特征按相同权重融合得到的特征向量，g 表示图元低级属性与人数属性间的映射回归函数，该回归函数通过键-值对（图元低级属性特征向量，图元人数属性值）模式基于支持向量回归机训练得到，并以关系知识元形式进行存储。因此，对于图元 P 的人数属性可以通过式(5.4)得到

$$n_P = g(\mathbf{V}) \tag{5.4}$$

在向量 $\mathbf{V}$ 中，(x_c,y_c) 为行人图元 P 的重心坐标；(ω,h) 为行人图元 P 的外接矩形的宽度和高度；φ 为行人图元 P 内包含的像素数量；l 为行人图元 P 的周长；ζ 为行人图元 P 内包含的边缘像素总数量；θ 为行人图元 P 内包含的 SURF 特征点总数。因此，人群关系知识元实例化表示为 $\{F\text{-}001,\text{PETS}2009\text{-}001,\mathbf{V},P\text{-}001,n_P=g(\mathbf{V})\}$，其中 $F\text{-}001$ 为映射函数 ID，$\text{PETS}2009\text{-}001$ 为视频数据人群 ID，$\mathbf{V}$ 为行人图元多种属性的融合属性向量，$P\text{-}001$ 为摄像机 ID。

5.3.1.2 基于行人图元网络的行人流约束的人数修正

基于 5.2.1 节中的图元网络建立方法构建有限层数的行人图元网络。采用回归的方法可以得到网络中每个节点的人数，取 $\hat{f}(P_i^t)$ 表示基于回归方法得到的

第 t 帧第 i 个图元的预测人数值。当对视频数据进行单帧图像处理的时候，不可避免出现同组人群预测人数的较大波动，这一现象违背了网络 D 的网络流约束，也不符合实际情况。为了得到精确度更高的人群计数结果，本节提出了整数二次规划模型来改进基于回归方法的预测结果。

(1) 二次规划模型。

$$\min \sum_{P_i^t \in V\{S,T\}} w(\hat{f}(P_i^t))(f(P_i^t)-\hat{f}(P_i^t))^2$$

$$\text{s.t} \quad f(P_i^t) = \sum_{\langle x,P_i^t \rangle \in A} f(\langle x,P_i^t \rangle) \quad (P_i^t \in V\backslash\{S,T\})$$

$$f(P_i^t) = \sum_{\langle P_i^t,y \rangle \in A} f(\langle P_i^t,y \rangle) \quad (P_i^t \in V\backslash\{S,T\})$$

$$\sum_{\langle S,P_j^t \rangle \in A} f(\langle S,P_j^t \rangle) = \sum_{\langle P_k^t,T \rangle \in A} f(\langle P_k^t,T \rangle) \quad (5.5)$$

其中，$f(P_i^t)$'s 和 $f(\langle P_i^t, P_j^{t+1} \rangle)$'s 均为整数；$w(\hat{f}(P_i^t))$ 为该节点的预测值 $\hat{f}(P_i^t)$ 的可信度。

(2) 模型求解。为降低该二次模型式(5.5)的求解难度和算法求解的时间复杂度，将所有的变量 $f(P_i^t)$ 和 $f(\langle P_i^t, P_j^{t+1} \rangle)$ ($\forall P_i^t \in V \backslash P_j^{t+1} \in V\backslash\{S,T\}$) 由整数松弛到实数，因此该模型转换成为具有线性等式约束的二次规划模型。由于目标函数为严格凸函数，所以二次规划模型具有唯一最优解，其模型的拉格朗日松弛函数为

$$L(f,\lambda^-,\lambda^+,\mu) = \sum_{P_i^t \in V\backslash\{S,T\}} w(\hat{f}(P_i^t))(f(P_i^t)-\hat{f}(P_i^t))^2 +$$

$$\sum_{P_i^t \in V\backslash\{S,T\}} \lambda^-_{P_i^t} \left(f(P_i^t) - \sum_{\langle x,P_i^t \rangle \in A} f(\langle x,P_i^t \rangle) \right) +$$

$$\sum_{P_i^t \in V\backslash\{S,T\}} \lambda^+_{P_i^t} \left(f(P_i^t) - \sum_{\langle P_i^t,y \rangle \in A} f(\langle P_i^t,y \rangle) \right) +$$

$$\mu \left(\sum_{\langle S,P_j^t \rangle \in A} f(\langle S,P_j^t \rangle) - \sum_{\langle P_k^t,T \rangle \in A} f(\langle P_k^t,T \rangle) \right)$$

(5.6)

数学优化中，Karush-Kuhn-Tucker（KKT）条件是一阶导数的必要条件。对于凸规划模型，KKT 条件也是充分条件。式(5.5)的 KKT 条件为

$$\begin{cases} \sum_{\langle x, P_i^t \rangle \in A} f(\langle x, P_i^t \rangle) = f(P_i^t) & (P_i^t \in V \setminus \{S,T\}) \\ \sum_{\langle P_i^t, y \rangle \in A} f(\langle P_i^t, y \rangle) = f(P_i^t) & (P_i^t \in V \setminus \{S,T\}) \\ \sum_{\langle S, P_j^t \rangle \in A} f(\langle S, P_j^t \rangle) = \sum_{\langle P_k^t, T \rangle \in A} f(\langle P_k^t, T \rangle) \\ \lambda_{P_j^t}^- + \lambda_{P_k^{t+1}}^+ = 0 & (\langle P_j^t, P_k^{t+1} \rangle \in A) \\ -\mu + \lambda_{P_j^t}^- = 0 & (\langle S, P_j^t \rangle \in A) \\ \lambda_{P_k^t}^+ + \mu = 0 & (\langle P_k^t, T \rangle \in A) \\ \sum_{P_i^t \in V \setminus \{S,T\}} w(\hat{f}(P_i^t))[f(P_i^t) - \hat{f}(P_i^t)] + \lambda_{P_i^t}^- + \lambda_{P_i^t}^+ = 0 & (\forall P_i^t \in V \setminus \{S,T\}) \end{cases}$$
(5.7)

假设网络中顶点集和边集数分别为 $|V|=n$，$|A|=m$，则 KKT 条件是一个有 $3n+m-5$ 个变量和 $3n+m-5$ 个等式的线性问题。因此，可以通过解 KKT 的线性方程组来得到二次规划模型的解。

行人图元网络 D 可以分解成多个弱连通的子网络 $D_1, D_2, \cdots, D_p$，并且每个子网络是相互独立的，因此可以将网络 D 上的二次规划模型问题分解成每个子网络的二次规划问题来实现问题的求解，那么，仅需要解决在每个弱连通的子网络上的二次规划问题即可。

如果行人图元网络 D 的某个弱连通子网络本身是一个有 n 个内部节点的有向路径，如图 5.6 所示的 $H_3(2,1)$，那么网络约束将转换为 $f(P_{l_1}^1) = f(P_{l_2}^2) = \cdots = f(P_{l_n}^n)$。令 $f = f(P_{l_1}^1) = f(P_{l_2}^2) = \cdots = f(P_{l_n}^n)$，优化模型转换为

$$\min \sum_{t=1}^{n} w(\hat{f}(P_{l_t}^t))[f - \hat{f}(P_{l_t}^t)]^2 \tag{5.8}$$

最后，对每个预测值进行加权平均，得到修正后的预测值：

$$f = \frac{\sum_{t=1}^{n} w(\hat{f}(P_{l_t}^t)) \hat{f}(P_{l_t}^t)}{\sum_{t=1}^{n} w(\hat{f}(P_{l_t}^t))} \tag{5.9}$$

（3）拉格朗日乘子约简。为了简化 KKT 线性系统，采用拉格朗日乘子进行约简，得到式(5.10)。其中，式(5.10)与式(5.7)中的变量是独立的，并且每个变量均对应图元网络图 D 上的一条边。

$$\begin{cases} \lambda_{P_j^t}^+ + \lambda_{P_k^{t+1}}^- = 0 & (\langle P_j^t, P_k^{t+1}\rangle \in A) \\ -\mu + \lambda_{P_j^t}^- = 0 & (\langle S, P_j^t\rangle \in A) \\ \lambda_{P_k^t}^+ + \mu = 0 & (\langle P_k^t, T\rangle \in A) \end{cases} \quad (5.10)$$

令 $\lambda_S^+ = -\mu$, $\lambda_T^- = \mu$, $\overline{A} = A \cup \{S,T\}$，将式(5.10)标准化为

$$\lambda_x^+ + \lambda_y^- = 0 (\langle x,y\rangle \in \overline{A}) \quad (5.11)$$

对于 $\forall \langle x,y\rangle \in \overline{A}$，拉格朗日乘子 $\lambda_x^+ = -a$ 可以认为是有向边$\langle x,y\rangle$的输出权重，$\lambda_y^- = a$ 可以认为是有向边 $\langle x,y\rangle$ 的输入权重。图 5.9 表示两个拉格朗日乘子的有向边表示。定义 $Deg^+(x) = \{y | \langle x,y\rangle \in \overline{A}\}$ 和 $Deg^-(x) = \{y | \langle y,x\rangle \in \overline{A}\}$。由式(5.11)可知对于 $\forall x,y \in Deg^+(z)$ 有 $\lambda_x^- = \lambda_y^-$，$\forall x, y \in Deg^-(z)$ 有 $\lambda_x^+ = \lambda_y^+$。

(a) 拉格朗日乘子的边表示　　(b) 拉格朗日乘子约简

图 5.9　拉格朗日乘子

定义 5.6　任意两条弧$\langle u,v\rangle \in \overline{A}$，$\langle x,y\rangle \in \overline{A}$，边集 $\overline{A}$ 上的等价关系 R 表示为$\langle u,v\rangle R \langle x,y\rangle$当且仅当$u = x$ 或者 $v = y$。

从关系 R 的定义可以得到 R 的传递闭包是等价关系。依据这一等价关系，边集 A 可以分成可区分的 k 个等价类，$A_1, A_2, \cdots, A_k$。例如，$\overline{A}(H_1) = A(H_1) \cup \{S,T\}$在图 5.6 中的等价类为 $A_1(H_1), A_2(H_1)$ 和 $A_3(H_1)$，其中

$$A_1(H_1) = \{\langle S,T\rangle, \langle S,P_2^1\rangle, \langle P_1^3,T\rangle\}$$
$$A_2(H_1) = \{\langle P_2^1,P_2^2\rangle, \langle P_2^1,P_3^2\rangle\}$$
$$A_3(H_1) = \{\langle P_2^2,P_1^3\rangle, \langle P_3^2,P_1^3\rangle\}$$

在相同等价类中边的出度权重和入度权重是相等的，均为同一个值。因此，$2|V|-4$ 个拉格朗日乘子可以约简为 k 个变量。假设边集 $A(D)$ 可以分成 k 个可区分的等价类，用 $A_1, A_2, \cdots, A_k$ 表示，则定义 $R\langle \cdot, y\rangle = i$ 当且仅当存在边$\langle x,y\rangle \in A_i$，定义 $R\langle x, \cdot\rangle = i$ 当且仅当 $\langle x,y\rangle \in A_i$。最后，通过乘子约简的方式将这些乘子约简为 $\lambda_1, \lambda_2, \cdots, \lambda_k$，并且将式(5.7)简化

为以下形式：

$$\begin{cases} \sum_{\langle x,P_i^t\rangle\in A}f(\langle x,P_i^t\rangle)=f(P_i^t) & (P_i^t\in V\backslash\{S,T\})\\ \sum_{\langle P_i^t,y\rangle\in A}f(\langle P_i^t,y\rangle)=f(P_i^t) & (P_i^t\in V\backslash\{S,T\})\\ \sum_{\langle S,P_j^t\rangle\in A}f(\langle S,P_j^t\rangle)=\sum_{\langle P_k^t,T\rangle\in A}f(\langle P_k^t,T\rangle)\\ \sum_{P_i^t\in V\backslash\{S,T\}}w(\hat{f}(P_i^t))(f(P_i^t)-\hat{f}(P_i^t))+\\ \lambda_{R\langle\cdot,P_i^t\rangle}+\lambda_{R\langle P_i^t,\cdot\rangle}=0 & (\forall P_i^t\in V\backslash\{S,T\}) \end{cases} \quad (5.12)$$

图 5.6 中弱连通子网络 H_1、H_2 和 H_3 的拉格朗日乘子约简后的边的表示形式如图 5.10 所示，图中标记了网络中所有边的拉格朗日乘子，并且具有相同标记的边是等价的。以子网络 H_1 为例，$A_1(H_1)$ 中的边的拉格朗日乘子均为 μ，$A_2(H_1)$ 中的边的拉格朗日乘子均为 a，$A_3(H_1)$ 中的边的拉格朗日乘子为 b。

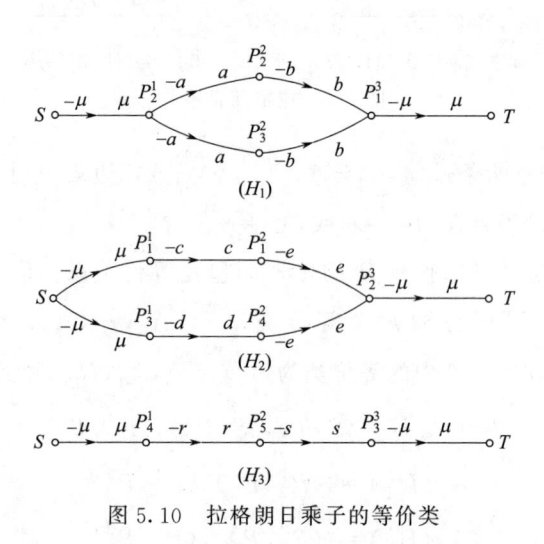

图 5.10 拉格朗日乘子的等价类

为了降低二次整数规划模型的求解复杂度，将整数规划模型松弛到实数规划模型，将模型得到的最优人数实数值采用四舍五入策略得到每个行人图元的整数人数值。

5.3.1.3 算法伪代码及复杂度分析

本节提出的算法主要分为五步：①将视频数据中的图像前景分割成多个

行人图元；②采用指定特征提取算法从行人图元中提取图元低级属性特征；③利用训练好的图元人数属性与低级属性特征映射关系的回归模型，依据提取的行人图元特征来预测该图元的人数属性值；④有限层行人图元网络的构建；⑤求解二次规划模型，得到最终图元人数属性值。本节中使用 QPLm 表示针对 m 层行人图元网络并采用二次规划模型求解的修正算法，算法的伪代码如算法 1 所示。

算法 1：QPL($2l+1$)方法伪代码

输入：图像序列 $I_1, I_2, \cdots, I_n$。

输出：输出人数 $f_1, f_2, \cdots, f_n$。（对应每一帧中的行人总数量）

```
for j= 1;j≤n;j+ + do
    for  t= j- 2l;t≤j+ 2l;t+ + do
        if t≥1&&t≤n then
```
将 I_t 分割成 m_t 个图元，并令 $P^k = \{P_1^t, P_2^t, \cdots, P_{m_t}^t\}$；
```
            for i= 1;i≤m_t;i+ + do
```
使用已训练的回归机预测图元 P_i^t 的人数属性值 $\hat{f}(P_i^t)$；
```
            end
        end
        else
```
令 $m_t = 0, P^t = \varnothing$；
```
        end
    end
```
构建网络 $H(j,l)$，点集为 $V(j,l) = (\bigcup_{t=j-2l}^{j+2l} P^t) \cup \{S, T\}$；

将网络 $H(j,l)$ 分解成 p 个弱连通子网络 $H_1(j,l), H_2(j,l), \cdots, H_p(j,l)$；
```
for  i= 1;i≤p;i+ + do
```
通过求解二次规划模型获取(S,T)-流 f；
```
    if H_i(j,l)是一个路径 then
```
依据式(5.9)，令 f 为网络 $H_i(j,l)$ 中所有 $\hat{f}(P_i^t)$ 的加权平均值
```
        for ∀v∈H_i(j,l) do
            f(v)= f;
```

```
            end
        end
        else
            初始化并查集合 U 使 H_i(j,l) 中的每条边为单独的一个类；
            for ∀v∈H_i(j,l) do
                把 U 中包含 v 的入弧的类合并为同一个类；
                把 U 中包含 v 的出弧的类合并为同一个类；
            end
            根据式(4.12)构建线性方程组 Ax=b；
            通过求解线性方程组得到网络 H_i(j,l) 中 (S,T)-流 f；
    end
end
f_i = 0；
for i= 1;i≤m_j;i++ do
    f_i = f_i + f(P_i^j);
end
end
```

输出 $f_1, f_2, \cdots, f_n$ 。

权重的选择：即二次规划模型中 $w(\hat{f}(P_i^t))(\forall P_i^t \in V \setminus \{S,T\})$ 的选取，该权重值主要是在回归机训练的过程中确定。假设训练集用集合 $\{(P_i^t, g(P_i^t)): 1 \leq i \leq m_t, t \in I\}$ 表示，其中 I 是选取的帧标号的集合，m_t 是第 t 帧图像中行人图元的数量，$g(P_i^t)$ 为图元 P_i^t 人数属性的实际值。令 $\overline{f}(P_i^t)$ 表示由关系映射对应的回归机预测得到的图元 P_i^t 的人数属性值，则训练数据集可表示为集合 $\{(P_i^t, g(P_i^t), \overline{f}(P_i^t))(1 \leq i \leq m_t, t \in I)\}$。对于给定的预测值 τ，在图元列表中必然存在一个图元，其估计的人数为 τ，即 $G(\tau) = \{g(P_i^t): \overline{f}(P_i^t) = \tau, 1 \leq i \leq m_t, t \in I\}$，并计算 $G(\tau)$ 的均值和方差。当预测值为 τ 时，通过减去 $G(\tau)$ 的均值来调节回归机。最后，取 $w(\tau)$ 为集合 $G(\tau)$ 的方差。

QPLm 算法的时间复杂度：假设图像的尺寸为 $m \times n$，首先，图像前景行人提取、行人图元分割和行人图元属性特征提取这三个小步骤的时间复杂度为

$O(mn)$。SVR 回归机需要 $O(l)$ 的时间来预测每个图元的人数属性值，其中 l 为图元特征向量的长度。然后，在有向行人图元网络图构建的过程中，使用图元 ID 号来标记行人图元中的每个像素值，如果图元 P_i^t 有相当多的像素值与图元 P_j^{t+1} 相对应，即相邻两帧的图元 P_i^t 与图元 P_j^{t+1} 的重叠区域超过一定阈值时，则在有向行人图元网络中添加边 $\langle P_i^t, P_j^{t+1} \rangle$，这一构建过程的时间复杂度至多为 $O(mn)$。最后，假设网络图有 $|V|$ 个节点和 $|A|$ 条边，则式(5.7)的 KKT 条件是有 $3|V|+|A|-5$ 个变量和 $3|V|+|A|-5$ 个等式的线性方程组。当采用高斯消去法进行求解时，求解过程的时间复杂度为 $O(|V|^3+|A|^3)$。当算法仅考虑构建 23 层网络时，$|V|$ 和 $|A|$ 均很小，因此整个算法的时间复杂度为 $O(mn)$。

5.3.1.4 实验验证和结果分析

（1）实验建立。为了验证本节算法的有效性，以及更好地与目前较好算法比较，本节的实验是建立在三个标准数据集上的：PETS2009 数据集、UCSD 数据集和 Fu-dan 数据集。其中 PETS2009 数据集[229] 由四部分组成，本节主要针对第一部分 S1，该部分作为 PETS2009 和 PETS2010 竞赛中主题为"行人计数和密度估计"的标准测试数据集。实验视频是利用多个摄像机在不同视角对同一个场景进行录制得到的视频。本节使用 PETS2009 数据集中的 8 段视频，即视角 1 的四个视频（S1.L1.13-57、S1.L1.13-59、S1.L2.14-06 和 S1.L3.14-17）和视角 2 的四个视频（S1.L1.13-57、S1.L2.14-06、S1.L2.14-31 和 S3.MF.12-43）。为表达方便，这 8 个视频简写成 V1、V2、V3、V4、V5、V6、V7 和 V8。UCSD 数据集是 2008 年由安东尼·陈等[183] 提出的，该数据集为行人沿人行横道行走的并且已标记的 2000 帧图像。Fu-dan 数据集是由谭本等[192] 提出的，该数据集包含 5 个视频序列，每个序列有 300 帧图像，共计 1500 帧图像。需要注意的是：这些数据集每一帧的每一个前景图元的真实人数值均是通过人工标记出来的。

实验性能指标为平均绝对误差（Mean Absolute Error，MAE）和平均相对误差（Mean Relative Error，MRE），定义如下：

$$\text{MAE} = \frac{1}{N} \sum_{i=1}^{N} |G(i) - T(i)|$$

$$\text{MRE} = \frac{1}{N} \sum_{i=1}^{N} \frac{|G(i) - T(i)|}{T(i)}$$

其中，N 为测试视频的总图像数量；$G(i)$ 和 $T(i)$ 分别为第 i 帧图像的估计人数和真实人数。

(2) QPLm 算法的实验结果。本节中的回归模型采用 SVR 回归方法，并将仅采用 SVR 回归机进行行人图元人数属性值预测的算法简称为仅回归算法（Regression-Only Method，RO），本节方法简称为 QPLm（Quadratic Programming Model with m Layers）。通过在三个数据集上与提出的 QPLm 算法进行比较；本节中实现了两组测试实验；第一组测试实验为在 PETS2009 数据集上的测试实验；第二组实验为在 UCSD 数据集和 Fu-dan 数据集上的测试实验。

第一组实验中，视频的行人图元采用算法库中的基础的相邻帧间差分算法获取，SVR 回归机所需要的训练数据集为通过人工从视频中筛选出的一部分数据。本节算法从每个视频片段中选取 30～40 帧图像的所有行人图元信息作为训练数据，剩余部分作为测试数据。在 PETS2009 数据集中 8 个视频片段上的实验结果见表 5.1，在视频 V1～V4 上经两种方法处理后每帧图像的人数估计曲线如图 5.11 所示。

表 5.1　RO 和 QPLm 在 PETS2009 数据集上的实验结果

视频	RO MAE	RO MRE/%	QPL7 MAE	QPL7 MRE/%	QPL15 MAE	QPL15 MRE/%	QPL23 MAE	QPL23 MRE/%
V1	1.29	5.58	1.21	5.27	1.18	5.21	**1.13**	**5.04**
V2	1.14	7.29	1.01	6.31	0.96	6.11	**0.96**	**5.90**
V3	4.77	17.35	4.76	17.33	4.71	17.22	**4.65**	**17.06**
V4	**2.82**	**11.68**	2.88	11.84	2.88	11.84	2.88	11.84
V5	8.53	24.79	8.10	23.48	8.04	23.30	**8.03**	**23.20**
V6	10.54	38.61	10.10	37.30	9.70	35.80	**9.25**	**33.69**
V7	2.97	9.57	**2.84**	**9.31**	2.90	9.48	2.99	9.73
V8	0.49	9.99	0.28	5.13	0.21	3.86	**0.11**	**2.20%**

注：黑体表示最好的实验结果。

从表 5.1 中可以看出，除了视频 V4 外，添加行人图元网络流约束的人群计数算法的误差要比仅采用回归算法的实验误差小；除了视频 V7 外，在其余 7 个视频数据上，本节算法的误差随着网络层数的增加而逐渐减小。从图 5.11 中可以看出，针对视频 V1，仅采用回归算法的人数结果曲线在真实人数曲线周围振荡[图 5.11(a)]，针对该视频仅采用回归算法的误差符合高斯噪声，因此带网络流约束的二次规划模型会大大降低高斯噪声的影响，二次规划方法效果较好。然而，针对视频 V2[图 5.11(b)]的仅采用回归算法的结果曲线存在几个陡峭的波峰，这种噪声更像是拉普拉斯噪声，二次规划模型也可以减小其估计误差。

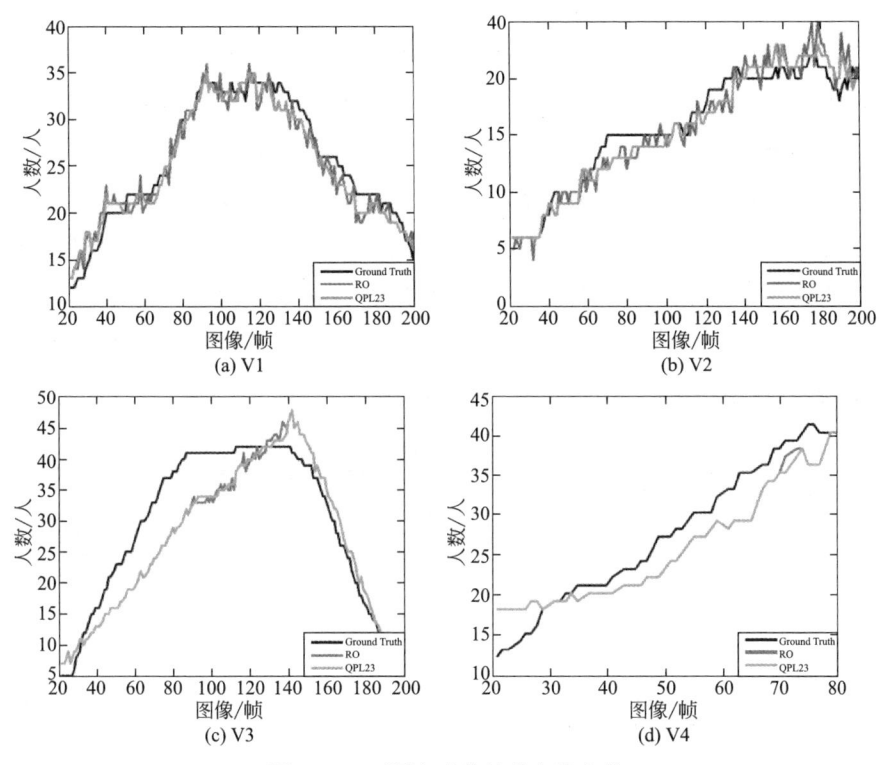

图 5.11　不同方法估计的人数曲线

（Ground Truth 是指机器学习中的正确的 t 标注）

比较图 5.11 中 4 个图的回归模型方法结果曲线与真实人数曲线，由于仅采用回归方法是针对单独一帧图像进行人数的预测，因此受到摄像机透视问题的影响，人数曲线会有不同程度的振荡情况出现。而本节提出的方法通过将当前帧图像的前后多帧图像中行人图元进行关联，可以很好地平滑这些振荡幅度，得到更精确、更符合实际情况的估计结果。当 QPLm 方法在相邻图像帧存在非平凡的网络流约束时可以有效地降低估计误差；如果相邻图像帧中不存在非平凡的网络流约束时，则该方法将没有任何改进。如图 5.11(d)中视频 V4，本节算法对仅采用回归算法的实验结果没有较大的改进，其中一个原因是视频中大多数图像帧中仅存在一个行人图元，而且这个行人图元要么与入口区域 S 相连，要么与出

口区域 T 相连，以至于构建的行人图元网络中不存在非平凡的网络流约束；另一个原因是本节算法在提取前景行人图元时，采用的是算法库中的基础的帧间差分算法，该差分算法鲁棒性不够好，不能很好地处理视频 V4 的数据，从而使行人网络流约束不能降低视频中人数的估计误差。

第二组实验是在 UCSD 数据集和 Fu-dan 数据集上的测试实验。由于这两个数据集的提出者已经提供了前景行人图元集，因此本节算法在前景提取阶段仅需加载文献作者提供的前景行人图元即可。针对 UCSD 数据集，本节算法使用第 601~1400 帧图像的所有行人图元信息用于训练，剩余图像用于测试。针对 Fu-dan 数据集，第 1~300 帧图像的所有图元信息用于训练，剩余图像用于测试。测试结果如表 5.2 所示，黑体数字为最好的计数结果。从表 5.2 中可以看出，QPLm 方法可以很好地降低仅采用回归方法在这两个数据集上的估计误差，并且估计误差会随着网络层数 m 的增大而逐渐降低。

表 5.2 RO 和 QPLm 在 UCSD 数据集和 Fu-dan 数据集上的实验结果

算法	UCSD		Fu-dan	
	MAE	MRE/%	MAE	MRE/%
RO	2.41	10.02	1.00	15.11
QPL7	2.33	9.58	0.93	13.72
QPL15	2.27	9.22	0.93	13.16
QPL23	**2.22**	**8.95**	**0.93**	**12.80**

注：黑体表示最好的实验结果。

（3）算法运行时间估计。针对不同图像分辨率的视频数据进行算法时间复杂度的估计。实验数据集 UCSD 的图像分辨率为 236×158，PETS 数据集的图像分辨率为 768×576。实验环境为 Intel Core i5、CPU 主频 1.7GHz 和 4GB 内存的 64 位 Windows 7 操作系统的笔记本电脑，在 Visual Studio 2010 环境下结合 OpenCV 2.4.8 图像库。本节方法在不同数据集上的运行时间如表 5.3 所示，其中时间单位为秒。

表 5.3 本节算法在不同数据集上的处理时间　　　　　　单位：s

数据集	分辨率	RO	QPL7	QPL15	QPL23
V1	768×576	152	155	173	255
V2	768×576	145	146	156	197
V3	768×576	149	149	149	149

续表

数据集	分辨率	RO	QPL7	QPL15	QPL23
V4	768×576	146	147	148	151
UCSD	238×158	25	28	65	254
Fu-dan	320×240	45	49	63	134

正如表 5.3 所展示的，QPLm 方法的处理时间会随着网络层数 m 的增加而增加。由于网络流方程求解的时间复杂度主要依赖于所构建的行人图元网络上所有层数的行人图元的总数，所以，当在大多数图像帧中仅存在一个行人图元时，QPLm 方法的运行时间将不随着网络层数的增加而增加，如视频 V3，该视频数据中的图像序列经算法库中基本的图像分割算法处理后，多数情况仅有一个行人图元。

由于文献 [165] 和文献 [196] 中对算法的处理速度进行了比较分析，本节也记录了行人图元网络为 3 层和 23 层时算法的处理速度，见表 5.4。

表 5.4　不同算法的处理速度结果比较　　　　　　单位：帧/s

算法	PETS	UCSD	Fu-dan
文献[165]算法	4.5	32.3	—
文献[196]算法	**14.88**	—	—
QPL3	6.9	**40.00**	**21.74**
QPL23	5.88	3.94	7.46

注：黑体表示最好的实验结果。

表 5.4 显示了不同方法在这三个数据集上的处理速度。从表中可以看出，本节提出的算法在 PETS 数据集上并不是最快的，比最快的文献 [196] 算法慢，但即使是 23 层的行人图元网络模型处理速度也要快于文献 [165] 算法。文献 [196] 在文中并未在 UCSD 数据集上进行实验，与文献 [165] 算法相比，3 层的行人图元网络算法处理速度要快于文献 [165] 算法。

（4）与目前算法比较。第一组实验比较，文中在 PETS 2009 数据集上与目前算法（文献 [187] 的算法和文献 [193] 算法）上的行人计数精确度进行对比，其中，支持向量回归机的实验训练数据采用与 Conte 等一致的选取方式，即针对每个视频片段手动选取 30～40 帧图像的所有图元信息作为训练数据。实验对比结果见表 5.5。

表 5.5 本节算法与目前算法在 PETS2009 数据集上的实验比较

视频	文献[187]算法 MAE	文献[187]算法 MRE/%	文献[193]算法 MAE	文献[193]算法 MRE/%	QPL23 MAE	QPL23 MRE/%
V1	1.36	6.80	1.80	—	**1.13**	**5.04**
V2	2.55	16.30	1.72	—	**0.96**	**5.90**
V3	5.40	20.80	**2.01**	—	4.65	17.06
V4	2.81	15.10	**2.00**	—	2.88	11.84
V5	**4.45**	**15.10**	—	—	8.03	23.20
V6	**12.17**	**30.70**	—	—	9.25	33.69
V7	7.55	23.60	—	—	**2.99**	**9.73**
V8	1.64	35.30	—	—	**0.11**	**2.20**

注：黑体表示最好的实验结果。

从表 5.5 中可以看出，除视频 V5 和视频 V6 两个视频之外，本节算法在其余视频的计算精度均高于文献 [187] 算法的计数精度。这两个视频的主要内容是：监控场景中的行人在转弯的时候，出现了行人密度急剧变化的情况。本节算法主要基于行人图元的低级属性特征进行行人数量的估计，该行人图元低级属性相对简单，不能很好地适应人群密度急剧变化的情形，最终导致仅采用回归算法所估计的人数结果相对差一些。即使构建了多层行人图元网络模型，基于网络流约束对图元的人数属性进行修正，对实验结果有了一定的改进，但是相比文献 [187] 算法还是存在一定的距离。

第二组实验，本节算法与文献 [194] 算法在 PETS2009 数据集上 8 个视频的实验结果比较见表 5.6。

表 5.6 本节算法与文献 [194] 算法在 PETS2009 数据集上的实验比较

视频	文献[194]算法 MAE	文献[194]算法 MRE/%	QPL23 MAE	QPL23 MRE/%
V1	训练	—	训练	—
V2	**2.15**	13.86	2.22	**13.60**
V3	9.89	34.87	**8.65**	**27.12**
V5	训练	—	训练	—
V6	**9.98**	62.21	14.58	**36.58**

注：黑体表示最好的实验结果。

该组实验在回归模型构建过程中，训练数据的选取方式与表 5.5 实验部分所选取的方式不同，该组实验采用与文献［194］中一致的选取方式，即部分视频数据作为训练数据，其余视频数据最为测试数据。实验结果说明了本节中基于网络流约束的回归模型总是可以获取到较低的平均相对误差，换言之，本节算法所获取的图像序列人数预测结果曲线不会存在较大幅度振荡，较为趋近人类视觉系统所观察的结果。

最后一组实验，本节算法与文献中算法在 UCSD 数据集和 Fu-dan 数据集上的结果比较如表 5.7 所示。由于这两个数据集的每帧图像的行人图元均由其数据提出者提供，所以本节算法在前景行人图元提取阶段只需加载图像库中的前景图元即可。

表 5.7　本节算法与目前算法在 UCSD 和 Fu-dan 数据集上的实验比较

方法	文献[165]算法		文献[196]算法		文献[187]算法		QPL23	
	MAE	MRE/%	MAE	MRE/%	MAE	MRE/%	MAE	MRE/%
UCSD	**1.46**	6.23	1.63	4.32	3.26	10.88	2.22	8.95
Fu-dan	**0.92**	15.51	—	—	—	—	0.93	**12.80**

注：黑体表示最好的实验结果。

从表 5.7 可以看出，相比文献［165］算法，本节算法在 Fu-dan 数据集上可以得到更低的平均相对误差；然而，本节算法在 UCSD 数据集上的实验结果相对较差。这主要是因为本节算法并未对 UCSD 数据集采用图像分割算法得到前景行人图元，仅仅是加载的数据提供者提供的前景行人图元，而该前景行人图元的区域大于实际行人组所占的区域，换言之，UCSD 数据集对应的行人图元低级属性特征不仅包含行人的属性特征，还包括部分场景的特征，从而导致本节算法的预测结果要差于文献结果。

结论：本节基于行人图元网络模型，并采用带网络流约束的整数二次规划模型来实现多人图元人数属性信息的挖掘，该方法基于人类视觉认知科学中的认知恒常性理论，使得一段时间内所预测的行人总数的震荡幅度较小，较为符合实际情况。为简化模型的求解难度，本节首先将数学模型由整数变量松弛到实数变量，然后采用线性方程组来实现整数二次规划模型的求解。实验结果显示，针对大多数视频数据，本节提出的方法可以提高仅采用回归方法的预测精度。与目前文献算法（除深度学习类文献外）的比较实验说明，多数情况下，QPLm 算法可以得到明显的改进效果，而且可以得到较低的平均相对误差。另外，通过调节构建的行人图元网络的层数可以将算法的时间复杂度控制在可接受的范围内。

5.3.2 基于收缩图的图元人数属性挖掘算法

5.2 节提出的行人图元网络模型在 5.3.1 节中得到验证，即该模型能够在一定程度上提高人群计数算法的精度，但该模型尚未克服摄像机透视问题导致的图元属性的不一致问题。因此，本节提出了行人图元直方图特征，进一步提高计数算法精度；同时采用行人图元网络的收缩网络，进一步降低带有网络流约束的数学规划模型的算法时间复杂度。

本节提出了视频数据中改进的多人图元人数属性挖掘方法，该挖掘方法的主要流程如图 5.12 所示。

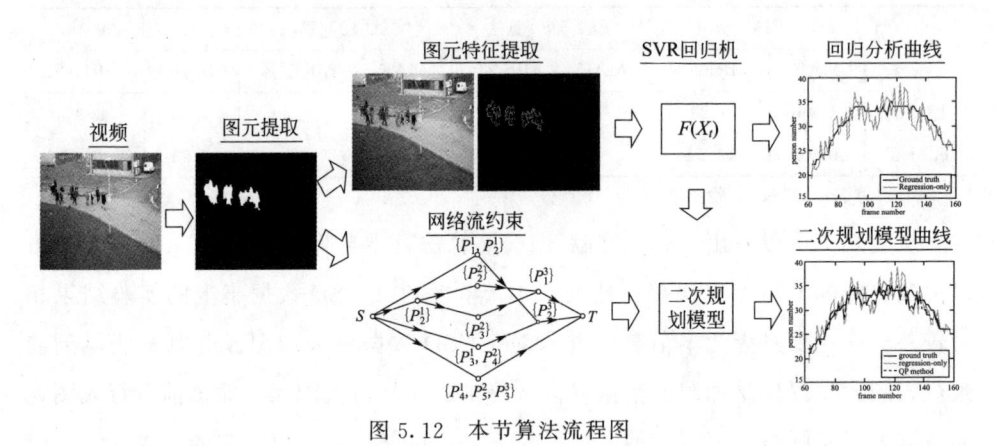

图 5.12 本节算法流程图

将本节方法与 5.3.1 节中方法进行比较，本节提取行人图元人数属性的算法与 5.3.1 节整体的流程图具有一致性，主要从两个方面对 5.3.1 节中算法进行了改进：①对每个行人图元设计块直方图特征，代替了行人图元低级属性特征；②通过收缩图元网络中的所有割边来实现对初始构建网络的收缩简化，简化了整个的行人图元网络模型。由于在初始有向图上的网络流约束与收缩图上的网络流约束等价，所以通过求解收缩图上带有网络流约束的二次规划模型，便可以实现对行人图元预测人数属性值的修正。

5.3.2.1 图元块直方图特征和支持向量回归机

给定一个监控场景的视频片段，首先，将视频片段基于视频知识元进行实例化表示，以 PETS2009 中另一个视频片段为例：{PETS2009-005,2009.03.01-

06.00.00,PETS2009_005_2009-03-01 06-00-00_2009-03-01 06-00-08.mp4,P-005,10.4M,768*576,"","\root\user\"}；在基于算法库中视频图像预处理算法进行去噪声处理之后，采用基础的视频差分算法进行前景行人分割，得到当前场景的运动前景区域；下一步，对前景区域进行腐蚀和膨胀等噪声处理，来消除运动前景区域的噪声，并将每个连通的前景区域看作一个行人图元，该图元含有一个或多个行人；最后提取图元特征，并基于已训练的行人图元属性特征与行人人数之间的映射关系计算得到该图元的人数属性值。

令 P 表示前景分割图像中的一个图元（块），如图 5.13 所示，将图像划分为 $r \times c$ 个网格。

图 5.13 图元 P 的块直方图特征

令 $B(i,j)$ 表示位于第 i 行第 j 列的方格块 $(1 \leqslant i \leqslant r, 1 \leqslant j \leqslant c)$，$\mathbf{V} = (a_{1,1}, a_{1,2}, \cdots, a_{r,c}, e_{1,1}, e_{1,2}, \cdots, e_{r,c}, p_{1,1}, p_{1,2}, \cdots, p_{r,c})$ 表示图元 P 的低级属性特征按相同权重进行融合得到的特征向量（包括图元的几何属性和图像属性）。令 g 表示回归映射函数，该回归函数是通过键-值对（图元低级属性向量，图元人数值）模式基于机器学习算法训练得到的，并以人群关系知识元的形式进行存储。因此，行人图元 P 的低级属性特征与人数属性的映射函数表达式为

$$n_C = g(\mathbf{V}) \tag{5.13}$$

其中，$a_{i,j}$ 为行人图元 P 落入方格 $B(i,j)$ 的面积；$e_{i,j}$ 为行人图元 P 落入方格 $B(i,j)$ 中所有边界像素点的个数；$p_{i,j}$ 为行人图元 P 落入方格 $B(i,j)$ 中的 SURF 特征点的个数。

针对函数 g 的训练方法，由于支持向量机有着较强的学习能力，并广泛用

于二分类问题,所以本节中依旧采用支持向量回归机来训练属性间的映射关系,即回归函数 g 的表达式。需要指出的是,与 5.3.1 节中相似,该回归函数的训练数据是基于场景知识元和摄像机知识元获取的行人图元低级属性和对应的图元人数属性值采用人工筛选方式构建的,因此该行人人数关系映射函数的具体表达式依赖于监控场景和监控摄像机的信息。当出现一个新的监控场景时,需要重新对录制视频数据进行行人图元分割、行人图元属性提取,并基于人工标注的人数属性进行训练。

5.3.2.2 二次规划数学模型

$\Gamma(D)$ 表示有向图 D 的收缩图,$V(\Gamma(D))=\{S,T,V_1,V_2,\cdots,V_m\}$ 为收缩图 $\Gamma(D)$ 的点集,$A(\Gamma(D))$ 为收缩图 $\Gamma(D)$ 的边集。假设有向图 D 上对应的顶点 P_i^t 的基于回归方法预测得到的人数值为 $\hat{f}(P_i^t)$,称 $\hat{f}$ 为估计得到的行人流量。然而,估计的人数流量 $\hat{f}$ 可能违背有向图 D 中的网络流约束。因此,需要基于估计的行人流量来得到符合有向图 D 上的网络流约束的行人流量 f。

对于任意顶点 $V_i \in V(\Gamma(D))$,假设 $V_i = \{P_{j_1}^{t_1}, P_{j_2}^{t_2}, \cdots, P_{j_{l_i}}^{t_{l_i}}\}$ 为 R-等价类。通过行人图元顶点上的回归算法,得到一系列的顶点估计值 $\{\hat{f}(P_{j_1}^{t_1}), \hat{f}(P_{j_2}^{t_2}), \cdots, \hat{f}(P_{j_{l_i}}^{t_{l_i}})\}$。这些估计值是同一个行人图元在不同位置时的人数属性预测值,则顶点 V_i 的人数属性合理估计值便为这些值序列的中值。定义收缩图 $\Gamma(D)$ 上的估计行人流量为 $\hat{f}(V_i) = \mathrm{Med}\{\hat{f}(P_{j_1}^{t_1}), \hat{f}(P_{j_2}^{t_2}), \cdots, \hat{f}(P_{j_{l_i}}^{t_{l_i}})\}$。令 f 为待解决的收缩图上的正确的行人流量,则收缩图 $\Gamma(D)$ 上的二次规划模型可以表示为

$$\min \sum_{i=1}^{m}(f(V_i)-\hat{f}(V_i))^2$$

$$\text{s.t} \quad f(V_i) = \sum_{\langle x,V_i \rangle \in A(\Gamma(D))} f(\langle x, V_i \rangle) \quad (i=1,2,\cdots,m)$$

$$f(V_i) = \sum_{\langle V_i,y \rangle \in A(\Gamma(D))} f(\langle V_i, y \rangle) \quad (i=1,2,\cdots,m)$$

$$\sum_{\langle S,V_j \rangle \in A(\Gamma(D))} f(\langle S, V_j \rangle) = \sum_{\langle V_k,T \rangle \in A(\Gamma(D))} f(\langle V_k, T \rangle) \quad (5.14)$$

其中,$f(V_i)(i=1,2,\cdots,m)$ 和 $f(\langle V_i,V_j \rangle)(i,j=1,2,\cdots,m)$ 均为整型变量。式(5.14)中的 f 为本节算法中最终的估计行人人数值。

数学模型求解过程中，二次规划问题可以采用与 5.3.1 节相似的计算方式，即可以通过转换为线性方程组来进行求解，以及采用连通分量技术和拉格朗日乘子约简策略进一步简化算法计算复杂度，最后将得到的实数人数值通过四舍五入的方式得到整数值。

5.3.2.3 算法复杂度分析

假设图像尺寸为 $m \times n$，则图像行人前景提取、前景行人图元分割和图元特征提取三个步骤的时间复杂度为 $O(mn)$。支持向量回归机（SVR）得到每个行人图元人数属性值的时间复杂度为 $O(l)$，其中 l 为行人图元特征向量的维度。首先，构建有限层数的有向行人图元网络的时间复杂度至多为 $O(mn)$；然后，假设构建的有向图有 $|V|$ 个顶点和 $|A|$ 条边，行人图元网络收缩过程时间复杂度为 $O(|A|)$；最后，由等式 (5.14) 所决定的 KKT 条件为包含 $3|V|+|A|-5$ 个变量和 $3|V|+|A|-5$ 个等式方程的线性方程组，本节中采用高斯消去法进行求解，则求解线性方程组的时间复杂度为 $O(|V|^3+|A|^3)$。在实际实验中，为了平衡算法的精度和运行时间，算法所构建的有向图层数至多为 23 层，因此 $|V|$ 和 $|A|$ 值都非常小。综上分析，本节算法的时间复杂度为 $O(mn)$。

5.3.2.4 实验验证和结果分析

（1）实验环境及测试数据集。本节实验的运行环境为 Visual Studio 2010 结合 OpenCV 2.4.8 图像库，操作系统为 Windows 7。为验证本节算法的有效性，所采用的测试数据与 5.3.1 节相同，即 PETS2009 数据集中第一部分中的 V1、V2、V3、V4、V5、V6、V7 和 V8 八个视频片段。

在验证本节所提出的行人计数算法之前，首先基于场景知识元和监控知识元组成的关系知识元进行实例化，获得该视频对应的支持向量回归机。该回归机是在对视频数据进行实验前通过训练得到的，并以人群关系知识元的形式进行存储。本节的训练数据主要采用人工的方式从视频数据中对行人图元信息进行选择，采用与 5.3.1 节相同的训练数据集，即从每个视频片段中选取 30～40 帧的图像中所有行人图元信息作为训练数据集，剩余的图像序列作为测试集。通过比较不同算法预测估计的行人数量与真实人数来验证本节算法的有效性，验证算法性能的指标为平均绝对误差 MAE 和平均相对误差 MRE。

（2）实验结果及分析。本节算法主要有三个参数：图元低级特征类型、图元特征块大小和网络层数。这三个参数对实验结果的影响主要通过下面的三组实验进行验证分析。

　　第一组实验主要是分析图元不同的低级属性特征对图元人数属性预测精度的影响。实验将每帧图像划分为 24×32 个方格，并设置构建的网络层数为 23 层，实验结果如表 5.8 所示。从表 5.8 中可以看出，针对大多数的视频数据，行人图元的面积属性的性能要优于行人图元的边缘属性；行人图元的 SURF 特征点对行人图元人数属性值预测的效果是最差的；在多数情况下，行人图元多个低级属性融合后的特征会得到鲁棒性更好、精确度更高的计数结果。由于行人图元的面积属性主要依赖于前景行人图元分割算法的精度，所以可以融合前沿的前景图元分割算法来进一步提高图元属性提取的准确度。

表 5.8　不同图元特征的行人计数估计结果

视频	SURF 特征点 MAE	MRE/%	面积 MAE	MRE/%	边缘 MAE	MRE/%	混合特征 MAE	MRE/%
V1	1.29	5.08	0.72	3.15	0.96	3.89	**0.72**	**3.00**
V2	1.25	8.59	0.84	6.25	0.77	5.71	**0.76**	**5.30**
V3	1.41	6.72	1.07	5.26	1.10	5.86	**1.03**	**5.10**
V4	1.85	7.58	0.98	3.99	1.15	4.65	**0.98**	**3.96**

　　第二组实验主要是分析行人图元不同的特征块大小对行人图元人数属性预测精度的影响。该组实验选取鲁棒性较好的融合的行人图元特征，并设置构建的网络层数为 23 层，实验结果见表 5.9。

表 5.9　不同块大小的行人计数估计结果

视频	6×8 MAE	MRE/%	12×16 MAE	MRE/%	24×32 MAE	MRE/%	48×64 MAE	MRE/%
V1	1.08	5.40	0.82	3.73	0.72	3.00	**0.66**	**2.83**
V2	0.88	5.61	**0.71**	**4.89**	0.76	5.30	0.81	5.27
V3	1.22	6.13	**0.94**	**4.74**	1.03	5.10	0.99	4.86
V4	1.05	4.04	1.02	3.96	**0.98**	**3.96**	1.02	4.09

注：黑体表示最好的实验结果。

　　从表 5.9 可以看出，图像划分的方格数越多，即图像特征块数量越多，则图元人数属性值的预测精度越高。然而，更多的特征块数量将会导致更大的图元特征向量维度，基于实验检验可以得到 24×32 块方格是较为理想的特征分块方式。

　　表 5.10 展示了不同行人图元网络层数对图元人数属性预测精度的影响，从

5 基于知识的行人群体性行为识别方法研究

表 5.10 中可以看出本节算法的误差随着网络层数的增加而下降。当构建的行人图元网络中存在非平凡网络流约束时，本节算法可以非常有效地降低计数误差。否则，只能有很少的改进。如 V3 和 V4 两个视频，由于这两个视频多数情况下每帧图像中仅有一个行人图元，这个行人图元要么与入口区域 S 相连，要么与出口区域 T 相连，即在构建的网络中不存在非平凡网络流约束，因此添加了网络流约束的算法的实验效果相比于仅采用回归算法的实验效果没有显著的改进。

表 5.10 不同行人图元网络层数对图元人数属性预测精度的影响

视频	RO		QPL7		QPL15		QPL23	
	MAE	MRE/%	MAE	MRE/%	MAE	MRE/%	MAE	MRE/%
V1	1.53	6.45	0.84	4.05	0.78	3.68	**0.72**	**3.00**
V2	1.04	6.67	0.85	6.60	**0.75**	**5.30**	0.76	5.30
V3	1.24	5.60	**0.97**	5.77	1.02	5.10	1.03	5.10
V4	1.02	4.06	**0.88**	3.89	0.92	3.80	0.98	3.96

注：黑体表示最好的实验结果。

本节算法与文献中已有算法的比较结果如表 5.11 所示，其中本节算法选用的网络层数为 23 层，特征块大小为 24×32，选取的行人图元特征为融合特征。

表 5.11 不同算法在 PETS2009 数据集上的比较结果

视频	文献[188]算法		文献[189]算法		5.3.1 节算法		本节算法	
	MAE	MRE/%	MAE	MRE/%	MAE	MRE/%	MAE	MRE/%
V1	1.36	6.80	1.01	4.97	1.13	5.04	**0.73**	**3.12**
V2	2.55	16.30	1.17	9.3	0.96	5.90	**0.82**	**5.95**
V3	5.40	20.80	4.33	18.76	4.65	17.06	**1.04**	**5.18**
V4	2.81	15.10	1.92	7.28	2.88	11.84	**0.98**	**3.96**
V5	4.45	15.10	—	—	8.03	23.20	**1.04**	**3.14**
V6	12.17	30.70	—	—	9.25	33.69	**0.60**	**2.17**
V7	7.55	23.60	—	—	2.99	9.73	**2.90**	**10.13**
V8	3.26	10.88	—	—	**0.11**	**2.20**	0.48	7.79

注：黑体表示最好的实验结果。

从表 5.11 中可以看出，与目前已有算法相比较，本节算法有显著的改进；尤其与 5.3.1 节算法相比较，本节算法精确度高很多，这验证了本节中提出的图元块直方图特征的有效性，也就是说，块直方图特征可以更好地处理监控摄像机的透视形变问题。

结论：本节设计了行人图元块直方图特征代替行人图元低级属性特征来改进传统基于回归算法的行人计数问题，并采用收缩图元网络进一步提高算法速度。由于初始有向图上的网络流约束与收缩后的有向图的网络流约束等价，本节同样采用带有网络流约束的二次规划模型来修正图元人数属性的预测结果。实验结果说明行人图元块直方图特征在PETS2009数据集上的估计精度有着显著的提高，因此可以很好地解决监控摄像机透视扭曲问题。

5.4　基于行人图元属性的行人群体性行为识别方法

本节主要基于5.3节得到的行人图元的人数属性信息和4.3节单人行为分析方法得到的单人行为信息，在先验知识的指导下，对行人的群体性行为进行分析。首先，根据不同人群状态的先验知识构建行人群体性行为类别的模糊逻辑规则；然后，确定这些模糊逻辑表达式的隶属度函数，通过计算当前人群相关统计量的隶属度来实现异常群体性行为的识别。

5.4.1　基于先验知识的群体性行为规则构建

本小节针对2.3.2节中的三种先验知识，定义下述的类似统计量——人数变化幅度、速度突变人数、异常单人图元个数和聚集指数与分裂指数，用于实现群体性行为中的先验知识的规则化。令$(I_1, I_2, \cdots, I_n)$为n帧视频图像序列，通过算法库中的图像分割方法将图像I_i的前景分成m_i个行人图元（或连通前景区域），用集合$P^i = \{P_1^i, P_2^i, \cdots, P_{m_i}^i\}$表示，定义集合$P = \bigcup_{t=1}^{n} P^t$。设有向图$D(V, A)$是基于这$n$帧图像序列建立的有向行人图元网络，该有向图中每个节点P_j^i是一个连通的行人图元，采用5.3节中的行人计数算法得到每个节点P_j^i对应的估计人数$f(P_j^i)$。根据物体成像关系知识元的实例化数据和$f(P_j^i)$的值，实现将行人图元分为单人图元和多人图元。设(x_{ij}, y_{ij})为行人图元P_j^i的中心坐标。

5.4.1.1　异常单人图元数量

第4章中的基于骨架属性的单人行为识别模型给出了行人在监控场景下不同

行为的模糊逻辑识别方法,采用该方法可以实现对监控场景中的单人图元序列的行人的行为分析;通过将第4章定义的奔跑和弯腰两种行为归类为异常行为,从而得到该场景中具有异常行为的单人图元个数。设 n 帧视频图像序列共有 s 个单人图元序列。设 x_i 为这 s 个单人图元序列对应的特征向量,则定义统计量 p 如下:

$$p = \sum_{i=1}^{s} Q_{\widetilde{5}}(x_i) \vee Q_{\widetilde{2}}(x_i) \tag{5.15}$$

5.4.1.2 速度较大的人数

对于任意一个行人图元 P_j^i,基于所构建的行人图元网络图,采用光流法计算出该行人图元的运动速度,设其速度为 v_{ij}。针对每一帧图像统计出速度较大的行人数量。设行人图元的速度较大为一个模糊命题 $Q_{\widetilde{8}}$,定义其隶属度函数为

$$\mu_{Q_{\widetilde{8}}}(v_{ij}) = \begin{cases} 1 & (v_{ij} \geqslant v_1) \\ \dfrac{v_1 - v_{ij}}{v_1 - v_0} & (v_0 \leqslant v_{ij} < v_1) \\ 0 & (v_{ij} < v_0) \end{cases} \tag{5.16}$$

对于第 i 帧图像,定义 u_i 为

$$u_i = \sum_{j=1}^{m_i} \mu_{Q_{\widetilde{8}}}(v_{ij}) \tag{5.17}$$

进一步地,定义统计量 u 为这 n 帧图像的平均值,即 $u = \dfrac{\sum_{i=1}^{n} u_i}{n}$。

5.4.1.3 聚集指数与分裂指数

对于基于行人图元时空关系构建的有向图元网络 $D(V, A)$ 中任意一个顶点(或行人图元)P_j^i,可以通过顶点的聚集指数 $g(P_j^i)$ 和分裂指数 $s(P_j^i)$ 来衡量人群的分布情况。

基于5.3节中的基于图元网络流模型的人数属性挖掘算法,可以得到较精确的行人图元人数属性值 $f(P_j^i)$,以及每条有向边上的行人个数,因此可以通过将网络图 $D(V, A)$ 中每条边上的行人个数作为该边的容量,来得到前一帧图像的所有顶点到顶点 P_j^i 之间的最大流量。如图 5.14 中所示,P_1^{t-2} 到 P_1^t 的最大流量正好是从图元 P_1^{t-2} 位置走到图元 P_1^t 位置的总人数。因此,基于网络结构可以得到第 $t-2$ 帧中汇集到图元 P_1^t 中的所有行人图元,继而依据这些图元位

置信息的分散程度来得到图元 P_1^t 的聚集指数。

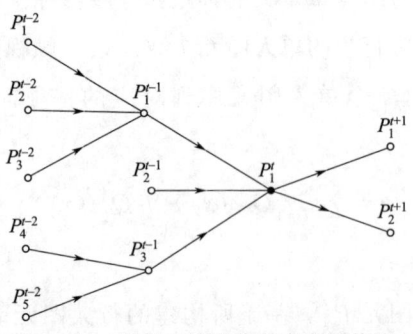

图 5.14 相邻三帧图像的有向网络图

对于在第 i 帧图像之前的任意一帧图像 $I_l(l<i)$，假设图像 I_l 共含有 m_l 个行人图元。令 f_{lk}^{ij} 表示顶点 P_k^l 到顶点 P_j^i 的最大流量，(x_{lk}, y_{lk}) 为顶点 P_k^l 的中心坐标。将 f_{lk}^{ij} 看作顶点 P_k^l 的权重，定义这 m_l 个顶点的重心坐标 (x_c, y_c) 为

$$\begin{cases} x_c = \dfrac{\sum_{k=1}^{m_l} f_{lk}^{ij} x_{lk}}{\sum_{k=1}^{m_l} f_{lk}^{ij}} \\ y_c = \dfrac{\sum_{k=1}^{m_l} f_{lk}^{ij} y_{lk}}{\sum_{k=1}^{m_l} f_{lk}^{ij}} \end{cases} \tag{5.18}$$

则第 l 帧图像相对于顶点 P_j^i 的聚集指数为

$$g_l(P_j^i) = \sum_{k=1}^{m_l} f_{lk}^{ij} \sqrt{(x_{lk} - x_c)^2 + (y_{lk} - y_c)^2} \tag{5.19}$$

顶点 P_j^i 的聚集指数定义为

$$g(P_j^i) = \max_{l<i} g_l(P_j^i) \tag{5.20}$$

类似地，可以定义分裂指数 $s(P_j^i)$ 如下。对于在第 i 帧图像之后的任意一帧图像 $I_l(l>i)$，图像 I_l 共含有 m_l 个顶点。设顶点 P_j^i 到顶点 P_k^l 的最大流量为 f_{lk}^{ij}，顶点 P_k^l 的中心坐标为 (x_{lk}, y_{lk})。同样将 f_{lk}^{ij} 看成顶点 P_k^l 的权重，定义这 m_l 个顶点的重心坐标为 (x_c, y_c)，则第 l 帧图像相对于顶点 P_j^i 的分裂指数为

$$s_l(P_j^i) = \sum_{k=1}^{m_l} f_{lk}^{ij} \sqrt{(x_{lk} - x_c)^2 + (y_{lk} - y_c)^2} \tag{5.21}$$

顶点 P_j^i 的分裂指数定义为

$$s(P_j^i) = \max_{l>i} s_l(P_j^i) \tag{5.22}$$

最后，对于给定的 n 帧视频图像序列，其聚集指数与分裂指数分别为 $g = \max(g(P_j^i)), s = \max s(P_j^i)$。当聚集指数或分裂指数较大时，说明当前场景的人群出现了聚集现象或分流现象。

5.4.1.4 人数变化幅度

在正常工作日时间内的 24 小时里，绝大多数监控场景下的行人人数具有一定的规律性。例如，武汉某人民公园的基于每小时的人流量变化情况[230]的实地采集数据如图 5.15 所示。

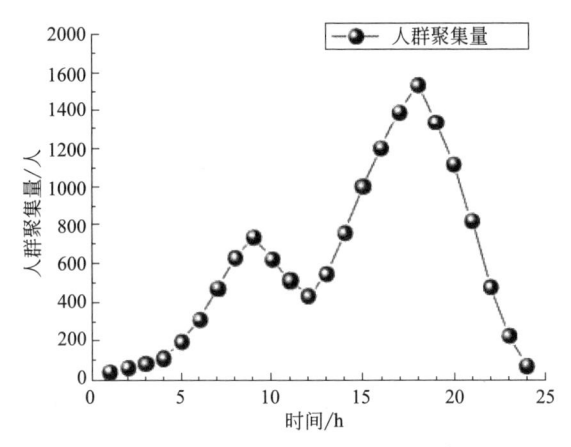

图 5.15 武汉某人民公园人流变化情况

图 5.15 中显示了一天内各个时间段的游客人流量分布。统计数据中显示，人民公园的人群流量分别在 8：00—9：00 和 18：00—19：00 两个时间段出现峰值，11：00—12：00 出现低谷，这一分布数据主要与附近居民的生活习惯相符合。在天气等各因素允许的正常情况下，老年人大多会选择在早晨到公园进行晨练，而许多家庭会在晚饭后到公园散步、跳舞等，因此该段时间内人群数量达到最高峰值；而中午阶段主要因为午休或天气原因人群数量呈现低谷。因此公共场所的固定区域内，行人的数量在事件的动态特性上会呈现出较稳定的规律性曲线模式。

针对给定监控场景，采用 5.3 节中基于图元网络的行人计数算法可以对不同时刻的行人数量进行统计。在得到大量的历史性统计数据后，可以采用知识元模型进行分类描述，书中分为节假日和工作日两种时间类型。令 R_t 为所有历史数

据中在 t 时刻的行人数量的平均值,如基于行人计数算法在 t 时刻得到的人群数量为 N_t,则 t 时刻的人数变化幅度 $\Delta t = N_t - R_t$。当 Δt 较大时,则可以认为有异常情况发生,需要进行预警,通过人工参与实现最终异常确认。

5.4.2 模糊逻辑行为识别模型

根据上一小节中定义的统计参数向量 $y=(p,u,g,s,\Delta t)$,可以将 2.3.2 节中梳理的人群行为的先验知识转化为下面的一些模糊命题。

(1) $P_{\widetilde{23}}$: p 较大 $\mu_{P_{\widetilde{23}}}(y) = \begin{cases} 1 & (p \geqslant C_{23,1}) \\ \dfrac{C_{23,1}-p}{C_{23,1}-C_{23,2}} & (C_{23,2} \leqslant p < C_{23,1}) \\ 0 & (p < C_{23,2}) \end{cases}$

(2) $P_{\widetilde{24}}$: u 较大 $\mu_{P_{\widetilde{24}}}(y) = \begin{cases} 1 & (u \geqslant C_{24,1}) \\ \dfrac{C_{24,1}-u}{C_{24,1}-C_{24,2}} & (C_{24,2} \leqslant u < C_{24,1}) \\ 0 & (u < C_{24,2}) \end{cases}$

(3) $P_{\widetilde{25}}$: g 较大 $\mu_{P_{\widetilde{25}}}(y) = \begin{cases} 1 & (g \geqslant C_{25,1}) \\ \dfrac{C_{25,1}-g}{C_{25,1}-C_{25,2}} & (C_{25,2} \leqslant g < C_{25,1}) \\ 0 & (g < C_{25,2}) \end{cases}$

(4) $P_{\widetilde{26}}$: s 较大 $\mu_{P_{\widetilde{26}}}(y) = \begin{cases} 1 & (s \geqslant C_{26,1}) \\ \dfrac{C_{26,1}-s}{C_{26,1}-C_{26,2}} & (C_{26,2} \leqslant s < C_{26,1}) \\ 0 & (s < C_{26,2}) \end{cases}$

(5) $P_{\widetilde{27}}$: Δt 较大 $\mu_{P_{\widetilde{27}}} = \begin{cases} 1 & (\Delta t \geqslant C_{27,1}) \\ \dfrac{C_{27,1}-\Delta t}{C_{27,1}-C_{27,2}} & (C_{27,2} \leqslant \Delta t < C_{27,1}) \\ 0 & (\Delta t < C_{27,2}) \end{cases}$

根据上述的模糊命题,通过组合方式得到的用于判断人群行为类型的复合模糊命题如下。

(1) 正常群体性行为：

$$Q_{\widetilde{8}} = \overline{P_{\widetilde{23}}} \wedge \overline{P_{\widetilde{24}}} \wedge \overline{P_{\widetilde{25}}} \wedge \overline{P_{\widetilde{26}}} \wedge \overline{P_{\widetilde{27}}}$$

$$\mu_{Q_{\widetilde{8}}}(y) = \lambda_{81}(1-\mu_{P_{\widetilde{23}}}(y)) + \lambda_{82}(1-\mu_{P_{\widetilde{24}}}(y)) + \lambda_{83}(1-\mu_{P_{\widetilde{25}}}(y)) +$$
$$\lambda_{84}(1-\mu_{P_{\widetilde{26}}}(y)) + \lambda_{85}(1-\mu_{P_{\widetilde{27}}}(y))$$

(2) 异常群体性行为：

$$Q_{\widetilde{9}} = P_{\widetilde{23}} \vee P_{\widetilde{24}} \vee P_{\widetilde{25}} \vee P_{\widetilde{26}} \vee P_{\widetilde{27}}$$

$$\mu_{Q_{\widetilde{9}}}(y) = \max\{\mu_{P_{\widetilde{23}}}(y), \mu_{P_{\widetilde{24}}}(y), \mu_{P_{\widetilde{25}}}(y), \mu_{P_{\widetilde{26}}}(y), \mu_{P_{\widetilde{27}}}(y)\}$$

因此，通过模糊逻辑规则得到了基于先验知识的群体性行为识别模型。模型中所涉及的参数可以采用遗传算法，以训练数据上的行为类型分类的正确率作为优化目标函数进行求解确定。在行为识别阶段，对于给定的视频图像片段，采用骨架属性挖掘算法和行人计数算法对统计参数向量进行提取；然后将统计参数向量代入每个复合模糊命题的隶属度函数中，得到其行为类型的隶属度值，将最大隶属度值对应的行为类别作为最终的人群行为识别结果。

5.4.3 实例说明

该基于知识的行人群体性行为识别方法在"十二五"科技支撑项目"基于物联网的社会治安视频分析技术研究及应用示范"中针对指定场景进行应用实现，应用效果良好。由于项目数据的保密性，实验结果无法在这里展现。由于目前针对人群异常行为分析问题，学者们主要基于模拟异常事件的视频数据来进行分析，如PETS2009数据库等标准数据集中包含人群突然加速变为异常情况的视频片段。因此，本小节以PETS2009数据库为实验数据做实例说明。由于该数据库中行人并没有严重的聚集行为，因此，主要考察行人的运动速度情况。该算法主要在5.3节基于行人图元网络的行人计数算法的基础上，对每个行人图元进行特征点检测，采用金字塔Lucas-Kanande光流法对每个特征点进行跟踪，每个特征点的速度用相邻两帧特征点的位移表示。一个行人图元的运动速度用该图元内所有特征点的平均速度表示。如图5.16显示了PETS2009数据库的视频S1.L1.13-57(1)和S1.L3.L4-17(1)中某一帧的行人图元运动速度，其中图像中的每个箭头表示对应图元的运动速度，箭头方向表示该图元的运动方向，箭头长度为放大固定倍数后的运动速度大小。

视频数据中的行人群体性行为识别方法

以 PETS2009 数据集中第一视角下的四段视频为例，统计每段视频内前 90 帧图像的每帧图像中行人速度大小的总和，可以得到图 5.17 中的四条曲线。

(a) S1.L1.13-57(1)　　(b) S1.L3.L4-17(1)

图 5.16　行人图元的运动速度

(a) S1.L1.13-57(1)　　(b) S1.L1.13-59(1)

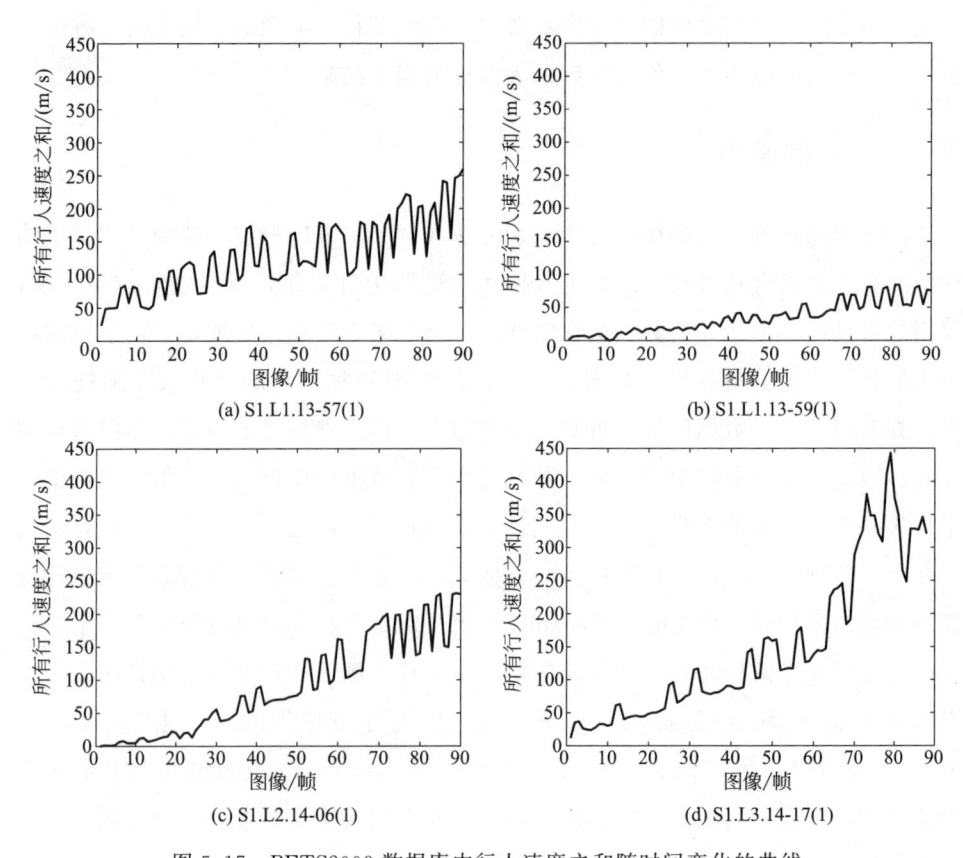

(c) S1.L2.14-06(1)　　(d) S1.L3.14-17(1)

图 5.17　PETS2009 数据库中行人速度之和随时间变化的曲线

从图 5.17 中可以看出，与视频 S1.L1.13-57（1）、S1.L1.13-59（1）和 S1.L2.L4-06(1) 中行人运动相比，视频 S1.L3.L4-17(1) 中行人运动速度总和有相对剧烈的上升，可以判定有异常群体性行为发生。事实上，视频 S1.L3.L4-17(1) 中的行人群体一开始在正常行走，突然所有人开始加速奔跑，这正好印证了较多行人运动速度较大这一判定。

总结：本章主要对视频数据中的行人群体性行为识别问题进行研究，在先验知识的指导下，以单人行为信息、多人图元的人数属性信息及多人图元的运动属性信息为基础，实现异常群体性行为的识别。

首先，基于行人图元的位置时空关系构建了行人图元网络，即依据视频的时空特征，构建行人图元网络来仿真行人流；多人图元的人数信息挖掘问题主要基于人类视觉系统认知的恒常性理论，针对现有的人群计数算法未考虑图元人数属性的时域一致性问题进行改进，首次提出了基于图元网络的多人图元人数属性提取算法。该算法在原始基于回归模型的基础上，构建行人图元多层网络模型，添加网络流约束，通过求解带有网络流约束的二次规划模型来修正仅采用回归算法估计的数值。为进一步提高计数精确和降低求解网络流模型的时间复杂度，提出了行人图元块直方图特征来更好地解决摄像机透视问题，同时对初始构建的行人图元网络依据网络点的出入度特征进行收缩来简化图元网络。需注意的是，本书提出的图元网络约束模型可以应用于大多数的以行人前景图元分割为前提的图元人数属性挖掘算法中。

其次，行为识别过程主要将定义的三类先验知识转换为模糊逻辑规则，通过计算当前行人图元属性信息（图元人数变化信息、图元速度信息和单人行为信息）对正常行为和非正常行为的隶属度，来实现异常群体性行为的识别。接下来，融合网络知识及通过人工研判交互的方式对该异常群体性行为进行核验，如果确认是异常行为，则对该突发事件进行应急管理，并将有效片段以视频知识元的组织方式在分布式文件系统中进行存储。

6 行人信息分布式挖掘方法及系统实现

本章首先基于第 3 章理论基础提出了视频大数据行为信息分布式的管理框架；然后以第 5 章行人图元人数属性挖掘算法为例，构建了基于 MapReduce 的并行处理模型；最后基于书中算法及行人图元共性属性挖掘算法，进行集成系统的实现和展示。

6.1 概述

6.1.1 系统应用背景

近年来，随着经济的高速发展，由内部矛盾和外部矛盾等多种矛盾引发的突发社会安全事件时有发生。为了更好地完善治安部门对突发异常事件的管理，自 2008 年以来，包括大连市公安局在内的全国各地区公安局，增加了监控摄像机的部署，同时更新监控摄像机的清晰度，逐渐采用高清摄像机代替标清摄像机，分布于大连市多个县区分局辖区主干道、楼宇、重点要害部位、人群密集场所等社会公共区域，并通过视频专网将包含全市社会单位自建的海量监控摄像机在内的全部视频安防应用设备连接应用。

海量高清摄像机以视频数据的方式对其监控范围内的包含场景和行人在内的所有信息进行不间断的记录，单个高清摄像机录制一个月的数据大概需要 2T 的存储容量，因此整个治安视频监控系统的海量高清摄像机产生了具有 5V 特征的视频大数据。由于行人信息特别是视频信息和监控数据源的多源化，导致单一的服务器较难完成海量数据下的行人信息挖掘任务，因此需要基于大数据环境，设计行人信息的分布式挖掘框架。一方面，不同监控摄像机所关注的治安事件会存在不同，即处理过程中所需要的先验知识不同；另一方面，海量监控数据中行人的处理需要很多的相关知识、模型算法等，因此需要基于知识工程从整体角度对整个行人信息挖掘任务进行管理和实现。

在上述背景下，本章研究内容为"十二五"科技支撑项目子课题——"基于物联网的社会治安视频分析技术研究及应用示范"的核心内容之一，该项目是"十二五"科技支撑计划项目——基于视频及公共动态信息的智能研判技术研究及应用示范项目的一个子课题。该项目针对"平安城市"中大量监控视频分析不够、海量监控数据检索困难、对治安和犯罪案件预警及办理支持不够等问题，应用知识工程等方法，以大连市应用为背景，研究基于物联网的社会治安视频分析的关键技术及综合集成体系架构，研究相关的算法、规范，形成可用的应用系统，并在大连市"平安城市"建设中进行应用示范。

6.1.2 多摄像机地理位置知识关联

针对指定广场的监控，为实现无死角的全覆盖监控，可能在广场不同视角部署多个监控摄像机，并在通往该广场的多个路口的多个视角部署多个监控摄像机。海量的监控摄像机基于物联网构成了一个泛在的视频监控网络，而每个摄像机依据地理位置的邻近关系又可以形成一个地理位置关联网络。将这些地理位置邻近的摄像机挖掘出的信息知识综合，就可以进一步指导行人群体性行为的判断。例如，通过将指定区域相关联的所有监控摄像机的监控画面连接，可以得到监控场景下行人在一段时间内的运动轨迹信息。因此，需要基于摄像机地理位置知识将同一区域内的监控摄像机关联起来，实现行人在多个监控摄像机下的智能联动跟踪，共同指导行人群体性行为的识别过程。

例如，广场1具有N个路口，则对应M个监控摄像机，每个监控摄像机相关的位置信息和监控场景先验信息等基础信息均以摄像机知识元和场景知识元等基础知识元及其关系知识元的方式进行存储，这些知识既包含实现同一个监控区域相关联的监控摄像机的信息，也包含了与广场关联的监控摄像机网络信息。当该广场主要关注人群群体性事件时，首先，基于先验监控网络得到通往该广场的视频数据信息；下一步，依据该信息调用数据空间中的不同监控场景下的关系映射函数、行为和业务相关先验知识及相应的算法，即基于知识元模型对监控视频数据中行人人群相关信息进行组织和管理，调用算法库中对应的图元属性信息挖掘算法实现对人群相关属性信息的挖掘，该挖掘算法在分布式处理框架中的Map函数中得到相关联路口及广场监控场景下的人群信息，包含人群运动方向、人群运动速度、人群密度信息及人群流量信息，并以指定知识表达形式进行表达存储；然后，基于 Reduce 函数对朝向广场方向移动的人群数量进行统计，得到当前广场的人群信息，当出现较大量人群涌向当前监控的广场时，结合网络有关该广场的数据信息及业务信息，增加人工参与的方式实现对异常行为信息进行研判，若存在异常行为，将当前异常信息以结构化数据形式附加到异常视频片段存储至分布式文件系统中，同时将信息发送到应急指挥中心进行处理。其中，为加快任务处理速度、缩短任务等待时间，该分布式框架中集成了前沿有效的在线任务调度算法，以实现多个视频任务或同一视频的拆分的可并行的任务的调度实现。

6.1.3 多摄像机视频分布式管理系统框架

基于物联网的监控摄像机所处的地理位置均不同，而监控摄像机每天不间断地对监控场景的信息进行录制，产生了海量的视频数据，为了缓解网络传输压力，可以对地域上相邻近的批量监控摄像机进行分组，将它们产生的视频数据传输到局域网络构成的分布式系统中，并采用 MapReduce 分布式框架对视频数据进行分析，同时将相关联的摄像机下的行人包含人数和行为在内的分析结果，通过一个资源管理系统对其存储地址进行综合记录，并将该记录结合相应的视频片段存储在分布式文件系统中。当一个查询任务到来时，例如需要查询给定时刻监控场景内人数超过给定值的视频片段，则通过资源管理系统对各个分布式系统下达查询任务。各个分布式系统将查询任务继续分解，调用分布式数据库执行查询任务；执行结果再逐层返回给用户。综上，视频数据行人信息挖掘的分布式系统结构如图 6.1 所示。

其中，查询任务主要分为实时查询和历史数据查询两种；并行视频处理任务主要分为实时监控视频处理和历史监控视频处理两种。整个系统主要分成了分布式行人行为分析系统、分布式存储系统、分布式查询系统和网络资源管理系统四个部分。分布式行人行为分析系统主要负责分布式行人行为识别的实现，一个分布式行人行为识别系统负责一个局域网内部的多个视频监控数据的分布式处理任务和同一视频监控数据的分布式处理任务，其行人行为分析系统既包含了多个处理任务的分布式实现，又包含了同一个处理任务不同处理阶段的分布式实现；分布式存储系统主要负责行人行为识别过程中所得到的阶段性信息、截取的视频片段及最终识别结果等信息的分布式存储，同时与网络资源管理系统交互；网络资源管理系统主要记录不同摄像机视频的行人信息挖掘结果的存储地址；分布式查询系统则负责在局域网内进行分布式查询。

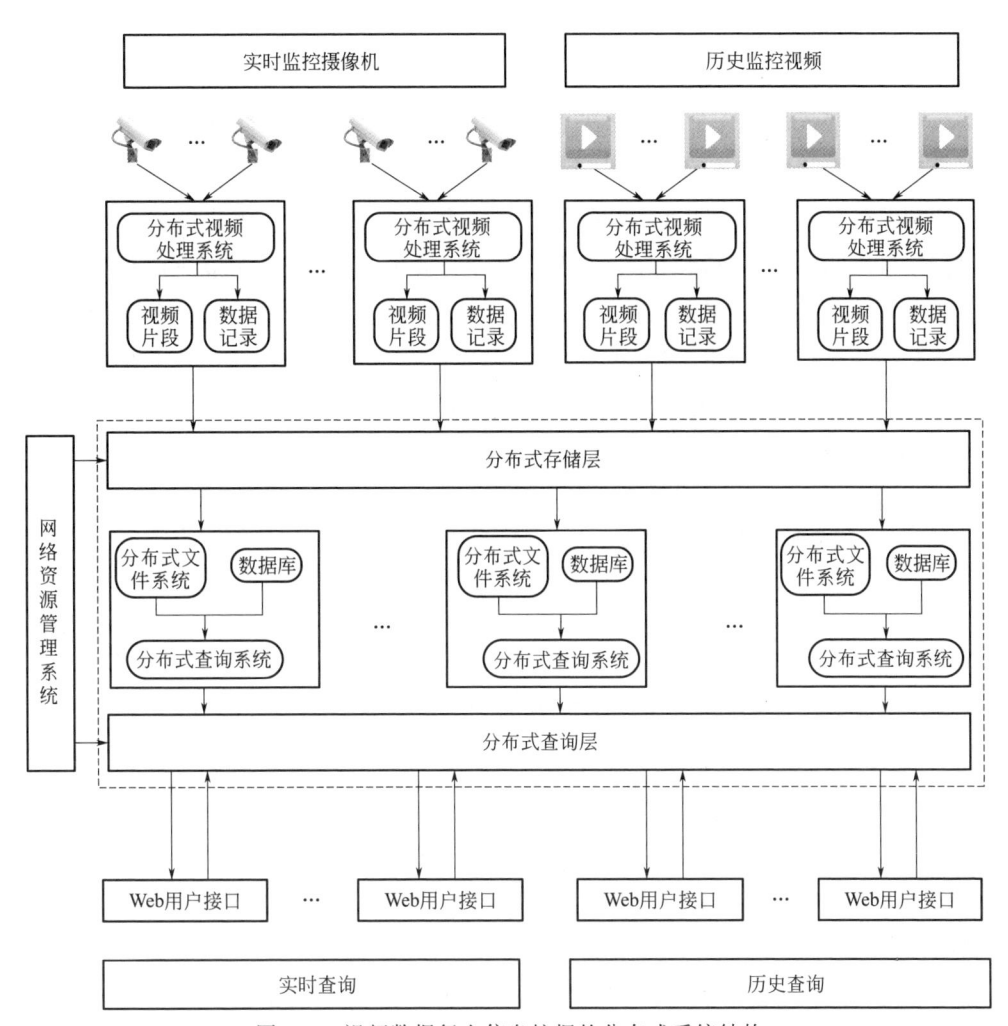

图 6.1 视频数据行人信息挖掘的分布式系统结构

行人信息挖掘系统包含了行人位置信息、行人人数信息、行人密度信息、行人行为信息等行人属性信息的提取，是视频行人分布式系统的核心部分，它将大量的视频数据转化为记录结果的形式，同时提取关键帧图像代替视频片段进行存储以减小存储空间。

6.2 视频大数据的分布式行人信息挖掘示例

本节主要提出了一个用于解决多来源的监控端录制的视频大数据的分布式处理模式。首先，监控端录制的视频通过 Web 服务器存储在 Hadoop 环境下的分布式文件存储系统（HDFS）上；然后，基于 MapReduce 分布式框架实现对不同摄像机录制的视频数据的并行处理，结合场景知识元和事件知识元将处理后的有效视频片段保存至 HDFS 上，并将其对应的视频片段的描述信息和涉及的行人信息一并保存至 HDFS 上，以便于未来的视频图像综合查询。其中视频数据的分布式处理部分，本节主要以行人计数算法为例，对 MapReduce 分布式框架中的 Map 函数和 Reduce 函数进行详细描述和设计介绍。

6.2.1 大数据分布式环境

6.2.1.1 Hadoop 集群

Apache Hadoop 是一个以 MapReduce 并行模型实现分布式应用的开源框架，主要采用大规模计算机集群来处理、存储和分析大量数据。Hadoop 集群的优势在于它的灵活性、可扩展性、高效性、经济性、可靠性，其中灵活性和可扩展性表现为 Hadoop 是通过可用的计算机集簇间分配数据并完成计算任务的，这些集簇可以很方便地扩展到数以千计的节点中，也就是可以通过修改计算机集群的配置来灵活动态地增加 Hadoop 集群中计算机的数量，从而增大集群的存储容量。因此，可扩展性可以很好地满足数据量变化的需求，能够处理 PB 级数据；高效性体现在其以并行的方式工作，通过并行处理加快处理速度；经济性体现在与一体机、商用数据仓库及 QlikView、Yonghong Z-Suite 等数据集相比，Hadoop 是开源的，因此，大大降低了项目的软件成本；可靠性主要体现在 Hadoop 集群中，是按位存储的，假设其计算元素和存储会失败，但是集群中维护的多个工作数据副本可以确保能够针对失败的节点重新分布处理，从而实现整个系统架构的恢复。

Hadoop 主要包括三个部分：MapReduce 计算模型、分布式文件系统（Hadoop Distributed File System，HDFS) 和 YARN 任务调度系统。MapReduce 是一个分布式计算的框架，有着有效性、可容错性和提供大规模并行能力的特征。HDFS 可以提供高可信度、高可收缩性和高数据吞吐量服务的分布式文件系统。YARN 是一个用于管理资源和调度任务的 Master/Slave 框架。MapReduce 和 HDFS 均对处理过程中运行失败的节点具有容错性。

6.2.1.2 Hadoop 图像处理接口（HIPI）

图像处理接口（Hadoop Image Processing Interface，HIPI）是 Hadoop 图片处理的框架，它提供了用于在分布式计算环境中执行图片处理任务的 API，即用在 Hadoop 集群 MapReduce 并行框架上的图像处理库，用于辅助在 HDFS 上合并小的图片文件及实现图片文件的切割，便于有效的并行处理。HIPI 同时提供了 OpenCV 处理接口，OpenCV 是广泛使用的包含很多计算机视觉算法的开源的函数库。

6.2.2 分布式人群计数系统模型

本节主要以 5.3 节介绍的基于行人图元网络的视频数据中的行人计数算法为例，基于 MapReduce 分布式框架模型实现多个录制视频的并行处理，该分布式人群计数系统集成了目前普遍使用的视频处理库，如 Hadoop 图像处理接口库（HIPI）、OpenCV 处理库和它们对应的 Java 接口（JavaCV）。整个视频数据人群计数系统主要包括两大部分：先验分类器分布式获取阶段和视频分布式处理阶段，其中先验分类器分布式获取阶段主要是人群关系知识元实例化数据的分布式获取阶段，即结合场景知识元实例化数据和摄像机知识元实例化数据，实现监控视频中行人图元的低级属性与行人图元人数属性的映射回归关系的分布式训练。视频分布式处理阶段主要实现多摄像机录制的视频数据中行人数量的分布式统计阶段，针对视频数据属性中的视频场景 ID 和摄像机 ID 迅速选择对应的回归机进行行人图元人数属性的预测，然后构建行人图元网络，对每个行人图元人数属性进行修正，最后对每帧图像中行人图元的人数进行加和，得到当前场景下的人群数量。

6.2.2.1 分类器分布式获取

由于基于回归算法对视频数据中行人进行数量统计时，需要人工选取训练数据得到行人图元低级属性与人数属性的关系映射。为了减少人工从海量监控场景筛选训练数据的工作量，利用基于行人检测的方法，提出了一个检测辅助的训练数据收集方法，来实现大量监控摄像机的前期训练过程。

（1）行人检测。行人检测问题是计算机视觉领域一个基本且非常重要的问题，行人检测的主要过程是：首先，分别提取图像中行人图元的多类特征和非行人图元的多类特征，使用机器学习方法训练二类分类器；然后，在待检测的图像金字塔中滑动窗口，并使用二类分类器判断每个窗口中的图像是否是行人。值得注意的是：目前行人检测算法的关键主要是图元特征的选取和分类器的设计。在行人检测这一过程中，可以通过集成算子库中前沿的行人检测算法构成一个具有融合功能的系统。本节中考虑系统的稳定性，主要采用目前广泛使用的特征梯度直方图（Histogram of Oriented Gradients，HOG）特征作为行人图元训练特征，采用线性支持向量机（linear Support Vector Machine，SVM）用于训练行人分类器。此外，系统提供了对应的接口用来更新鲁棒性更好的行人检测算法及图像中行人的特征提取算法和机器学习算法。

（2）样本收集。对每个监控摄像机选取人群密度较低的视频片段，因为低人群密度可以很好地保证检测的准确性，每个视频片段由摄像机 ID 唯一标识。将视频片段转换成图像序列，为便于分布式处理，使用 HIPI 接口将图像序列转换成 HIB 形式文件并上传到分布式文件系统（HDFS）上。Map 函数主要用来检测图元块中的行人，如果该图元中存在行人，将该行人图元用 P 表示，并提取行人图元的低级属性特征，如图 6.2 所示，融合多个低级特征构成特征向量 $V=(x_c, y_c, \omega, h, \varphi, l, \zeta, \theta)$，将特征向量 $(x_c, y_c, \omega, h, \varphi, l, \zeta, \theta, n)$ 添加到训练集中，其中 n 为该图元块检测出的人数。最后采用摄像机 ID 作为键，对应的训练

前景　　边缘特征　　SURF特征

图 6.2　辅助检测训练数据收集

样本集作为值，该键值对作为 Reduce 阶段的输入，当 $n=0$ 时，说明图元 P 不包含行人，因此不进行处理。

在 Reduce 阶段中，将所有标记为相同摄像机 ID 的训练样本集收集到一起，采用支持向量回归机进行训练，从而得到特定摄像机 ID 的回归映射函数，更新摄像机及场景知识元对应的关系知识元中关系映射属性实例化数据，并将该关系知识元实例化数据保存在分布式文件系统（HDFS）上。

6.2.2.2 视频分布式处理模型

视频数据分布式处理模型主要是基于 MapReduce 分布式框架模型对监控视频中行人的人数属性信息进行并行挖掘的模型，其主要框架结构如图 6.3 所示。

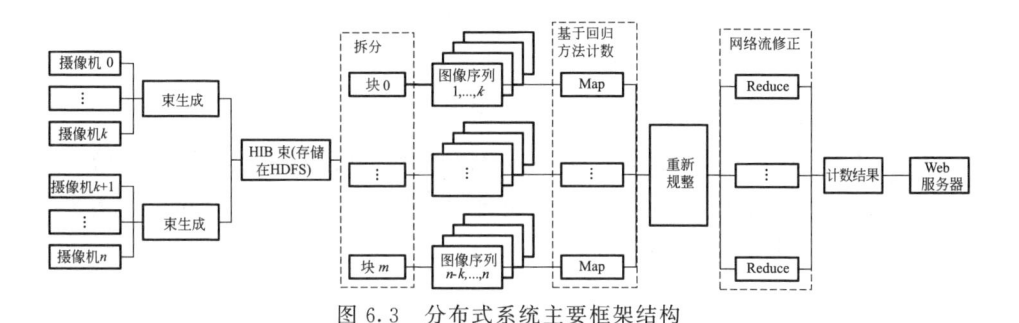

图 6.3 分布式系统主要框架结构

由于监控场景下行人的数量在短时间内不会发生较大的变化，而且监控视频的帧频一般为 24 帧/秒，因此针对每个监控摄像机录制的视频，可以采取每隔一分钟取一秒的视频进行处理，这种对视频数据的采集方式依然可以很好地满足对视频大数据的行人分析需求。分布式行人计数系统主要步骤如下：首先，从每个监控摄像机中每分钟截取一段视频，并将视频片段转换成图像序列；然后，采用 Hadoop 图像处理接口（HIPI 接口）将这些图像转换成 HIB 图像簇（bundle）；当这些 HIB 图像簇上传到 HDFS 时，自动按照设置的块大小进行拆分，并标记用于并行分布式的行人计数任务；最后，将监控摄像机信息和时间信息及估计的人数结果作为一条记录，最终保存在数据库中，如果针对具体某个视频片段，当估计的人数超过一定阈值时，则结合网络舆情信息及相关先验知识预警，并进行人工参与研判，当判断是异常事件时，将该视频片段相关信息补充到视频数据知识元库中，并将该段视频保存在 HDFS 上。

由于监控系统中每台摄像机均被分配了唯一的 ID，因此图像序列中的每张图像均有唯一标识的三元组（摄像机 ID，时间戳，帧序号）。其中时间戳为这些图像对应的录制时间，因此同一组图像序列的图像具有相同的时间戳；帧序号为该图像在同一组图像序列中的序号。

（1）在 HIB 生成阶段。对于每张图像 I_i，首先将三元组（摄像机 ID，时间戳，帧序列）添加到每张图像的 HipiImageHeader 中，然后再添加到 HIPI 图像簇中，生成 HIB 文件。所有生成的 HIB 文件均存储在 HDFS 上。

（2）在 Map 阶段。首先，设计键值对（HipiImageHeader，ByteImages）作为 Map 阶段的输入，使得 HIPI 图像头包含摄像机 ID、时间戳和图像的帧序号信息；然后，基于算子库中的图像差分算法获得相邻两帧图像的前景图元。将前景图元分成多个行人图元后，提取每个行人图元块的低级属性特征，并基于对应的回归函数得到每个行人图元的人数属性；最后，采用（摄像机 ID，时间戳）作为键，每个图元估计的人数和被分割的图像作为值。

（3）在 Reduce 阶段。首先，读取有着相同键（摄像机 ID，时间戳）的前景图像，将同一组图像序列集合到一起，并通过帧序号进行排序；然后，利用图像序列得到的行人图元序列构建有向行人图元网络，通过求解带网络流约束的二次规划模型来修正基于回归机获得的每个行人图元的人数属性，并输出在特定时间戳时特定监控场景下来源于特定监控摄像机的总人数；最后，当该场景下的总人数大于阈值时，经过人工研判确定为异常事件时，更新视频数据知识元库，并将三元组信息（摄像机 ID，时间戳，总人数）附加到视频片段中，最终保存在 HDFS 上。

（4）调度算法。依据监控场景的复杂程度和视频相关的先验信息，分别估计每个 Map 任务和 Reduce 任务所需的运行时间和网络传输时间。虽然 Hadoop 集群自带有的调度器算法，为默认的 FIFO 调度器、计算能力调度器、公平调度器、适用于异构集群的调度器和适用于实时作业的调度器，相比之下实时作业调度器更能很好地适用大规模视频数据的处理。当有治安案件发生时，需要在较短时间内得到相关联的多个监控摄像机下的行人信息时，基于时间碎片的在线任务调度算法可以很好地应对这类需求，通过即时通信得到每个计算节点上并行任务的弹性完成时间，基于同一计算节点上的时间碎片信息对任务进行调度安排，可以进一步优化并行框架在多个计算节点上 Map 任务和 Reduce 任务的调度过程，从而合理利用计算资源，加快计算速度。

6.2.2.3 实验验证

为了验证本节提出的基于 MapReduce 并行框架对于视频数据的处理有效性，主要以人群行为分析中的一个子阶段，对监控视频下的行人计数问题进行实验。由于硬件的限制，本节中的实验平台为 5 个计算机节点组成的 Hadoop 集群，分别表示为 master、slave1、slave2、slave3 和 slave4，这 5 个计算机节点的详细信息见表 6.1，这些节点相互连通构成局域网络。

表 6.1　5 个计算机节点的详细信息

设备硬件配置	master	slave1	slave2	slave3	slave4
处理器	Intel Core^{TM} i7-4790	Intel Core^{TM} i7-4790	Intel Core^{TM} i5-3570	Intel Core^{TM} i5-3570	Intel Core^{TM} i5-3570
操作系统	Fedora 20	Fedora 20	Ubuntu 14.04 LTS	Ubuntu 14.04 LTS	Ubuntu 14.04 LTS
系统位数	32 位	32 位	32 位	32 位	32 位
CPU 速度	3.5GHz	3.5GHz	3.4GHz	3.4GHz	3.4GHz
CPU 内核	8	8	4	4	4
内存	7.8G	7.8G	3.8G	3.8G	3.8G
硬盘	49.09G	49.09G	142.72G	454.5G	142.51G

分布式行人计数系统的实现依赖于 Apache Hadoop 环境和一些开源的库函数，包括 HIPI、OpenCV 和 JavaCV。由于 Hadoop 环境已经集成了 C++ 接口，所以本节使用 OpenCV 库和 C++ 编程语言完成一些基本的代码。虽然每个摄像机对应的回归映射函数通过检测辅助方法在很大程度上减少了人工的工作量，但是由于检测误差的存在，该过程仍然需要人工筛选训练数据集。由于在分布式实验测试过程中主要关注的是计算效率问题，所以仅针对分布式不同配置参数对计算效率结果进行比较。

Hadoop 环境配置中有超过 190 个参数的配置文件，其中的 25 个对 Hadoop 应用的效率具有较大的影响。通常情况下，对视频处理效率影响最大的三个参数为文件的大小、块大小和计算节点的数量。参数块大小表示上传到分布式文件系统（HDFS）上的文件需要被分割的最小单位，同时块大小也决定了 MapReduce 并行框架的 Map 的数量。参数 dfs.replication 表示上传到 HDFS 上的文件备份的数量，增加文件备份数量可以改进 Map 局部数据获取的概率，但同时也将导致存储容量的增加和系统负担的增加。

第一组实验用来验证不同文件的大小对视频数据行人计数任务的分布式运行效率的影响结果。该组实验构建5个计算节点集群，HDFS上的文件块的大小设置为128M的默认值，文件备份数量为2，唯一不同的是文件的大小。实验结果如表6.2所示。从表6.2中可以看出，随着文件大小的增加，该集群对视频数据行人人数统计任务的处理速度接近线性增加。

表6.2 不同文件大小在5个计算节点集群的处理时间的影响

文件大小/GB	处理时间/s	文件大小/GB	处理时间/s
1.3	117	5.2	459
2.6	223	6.5	536
3.9	340	7.8	631

表6.3 不同节点数量对处理时间的影响

节点数量	2.6GB数据处理时间/s	7.8GB数据处理时间/s
1	383	2096
2	303	1061
3	294	849
4	261	732
5	223	631

第二组实验用来验证不同计算机节点数量对视频数据的分布式运行效率的影响结果。实验设置文件块大小为默认的128M，设置文件备份数量为2，实验结果如表6.3所示。实验说明当文件足够大时，两个节点的处理速率接近一个节点处理速率的2倍。然而当文件备份数量为2时，节点个数分别为3、4和5时，5个节点的处理速度仅仅比4个节点处理速率增加了13.6%，这主要是因为文件上传到HDFS时，分割的所有块均随机地分布在各个节点上，当进行视频数据处理时，需要视频数据及行人计数任务处理前后信息的相互传输，这会在很大程度上受到网络传输速度的影响，因此视频处理速度不能随着计算节点的数量增加而线性增加。

第三组实验用来验证不同的块大小对视频数据分布式处理时间的影响结果。该组实验中文件的备份数量为2，文件大小设置为2.6GB，唯一不同的是分布式文件系统（HDFS）上对文件块大小的设置。实验结果见表6.4。

表 6.4　不同文件块大小对处理时间的影响

文件块大小/MB	实际处理时间/s	文件块大小/MB	实际处理时间/s
32	264	256	204
64	241	512	261
128	223		

从表 6.4 中可以看出视频数据处理时间首先随着块大小的增加而降低，然而当文件块设置为 512M 时，处理时间反而增加。主要原因是：当设置的文件块过大时，视频数据文件拆分成的块数便变少了，Map 并行处理的数量也变少了，因此，会导致一部分计算节点没有被分配处理任务。因此，当上传的视频数据大小为 2.6G 时，256M 为最合适的块大小选择。基于此，当所需处理的视频数据大小变化时，需要设置合理的块大小，从而加快对视频数据的处理速度。

6.2.2.4　小结

本节主要介绍了治安视频大数据的并行处理框架，包括多个视频数据不同任务需求的并行处理和同一个视频数据多个任务步骤的并行处理，并以人群行为分析任务中的前期阶段行人人群信息挖掘算法为例，设计相应的 Map 任务和 Reduce 任务，通过指定的关键标签实现处理数据的整合与分析，验证了该并行模型的有效性。同时针对先验知识的分布式搜集过程（包括监控场景下的人群关系知识元实例化数据回归机）可以在一定程度上减少烦琐的人工的标记工作量。针对不同任务的不同处理时间、不同计算节点的计算能力问题以及节点间的通信问题，采用在线的基于时间碎片的任务调度算法理论可以实现在合理有效使用计算资源的同时，加快视频数据的处理速度。

需要注意的是 Hadoop 集群在处理较少视频数据量时，其分布式框架的计算速度并不明显，主要适用于海量大数据的分布式处理。另外，本节算法最终将异常视频片段包括其对应的标识信息（摄像机 ID，时间戳，事件）存储在分布式文件系统上，这将便于后续的视频数据中行人信息的分析和快速的行人信息视频检索。

6.3　基于知识的行人信息挖掘相关框架的系统实现

在"十二五"科技支撑项目的示范应用过程中，针对视频监控中的行人相关信息挖掘的相关系统主要有基于典型案件和突发异常知识元的视频知识仓库系统、基于知识的海量视频行人信息挖掘系统、基于监控视频的治安案件自动预警系统和算子管理系统。其中，行人信息挖掘系统以第 3 章中的行人信息挖掘框架为基础，集成了第 4 章中的骨架属性挖掘算法、第 5 章中的人数信息挖掘算法及 6.2 节中的分布式算法，完成了行人知识元的实例化过程，即从行人图元中提取知识元属性，并依据大量样本集得到行人图元的共性知识元属性，从而利用先验知识模糊规则化方法实现治安监控视频的行人群体性行为识别过程；而自动预警系统则实现了依据行人行为分析的结果进行实时预警的过程；算子管理系统将视频图像处理过程中的算法以最小细粒度的算子形式进行管理，可以灵活地选取、添加和完善算子，完成行人信息挖掘任务，并降低多任务导致的算子的冗余度。

6.3.1 基于典型案件和突发异常知识元的视频知识仓库系统

视频知识仓库系统主要是结合公安侦破案件的实例，将面向多个业务的知识库，包括典型案件行为特征、突发案件特征属性、异常情况案例库等，进行知识结构化，并以知识元模型为工具对案件视频片段进行组织的视频知识仓库系统。视频知识仓库系统整体上以全局基础概念树的管理思想，基于 Web2.0 思想实现知识元的获取、筛选、清洗、审计等标准化操作；按照既定的分类规则，实现视频图像相关知识元及其属性的管理；同时以规则或映射函数的形式来体现知识元模型要素间的关系约束，因此是视频综合平台的核心构件。视频知识仓库系统的体系架构如图 6.4 所示。

视频知识仓库系统主要从知识获取层、知识库层、功能层和表现层四个层次进行体现。

知识获取层主要分为知识元实例化、事件元实例化和规划实例化。其中，知识元实例化数据分别来源于视频图像数据，主要过程为：视频图像数据中采用算法库中的特征提取算法进行行人的基本属性信息及图元属性信息的提取挖掘，并以行人属性信息对行人知识元实例化数据进行补充，行人属性信息间的关系映射对关系知识元实例化数据进行补充，以及视频数据的来源场景与监控设备涉及的知识元以及关系知识元实例化数据进行补充；事件知识元主要来源于万维网知识源和人类先验知识，主要过程为：通过将网络信息在人类先验知识的指导下采用数据挖掘方法进行舆情信息和事件信息提取，然后融合视频数据中行人属性信息

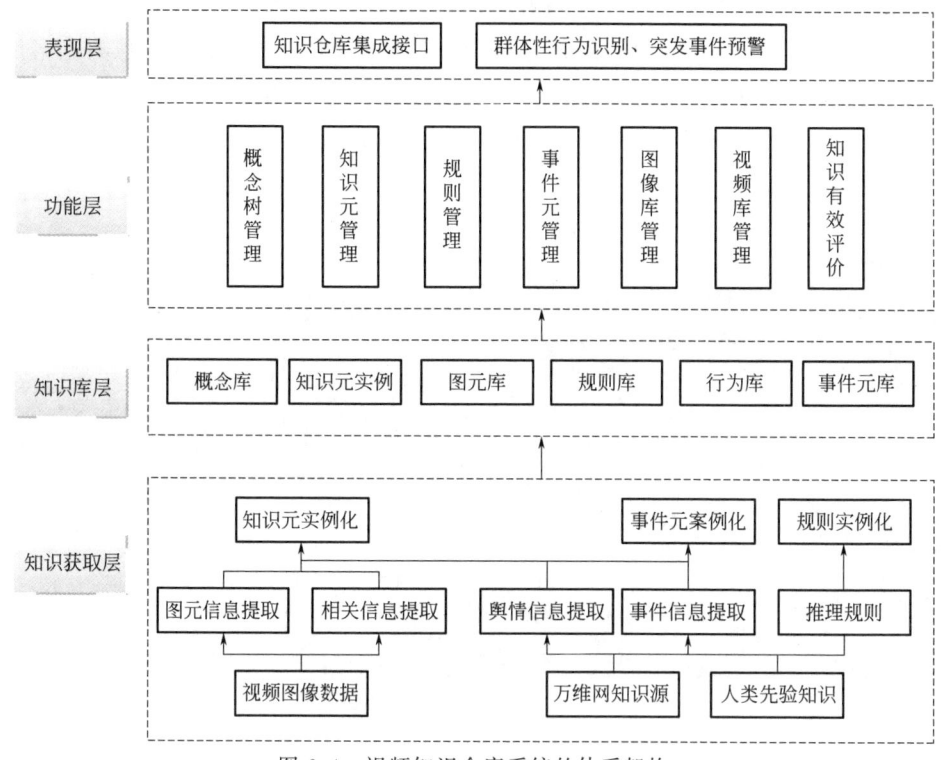

6　行人信息分布式挖掘方法及系统实现

图 6.4　视频知识仓库系统的体系架构

的提取结果对事件元实例化数据进行补充；规则实例化主要来源于万维网知识源和人类先验知识，通过将这些知识对行人行为分析相关的推理规则进行归纳总结，实现对规则实例化数据的补充。

知识库层主要包括了概念库、知识元实例、图元库、规则库、行为库及事件元库。其中，概念库主要基于中国分类主题词表中的主题通过人工搜集的方式进行补充完善；图元库主要包括行人行为相关的行人图元及监控场景基于图像分割算法得到的场景事物图元；知识元实例主要来源于知识获取层中对视频数据的处理过程、万维网知识源及人类先验知识。其余的库数据也主要来源于视频数据处理过程中所得到的信息及人类先验知识，这些库数据与3.3节中定义的相关库是一致的。

功能层主要包括了概念树管理、知识元管理、规则管理、事件元管理、图像库管理、视频库管理及知识有效评价。需要注意的是该视频知识仓库系统存储的知识既包含人工直接上传入库的知识，也包括业务系统和外部系统操作处理后自动存储的知识，是一个集成的知识集合。采用知识元模型对海量有效视频片段、视频特征和行人属性信息进行组织管理，为在海量视频数据中快速定位典型案件及视频提供有力的保证。该系统基于 Java 语言开发，操作模式为 B/S 结构，知识体系存储于关系型数据库 Oracle 中，并与 Hadoop 实现集成互动。知识仓库系统功能首页如图 6.5 所示。

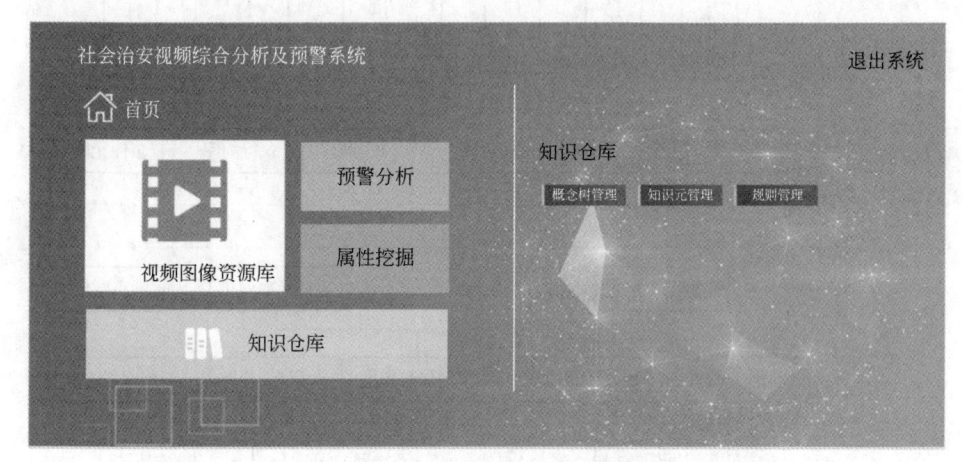

图 6.5　知识仓库系统功能首页

知识仓库系统功能界面只包含了功能层的概念树管理、知识元管理和规则管理三大组成部分。

6.3.1.1　概念树管理

概念树管理主要是以中国分类主题词表中的主题为基础，以概念树为表现形式，为建立知识元提供基础、统一的概念，形成完整的概念体系。

6.3.1.2　知识元管理

知识元管理主要是按照既定的分类规则，对概念树中建立的概念进行分类、编辑，形成所需要的知识元形式，涉及的相关知识元为第 3 章中定义的知识元类别。

(1) 知识元管理的内容。视频数据处理过程所需的所有相关知识单元。包括人群、人、行为、事件、监控环境、监控摄像机及监控场景等。另外，事件元管理也属于知识元管理范畴。

(2) 知识元的属性管理。指定具体一类基础知识元，如"人"的知识元，可得到人的三类属性，即状态、输出、输入，其状态属性包括行人涉及的多个属性特征，包括基本属性和图元属性。其中图元属性的挖掘主要基于机器学习对图像资源库中的行人样本图像集进行图元属性挖掘得到，并采用 TXT 文件形式对行人图元的属性特征进行描述存储，以指定规则对文件进行命名，该文件包含了机器学习分类的具体参数信息在内的信息描述。

6.3.1.3 规则管理

规则管理主要是以结构表、规则表等形式描述管理监控视频数据中异常群体性事件识别过程涉及的相关规则。识别过程涉及的规则主要有知识元模型要素间的关系约束映射规则、视频图像中行人部分属性信息（如衣着样式信息、衣着颜色信息）挖掘的先验规则表以及基于先验知识对多个属性融合实现单人及群体性行为识别的模糊逻辑规则。该规则管理的主要功能是通过对知识元模型的选择，来实现规则的显示、增删改等基本功能，并可以通过相关的关键字，进行规则的检索。其中，规则的增加与修改功能是在对相关先验知识及视频图像库处理结果的基础上增加人工参与筛选的方式实现的。

6.3.2 基于知识元的海量视频行人属性信息挖掘系统

该系统主要是实现 Hadoop 大数据环境下基于 Map/Reduce 并行框架的视频图像的低级特征向高级语义信息的分布式转换，和基于人工智能技术和知识管理方法对海量视频中的有效信息进行存储和挖掘研究，最终实现基于视频片段和图元的有效图像识别和属性记录。该视频行人属性信息挖掘系统主要包含：①从大量视频数据中自动提取隐含的、有效的模式或知识，为使用者提供深层次视频分析的智能支持；②从视频图像资源库和行为图像库中分别抽取和学习行人以及行人行为图像特征的共性特征，为监控视频处理过程中行人检测、行人识别和场景下的行人行为分析提供知识支持；③结合机器学习算法和逻辑推理方法，确定视频图像相关知识元属性间的映射关系和视频图像中行人图元属性间的关系映射，实现视频内关系知识元实例化数据的有效挖掘和记录。

行人属性挖掘系统首页如图 6.6 所示。

行人属性信息挖掘系统包括视频图像中行人图元共性属性的挖掘和视频图像过程中行人图元具体属性信息的挖掘。其中行人图元共性属性的挖掘主要针对已构建的图像资源库基于规则推理和机器学习方法进行学习挖掘，并采用关系知识元模型和 xml 形式对挖掘得到的共性特征进行组织和存储；行人图元具体属性信息挖掘主要包括在先验知识的指导下对视频图像中行人进行的检测定位、行人图元衣着属性特征的识别、行人图元骨架属性特征的提取及多摄像机下的行人的相似度分析。

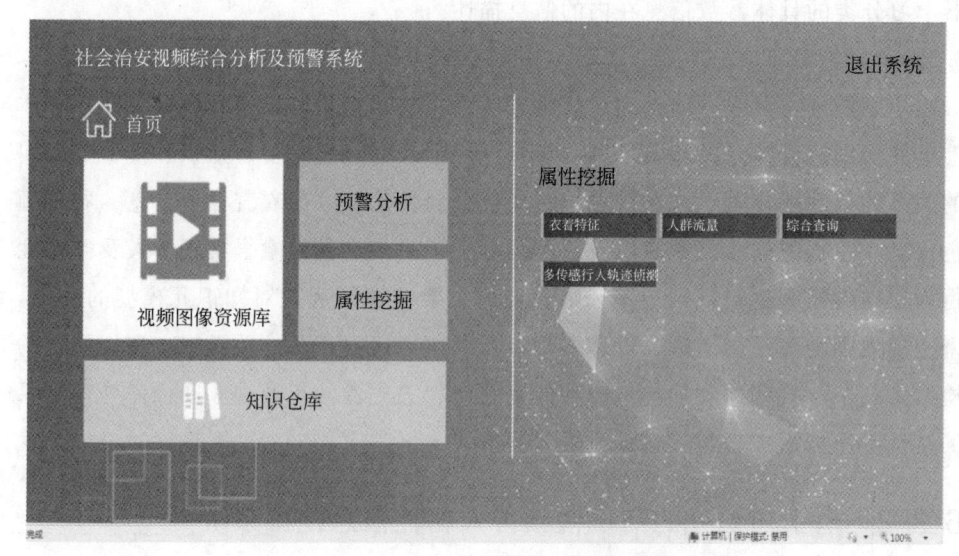

图 6.6　行人属性挖掘系统首页

其中，行人图元的衣着属性信息包含行人衣着样式特征和行人衣着颜色特征，多用于监控场景下行人数量统计问题、视频数据中的行人跟踪问题和多摄像机下的行人再识别问题。首先依据行人知识元中行人各部位比例关系，将行人进行分割，得到上身和下身的估计位置；然后仅针对行人上身衣着特征进行分析，采用已存储的相关规则与统计特征学习结合的方式进行分类，主要分为方格、横条纹、竖条纹、纯色和混色五种样式；最后依据基于图像库得到的衣着特征信息对视频图像中的行人进行分别提取。

行人图元骨架属性特征的提取主要依赖第 4.2 节中提出的快速骨架属性提取算法，并将深度学习算法作为辅助。视频图像中行人的检测定位主要依赖于前沿的行人检测算法进行行人的提取。

多摄像机下的行人的相似度分析主要是行人的再识别问题，即给定一个待查找的人，查找指定场景关联及二次关联的监控数据中是否出现过这个行人。如果出现过，给出具体的位置，继续关联摄像机的视频数据，从而实现多传感器端行人的轨迹跟踪问题。该功能的主要模块有：①基于场景和监控摄像机信息获取对应的视频数据；②对每个视频数据采用行人检测方法实现行人的检测；③对检测到的行人提取属性特性，并构建匹配算法实现行人的检索；④实现该行人在视频数据中的跟踪。关键技术为：行人检测和行人匹配对特征的选择、训练策略的选取及行人检索的排名优化。

综合查询功能提供了一个以事件类别、事件地点、行人衣着特征、目标行人图片、时间区间为维度的综合查询体系，基于并行框架为社会治安案件的快速检索提供支持。该查询功能具有数据转存处理功能，即可以依据业务需求实现对视频数据信息的深层次挖掘，实现对相关视频数据中行人信息的检索，最后结合人工参与最终的判断，以缩短信息的搜集周期，从而提高对异常事件的决策处理速度。

6.3.3 基于监控视频的治安案件自动预警系统

基于监控视频的治安案件自动预警系统主要服务于分布式存储的视频数据，用于协调整个监测过程。该系统对摄像机端视频提供相应的分析和控制服务，以及对监控人员操作后的视频提供各类的检查、显示和调整服务，并能够形成事件判别的结果报告和状态报告，从而为治安人员提供更加可靠的现场状况，并提供决策支持和备案视频图像信息。

预警分析模块分为智能工具集和多维预警两大部分。其中智能工具集模块除了集成了视频数据中前沿的行人属性挖掘算法、本书中提出的行人骨架属性挖掘算法和人群人数信息挖掘算法、行人单人行为和群体性行为识别方法外，还集成了海康威视（HIK VISION）的网络摄像机的功能。海康威视的智能摄像机具有一定的智能识别功能，其识别功能主要包括人员聚集、入侵区域、离开区域和人脸侦测等。多维预警模块主要包括基于监控摄像机端的快速预警分析、基于异常突发事件的预警分析和综合预警分析。

基于监控视频的治安案件自动预警系统的首页如图 6.7 所示。

该系统相关的功能主要包括集成本书中提出的及其他学者提出的相关算法、海康威视网络摄像机相关算法的二次分析开发。其中，本书中提出的相关算法主要以人群流量报警切分为例进行阐述。

6.3.3.1 人群流量报警切分

人群流量报警切分这一功能可提供监控场景下的人员流量数据，显示当前人

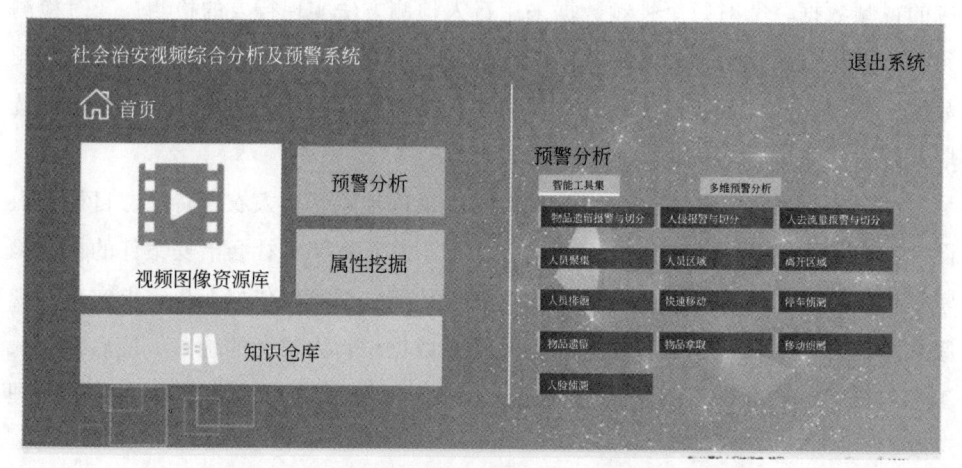

图 6.7 基于监控视频的治安案件自动预警系统首页

数状态和变化趋势，用于掌握监控区域行人的总数量，并为相关管理方提供有效参考；同时，也便于当监测到监控场景中人群数量过多时，可以进行及时预警控制，避免造成因人员过多而引起的拥挤和踩踏等异常事件发生。当场景人数超过预先设定的阈值时，进行预警并且以记录的形式进行描述，最后将该条报警信息所涉及的时间段对视频进行切分，结合报告记录将视频片段组织后存储至分布式文件系统中。

6.3.3.2 海康威视网络摄像机二次分析开发

海康威视网络摄像机提供了多种 Smart 事件的检测预警功能，主要包括了入侵检测预警、快速移动预警、物品遗留预警等，但是目前的网络摄像机的预警精度距离实际应用还存在一定距离，因此需要利用其提供的设备网络 SDK 工具包进行二次开发，即添加人工研判过程和集成计算机视觉领域中的前沿算法。当异常事件真实发生时，则将当前监控场景下的视频片段添加元数据信息描述，并及时存储至分布式文件系统中，便于公安人员对社会突发事件的管理；同时基于视频数据的分析结果以视频或者图像的形式对行人行为图像库、行为库和视频图像资源库进行补充完善。

基于事件的预警分析页面可以实现监控摄像机下的已发生的不同社会治安事件的查询，该查询结果以图像和视频片段形式进行显示。

由于天气等自然因素的影响及目前视频数据分析技术的局限性，该预警系统并不能覆盖所有的社会治安异常事件，也不能取代人工对监控场景进行自动监控与异常事件预警。但该系统具有如下特点：

（1）基于监控端和服务端的交互协同，进行目标及其突变行为的识别分析，可以较好地实现效率、效果和成本之间的平衡，在一定程度上满足实际的需求。

（2）一方面，基于知识元模型进行资源、知识、数据和算法的管理，通过基础知识元之间的映射关系、基础知识元基础属性与图元属性间的映射关系、基础知识元图元属性间的映射关系以及人机协同的方式，在先验知识的指导下，可有助于进一步提升预警的准确性，从而减少人员参与数量和参与工作量，降低人力成本。另一方面，由于人员的注意力机制的影响，人类的精力集中时间具有一定的限制，基于监控视频数据中对行人行为一定的自动监控与预警，可以有效降低监控误差，并很好地实现异常行为及异常事件的预警，降低异常事件带来的损失。

总结：本章首先提出了治安视频大数据的分布式处理框架，并以5.3节中行人计数算法为例，搭建了针对多来源监控视频的行人人数统计的分布式处理框架，实现视频数据的分布式处理；然后将本书中的治安视频数据中的行人行为信息挖掘相关算法集成到"十二五"科技支撑项目——"基于物联网的社会治安视频分析技术研究及应用示范"中，解决了该项目中的核心技术问题，为公安业务人员提供了决策支持。该项目主要实现了人群流量与聚集、入侵检测、行人群体性行为的识别等功能，以及多类较复杂场景下的异常群体性事件的智能预警，在一定程度上缓解了公安业务人员的监控压力，并基于视频数据信息挖掘和预警分析的结果实现有效视频片段的切分和查询，最后将有效视频片段或图像对知识仓库系统进行补充完善，便于行人重要属性信息的检索查询。

随着"天网"工程、智能安防的不断推进，以及相关研究成果的进一步完善及扩展，基于在知识工程的视频数据中的行人监控系统在治安视频分析与应用领域的推广前景将更加广阔。

7 结论与展望

7.1 研究结论

　　近年来,暴力袭击事件、游行示威和人员聚集、群体踩踏等社会突发治安事件在国内外频繁发生,使得治安监控视频大数据中的行人群体性行为分析问题成为智能安防建设中的首要问题之一。行人的突发异常行为通常可以由行人图元的不同属性信息表征,当遇到突发事件时,监控区域内行人图元的属性信息通常会发生较明显的变化。本书主要基于知识元模型研究了视频大数据中行人的骨架属性、人数属性和行为信息的挖掘问题,取得了一些创新性结论,并在"十二五"科技支撑项目子课题项目中进行书中算法的集成实现及行人属性信息挖掘等相关系统的研发实现。本书中提出的基于知识工程的行人行为识别方法可以智能地发现城市公共场所中异常群体性事件发生的端倪,有助于为公安业务人员提供及时预警信息,辅助其采取相应的应急管理策略,为解决社会公共安全管理问题提供了智能性手段。本书的主要研究工作及结论包括以下几个方面。

　　(1) 基于知识元及其图元属性的治安视频大数据行人行为信息挖掘框架。本研究以人类视觉系统认知理论为基础,以治安监控场景下的行人行为识别为主线,针对多摄像机录制的海量视频数据,定义了视频图像中行人行为识别过程中涉及的基础知识元、关系知识元,采用知识元模型对行为信息挖掘过程所涉及的知识进行综合管理。本书框架模型可以很好地实现行人及公安业务相关知识的管理,基于知识元模型的摄像机、监控场景知识、行人属性知识及行人行为知识的管理,可以很好地适应大数据环境下的行人信息分析。该框架指导了视频大数据中的行人图元骨架属性及行人图元人数属性的挖掘过程,实现了基于先验知识的单人行为和群体性行为的识别,并将识别过程的中间结果和最终结果以相关基础

7 结论与展望

知识元和关系知识元实例化数据的形式保存至分布式文件系统中。实际项目中的应用系统验证了该模型的应用价值。

(2) 基于知识元的骨架属性的单人行为识别方法研究。首先，采用视频图像处理算法对视频数据前景行人图元进行提取，并以行人轮廓的形式进行表达、存储和管理；接着，基于离散曲线演化算法实现单人图元的轮廓形状的简化得到行人图元的轮廓多边形，在此基础上，基于截线簇（水平截线簇和垂直截线簇）对形状多边形进行截取，得到单人图元的近点骨架点；下一步，基于图结构理论得到连通的骨架；通过对已定义的简单的单人行为进行骨架结构数据的分析，将图像序列中人的骨架属性先验知识进行模糊量化，提出了基于单人图元骨架属性的单人行为识别方法。数据集上（网络公布的数据集及录制的视频数据集）的骨架化实验结果说明，本书提出的骨架化算法对于单人图元具有较好的提取精度，其提取的骨架采用图结构的形式进行描述，需要存储的骨架点较少，这不仅节省了存储空间，而且提取的骨架属性可以很好地表达行人当前的肢体状态；在处理速度上，所提出的快速骨架化算法平均每秒可以处理 7~8 帧图像，在采用多线程或者进行适当的代码优化后完全可以满足视频实时处理的需求。网络公布的部分数据集上的单人行为识别实例说明在精确得到单人图元骨架属性信息的前提下，基于骨架端点的分布信息及单人图元的轮廓属性信息可以很好地实现行人行为的识别。

(3) 基于知识的行人群体性行为识别方法研究。首先，基于视频图像处理算法获取到前景行人图元；其次，基于视频数据中行人图元间的时空特征，构建了行人图元网络流模型，通过求解带网络流约束的二次规划模型来修正人群知识元的多人图元低级属性与人数属性的映射关系；再次，为进一步解决摄像机透视问题对行人图元人数属性提取的影响，提出了图元网格直方图特征，并给出了对初始构建的图元网络的收缩方法；最后，基于单人行为知识、场景下的人群数量变化信息和场景中行人速度突变信息等信息对行为识别关联关系的先验知识，提出了基于模糊逻辑规则的群体性行为识别方法，结合行人相关属性信息对群体性行为进行识别。针对提出的模型进行了实例验证，标准数据集上的实验结果表明，构建的行人图元网络层数越多则多人图元人数属性的提取精度越高，多数情况下可以修正仅基于回归算法的预测精度；与目前文献算法（深度学习算法除外）的对比实验说明，针对大多数视频数据，基于行人图元网络模型的图元人数属性挖掘算法可以得到明显的改进效果，而且得到较低的平均误差；基于图元直方图特征所得到的计数精度要高于未改进前的采用简单多人图元特征的计数精度。标准数据集上的行人群体性行为识别实例说明，当场景中较多人出现速度突然变化时，则可以认为场景中出现异常群体性行为。项目应用实践表明基于先验知识的群体性行为识别方法具有较高的准确性。

（4）基于 MapReduce 并行框架的多摄像机视频分布式处理方法研究。针对大量高清摄像机所录制的视频数据的数据量巨大、单机处理速度慢等问题，搭建了 Hadoop 大数据环境集群，设计分布式视频图像处理算法实现了集群上的视频数据行人属性信息的并行挖掘。以监控视频中行人人数统计需求为例，设计 MapReduce 并行框架，实现多摄像机视频数据行人的分布式统计，在少量节点上的仿真实验验证了该并行算法设计的合理性和有效性。

7.2 研究展望

本书主要针对社会治安视频监控系统中行人行为信息的挖掘算法进行初步研究，考虑到监控场景中行人之间可能会存在相互遮挡的情况，以及监控摄像机透视问题导致的视频图像中行人遮挡显示的情况，将可分离出的单个行人进行单人图元的属性特征提取，而将较难分离的行人集合作为多人图元进行属性特征提取，并在先验知识的指导下对群体性行为进行识别，通过将多个模型算法集成融合实现了在公安视频监控中的应用。虽然取得了一定的研究成果，但是由于视频处理技术的限制和研究精力的限制，依然还存在些许不足，一些问题还有待于进一步研究。在未来的研究中，我们主要从以下几个方面进行改进。

（1）刑侦业务角度的治安视频中行人的复杂行为识别。在本书应用示范章节中介绍的行人异常行为分析，仅限于简单行为的识别，如遗留检测、入侵检测、人群流量统计和速度突变行人数量等简单行为。这与刑侦业务需求还存在一定的距离，刑侦业务的主要需求是期望视频监控系统可以智能识别出包含治安管理事件在内的暴力袭击事件、踩踏事件等复杂行为。因此下一步工作将通过构建更复杂的行为库，并结合更多关于行人图元属性的先验知识，以及机器学习和其他统计学习算法,在视频处理过程中智能地对行人的复杂行为进行分类研究。

(2) 多人图元人数属性挖掘算法的改进。本书中提出的多人图元人数属性挖掘算法,在标准数据集上相比文献中算法有较大提升,但其结果精度较大地依赖于视频数据前景行人分割的准确度。当监控场景较为复杂时,加上光照因素、天气因素的影响,受限于目前前景行人分割算法的精确度,视频图像中行人图元人数属性提取精度会受到较大的影响。因此,一方面,将基于目前文献中的前沿前景行人分割算法进行改进;另一方面,将从人群密度估计角度对监控场景下的人群进行管理控制,即针对视频图像库中不同人群密度的图像,通过机器学习方法、深度学习方法等前沿稳定方法对不同密度的人群特征进行学习分类,并基于视频图像库获取不同人群密度信息相关的知识,作为先验知识指导视频图像的处理。

(3) 在多个模拟异常事件的视频数据中实现行为识别方法的验证。下一步工作中,将本书中提出的基于知识的行人行为识别方法在多个视频数据中进行分析研究,以便于更好地验证本书中行为识别方法的普适性和有效性,并依据不同视频数据的特点,对书中算法进行完善。

(4) 治安视频监控系统的视频大数据的进一步分析。本书主要以视频监控中的人数统计算法为例,在 Hadoop 集群环境中进行了分布式实现。针对海量的视频数据,包括原始视频文件和处理之后得到的异常事件视频片段,不仅在视频处理过程中需要采用并行算法实现视频数据的快速处理,而且对图像及视频片段的快速有效检索也可以减少刑侦业务人员的工作量,从而节省人力物力。因此,针对刑侦业务需求,将进一步研究多监控视频处理需求算法的并行实现,包括监控视频数据中行人其他属性的挖掘、行人在视频图像中的检索及视频片段的并行检索等。

参 考 文 献

[1] 新华社.中华人民共和国国民经济和社会发展第十二个五年规划纲要 [EB/OL]. [2020-09-12]. http://www.gov.cn/2011lh/content_1825838_10.htm.

[2] 新华社.中华人民共和国国民经济和社会发展第十三个五年规划纲要 [EB/OL]. [2020-09-12]. http://www.cma.org.cn/attachment/2016322/1458614099605.pdf.

[3] 新华社.中华人民共和国国民经济和社会发展第十四个五年规划和2035年远景目标纲要 [EB/OL]. [2020-09-12]. http://www.gov.cn/xinwen/2021-03/13/content_5592681.htm.

[4] 吴映霞.智能安防成就智慧城市 [J].中国公共安全（学术版），2014（8）：92-93.

[5] 许庆瑞，吴志岩，陈力田.智慧城市的愿景与架构 [J].管理工程学报，2012，26（4）：1-7.

[6] 李涵.大数据技术，助力安防视频监控迈入"智能时代" [J].中国公共安全（学术版），2015（11）：42-44.

[7] 史忠植.认知科学 [M].合肥：中国科学技术大学出版社，2008.

[8] 徐守盛.以习近平总书记系列重要讲话精神为引领 切实担负起维护公共安全和社会稳定的政治责任 [J].长安，2016（1）：22-25.

[9] Guus Schreiber.知识工程和知识管理 [M].史忠植，梁永全，吴斌，等，译.北京：机械工业出版社，2003.

[10] 史忠植.高级人工智能：2版 [M].北京：科学出版社，2006.

[11] 腾讯研究院.从知识工程到知识图谱全面回顾 [EB/OL]. [2019-05-06]. http://baijiahao.baidu.com/s?id=1632766020084640117&wfr=spider&for=pc.

[12] 肖仰华.知识图谱与认知智能 [EB/OL]. [2019-10-18]. http://kw.fudan.edu.cn/resources/ppt/workshop2018.

[13] 张钹，朱军，苏航.迈向第三代人工智能 [J].中国科学：信息科学，2020，50（9）：1281-1302.

[14] 中国人工智能学会.中国人工智能发展报告2020 [EB/OL].http://static.aminer.cn/misc/pdf/zpAIreport2020.pdf.

[15] 维基百科——知识.http://wc.yooooo.us/d2lraS8lRTclOUYlQTUlRTglQUYlODYhemg=.

[16] 王延章.模型管理的知识及其表示方法 [J].系统工程学报，2011，26（6）：850-856.

参考文献

[17] Bobrow D G, Collins A M. 1975. Representation and understanding: studies in cognitive science [M]. New York: Academic Press.

[18] 李艳灵,李刚.图论及其在图像处理中的应用 [M].北京:清华大学出版社,2014.

[19] 杨一心.人脑视觉机理 [EB/OL].[2020-01-06].http://zhuanlan.zhihu.com/p/79373989.

[20] 刘建龙.基于图论的图像分割算法研究 [D].哈尔滨:哈尔滨工业大学,2006.

[21] 郭少友,常桢,窦畅.国内知识元研究综述 [J].图书馆理论与实践,2014(11):38-41.

[22] 高国伟,王亚杰,李永先.我国知识元研究综述 [J].情报科学,2016,34(2):161-165.

[23] 高继平,丁堃,潘云涛,等.知识元研究述评 [J].情报理论与实践,2015,38(7):134-138.

[24] 温有奎.基于"知识元"的知识组织与检索 [J].计算机工程与应用,2005,41(1):55-57.

[25] 温浩,温有奎,王民.基于模式识别的文本知识点深度挖掘方法 [J].计算机科学,2016,43(3):279-284.

[26] 化柏林.学术论文中方法知识元的类型与描述规则研究 [J].中国图书馆学报,2016(1):30-40.

[27] 高劲松,马倩倩,周习曼,等.文献知识元语义链接的图式存储研究 [J].情报科学,2015(1):126-131.

[28] 许春漫.泛在知识环境下知识元的构建与检索 [J].情报理论与实践,2014,37(2):107-111.

[29] 魏伟,郭崇慧,唐琳,等.基于知识元的文献挖掘研究——以粤海关文献资料为例 [J].情报科学,2017,35(6):138-144.

[30] 李贺,杜杏叶.基于知识元的学术论文内容创新性智能化评价研究 [J].图书情报工作,2020,64(1):93-104.

[31] 石湘,刘萍.基于知识元语义描述模型的领域知识抽取与表示研究——以信息检索领域为例 [J].数据分析与知识发现,2021,5(4):123-133.

[32] XU N, WANG L, et al. Extracting domain knowledge elements of construction safety management: rule-based approach using chinese natural language processing [J]. Journal of Management in Engineering, 2021, 37(2): 04021001.

[33] 许鹏程,毕强.基于知识超网络的领域专家识别研究 [J].数据分析与知识发现,2019,3(11):89-98.

[34] 毛平,剧晓红.基于知识超网络的人文社科专题数据库数据资源聚合研究[J].信息资源管理学报,2020,10(5):38-47,54.

[35] 高国伟,段佳琪.基于知识超网络的碎片化知识非线性融合模型研究[J].情报科学,2020,38(1):17-23.

[36] 王宁,郭玮,黄红雨,等.基于知识元的应急管理案例情景化表示及存储模式研究[J].系统工程理论与实践,2015(11):2939-2949.

[37] 管清云,陈雪龙,王延章.基于距离熵的应急决策层信息融合方法[J].系统工程理论与实践,2015,35(1):216-227.

[38] 陈雪龙,镇培.知识网络的知识完备性测度方法研究[J].情报学报,2014,33(5):610-614.

[39] 卢小丽,于海峰.基于知识元的突发事件风险分析[J].中国管理科学,2014,22(8):108-114.

[40] 王宁,路国粹,郭玮.面向突发事件规则推理的问题域特征网络模型[J].大连理工大学学报,2015,55(6):644-649.

[41] 于海峰,王延章,卢小丽,等.基于知识元的突发事件风险熵预测模型研究[J].系统工程学报,2016,31(1):117-126.

[42] 张磊,王延章,陈雪龙.基于知识元的非常规突发事件情景模糊推演方法[J].系统工程学报,2016,31(6):729-738.

[43] 张磊,王延章.考虑知识模糊性的应急决策知识融合方法[J].系统工程理论与实践,2017,37(12):3235-3243.

[44] 王宁,谢晓珊,刘海园.基于案例的突发事件推演规则验证方法[J].系统工程学报,2019,34(2):145-157,237.

[45] 孙琳,王延章.基于知识元的多源竞争情报融合方法研究[J].情报杂志,2017,36(11):65-71.

[46] 孙琳.基于证据理论的产品情报知识元多属性融合方法研究[J].现代情报,2018,38(10):65-72+77.

[47] 付瑞.基于知识元的图像识别方法研究[D].大连:大连理工大学,2014.

[48] LIU W, MILLER P, Ma J, et al. Challenges of distributed intelligent surveillance system with heterogenous information [J]. Procs. of QRASA, Pasadena, California, 2009:69-74.

[49] HAERING N, VENETIANER P L, LIPTON A. The evolution of video surveillance: an overview [J]. Machine Vision and Applications, 2008, 19(5):279-290.

[50] PORIKLI F, BREMOND F, DCOKSTADER S L, et al. Video surveillance: past,

present, and now the future [DSP Forum] [J]. IEEE Signal Processing Magazine, 2013, 30 (3): 190-198.

[51] 黄凯奇, 陈晓棠, 康运锋, 等. 智能视频监控技术综述 [J]. 计算机学报, 2015, 38 (6): 1093-1118.

[52] SHAH M, JAVED O, SHAFIQUE K, et al. Automated visual surveillance in realistic scenarios [J]. IEEE MultiMedia, 2007, 14 (1): 30-39.

[53] WANG G, TAO L, DI H, et al. A scalable distributed architecture for intelligent vision system [J]. IEEE Transactions on Industrial Informatics, 2012, 8 (1): 91-99.

[54] 顾基发. 协同创新-综合集成-大成智慧 [J]. 系统工程学报, 2015, 30 (2): 145-152.

[55] LEE S C, NEVATIA R. Hierarchical abnormal event detection by real time and semi-real time multi-tasking video surveillance system [J]. Machine vision and applications, 2014, 25 (1): 133-143.

[56] 颜志国, 徐峥, 梅林, 等. 下一代公共安全视频监控系统的大数据分析 [J]. 上海大学学报 (自然科学版), 2016, 22 (1): 81-87.

[57] NAZARE A C, SANTOS C E, FERREIRA R, et al. Smart surveillance framework: A versatile tool for video analysis [C]. Workshop on Applications of Computer Vision, 2014: 753-760.

[58] NAZARE Jr A C, SCHWARTZ W R. A scalable and flexible framework for smart video surveillance [J]. Computer Vision and Image Understanding, 2016 (144): 258-275.

[59] YADAV D K, SINGH K, KUMARI S. Challenging issues of video surveillance system using Internet of Things in cloud environment [C]. International Conference on Advances in Computing and Data Sciences. Springer, Singapore, 2016: 471-481.

[60] CHEN Y, HU R, XIAO J, et al. Multisource surveillance video data coding with hierarchical knowledge library [J]. Multimedia Tools and Applications, 2019, 78 (11): 1-27.

[61] WANG J, XIA L, HU X, et al. Abnormal event detection with semi-supervised sparse topic model [J]. Neural Computing and Applications, 2018: 1-11.

[62] WRIGHT J, YANG A Y, SASTRY S S, et al. Robust face recognition via sparse representation [J]. IEEE Transactions on Pattern Analysis & Machine Intelligence, 2008, 31 (2): 210-227.

[63] PARKHI O M, VEDALDI A, ZISSERMAN A. Deep face recognition [C]. British Machine Vision Conference, 2015: 41.1-41.12.

[64] SUN Y, WANG X, TANG X. Sparsifying neural network connections for face recognition [C]. Computer Vision and Pattern Recognition, 2016: 4856-4864.

[65] SUN Y, WANG X, TANG X. Deeply learned face representations are sparse, selective, and robust [J]. Computer Vision and Pattern Recognition, 2015: 2892-2900.

[66] VIOLA P, JONES M J. Robust real-time face detection [J]. International Journal of Computer Vision, 2004, 57 (2): 137-154.

[67] LI H, LIN Z, SHEN X, et al. A convolutional neural network cascade for face detection [C]. Computer Vision and Pattern Recognition. IEEE, 2015: 5325-5334.

[68] RANJAN R, PATEL V M, CHELLAPPA R, et al. HyperFace: A deep multi-task learning framework for face detection, landmark localization, pose estimation, and gender recognition [J]. arXiv: Computer Vision and Pattern Recognition, 2016.

[69] WANG X, GUO R, Kambhamettu C. Deeply-learned feature for age estimation [C]. IEEE Winter Conference on Applications of Computer Vision. IEEE Computer Society, 2015: 534-541.

[70] DEVENDRAN, NAGARAJAN. A preliminary survey on recognizing clothing styles of people for intelligent image understanding [C]. International Conference on Innovations in Computer Science and Technology, 2016: 1-6.

[71] JUNIOR J C S J, JUNG C R, MUSSE S R. Skeleton-based human segmentation in still images [C]. IEEE International Conference on Image Processing, 2013: 141-144.

[72] HTIKE K K, KHALIFA O O. Comparison of supervised and unsupervised learning classifiers for human posture recognition [C]. International Conference on Computer and Communication Engineering. IEEE, 2010: 1-6.

[73] Zhao B, Chen S. Realtime feature extraction using MAX-like convolutional network for human posture recognition [C]. International Symposium on Circuits and Systems, 2011: 2673-2676.

[74] CIKA P, ZUKAL M, LIBIS Z, et al. Tracking and speed estimation of selected object in video sequence [C]. International Conference on Telecommunications and Signal Processing, 2013: 881-884.

[75] MOKHBER A, ACHARD C, MILGRAM M. Recognition of human behavior by space-time silhouette characterization [J]. Pattern Recognition Letters, 2008, 29 (1): 81-89.

[76] LAPTEV I. On space-time interest points [J]. International Conference on Computer Vision, 2005: 107-123.

参考文献

[77] LAPTEVI, LINDEBERG. Space-time interest points [C]. International Conference on Computer Vision, 2003: 432-439.

[78] WANG H, KLASER A, SCHMID C, et al. Dense trajectories and motion boundary descriptors for action recognition [J]. International Journal of Computer Vision, 2013, 103 (1): 60-79.

[79] WANG H, SCHMID C. Action recognition with improved trajectories [C]. International Conference on Computer Vision, 2013: 3551-3558.

[80] LAPTEV I, MARSZALEK M, SCHMID C, et al. Learning realistic human actions from movies [C]. Computer Vision and Pattern Recognition, 2008: 1-8.

[81] TAYLOR G W, FERGUS R, LECUN Y, et al. Convolutional learning of spatio-temporal features [C]. European Conference on Computer Vision, 2010: 140-153.

[82] KARPATHY A, TODERICI G, Shetty S, et al. Large-scale video classification with convolutional neural networks [C]. Computer Vision and Pattern Recognition, 2014: 1725-1732.

[83] CHERON G, LAPTEV I, SCHMID C, et al. P-CNN: Pose-based CNN features for action recognition [J]. International Conference on Computer Vision, 2015: 3218-3226.

[84] SUN C, NEVATIA R. ACTIVE: Activity concept transitions in video event classification [C]. International Conference on Computer Vision, 2013: 913-920.

[85] SONG Y, MORENCY L, DAVIS R, et al. Action recognition by hierarchical sequence summarization [C]. Computer Vision and Pattern Recognition, 2013: 3562-3569.

[86] FUJIYOSHI H, LIPTON A J, KANADE T, et al. Real-time human motion analysis by image skeletonization [J]. IEICE Transactions on Information and Systems, 2004, 87 (1): 113-120.

[87] 赵德贵. 基于视频的人体骨架建模及异常行为分析研究 [D]. 北京：北京理工大学, 2014.

[88] HASSAN M, AHMAD T, LIAQAT N, et al. A review on human actions recognition using vision based techniques [J]. Journal of Image and Graphics, 2014, 2 (1): 28-32.

[89] SONG S, LAN C, XING J, et al. An end-to-end spatio-temporal attention model for human action recognition from skeleton data [J]. National Conference on Artificial Intelligence, 2016: 4263-4270.

[90] CAI X, ZHOU W, WU L, et al. Effective active skeleton representation for low latency human action recognition [J]. IEEE Transactions on Multimedia, 2016, 18 (2):

141-154.

[91] ZHOU Y, MING A. Human action recognition with skeleton induced discriminative approximate rigid part model [J]. Pattern Recognition Letters, 2016 (83): 261-267.

[92] BLUM H. Biological shape and visual science (Part I) [J]. Theoretical Biology, 1973 (38): 205-287.

[93] KRINIDIS S, CHATZIS V. A skeleton family generator via physics-based deformable models [J]. IEEE Transactions on Image Processing, 2009, 18 (1): 1-11.

[94] SAHA P K, BORGEFORS G, BAJA G S. A survey on skeletonization algorithms and their applications [J]. Pattern Recognition Letters, 2016 (76): 3-12.

[95] XIE W, THOMPSON R P, PERUCCHIO R. A topology-preserving parallel 3D thinning algorithm for extracting the curve skeleton [J]. Pattern Recognition, 2003, 36 (7): 1529-1544.

[96] LEYMARIE F, LEVINE M D. Simulating the grassfire transform using an active contour model [J]. IEEE transactions on pattern analysis and machine intelligence, 1992, 14 (1): 56-75.

[97] SERINO L, BAJA G S. A new strategy for skeleton pruning [J]. Pattern Recognition Letters, 2016: 41-48.

[98] AURENHAMMER F. Voronoi diagrams-a survey of a fundamental geometric data structure [J]. ACM Computing Surveys (CSUR), 1991, 23 (3): 345-405.

[99] BRANDT J W, ALGAZI V R. Continuous skeleton computation by Voronoi diagram [J]. CVGIP: Image understanding, 1992, 55 (3): 329-338.

[100] BRADY M, ASADA H. Smoothed local symmetries and their implementation [J]. The International Journal of Robotics Research, 1984, 3 (3): 36-61.

[101] Martínez-Pérez M P, Jiménez J, Navalón J L. A thinning algorithm based on contours [J]. Computer Vision, Graphics, and Image Processing, 1987, 39 (2): 186-201.

[102] KRINIDIS S, CHATZIS V. A skeleton family generator via physics-based deformable models [J]. IEEE Transactions on Image Processing, 2009, 18 (1): 1-11.

[103] Németh G, Kardos P, Palágyi K. Thinning combined with iteration-by-iteration smoothing for 3D binary images [J]. Graphical Models, 2011, 73 (6): 335-345.

[104] CHOI W P, LAM K M, SIU W C. Extraction of the Euclidean skeleton based on a connectivity criterion [J]. Pattern Recognition, 2003, 36 (3): 721-729.

[105] GE Y, FITZPATRICK J M. On the generation of skeletons from discrete Euclidean dis-

tance maps [J]. IEEE Transactions on Pattern Analysis and Machine Intelligence, 1996, 18 (11): 1055-1066.

[106] NIBLACK C W, GIBBONS P B, CAPSON D W. Generating skeletons and centerlines from the distance transform [J]. CVGIP: Graphical Models and Image Processing, 1992, 54 (5): 420-437.

[107] ARCELLI C, BAJA G S. A one-pass two-operations process to detect the skeletal pixels on the 4-distance transform [J]. IEEE Trans. Pattern Analysis and Machine Intelligence, 1989, 11 (4): 411-414.

[108] ARCELLI C, BAJA G S. Euclidean skeleton via center-of-maximal-disc extraction [J]. Image and Vision Computing, 1993, 11 (3): 163-173.

[109] DIMITROV P, DAMON J, SIDDIQI K, et al. Flux invariants for shape [C]. Computer Vision and Pattern Recognition, 2003: 835-841.

[110] DIMITROV P, PHILLIPS C, Siddiqi K, et al. Robust and efficient skeletal graphs [C]. Computer Vision and Pattern Recognition, 2000: 417-423.

[111] VASILEVSKIY A, SIDDIQI K. Flux maximizing geometric flows [J]. IEEE Transactions on Pattern Analysis and Machine Intelligence, 2002, 24 (12): 1565-1578.

[112] LATECKI L J, LAKAMPER R. Convexity rule for shape decomposition based on discrete contour evolution [J]. Computer Vision and Image Understanding, 1999, 73 (3): 441-454.

[113] ZITOUNI M S, BHASKAR H, DIAS J, et al. Advances and trends in visual crowd analysis: A systematic survey and evaluation of crowd modelling techniques [J]. Neurocomputing, 2016 (186): 139-159.

[114] YOGAMEENA B, NAGANANTHINI C. Computer vision based crowd disaster avoidance system: a survey [J]. International Journal of Disaster Risk Reduction, 2017 (22): 95-129.

[115] MABROUK A B, ZAGROUBA E. Abnormal behavior recognition for intelligent video surveillance systems: A review [J]. Expert Systems with Applications, 2018 (91): 480-491.

[116] AFIQ A A, ZAKARIYA M A, SAAD M N, et al. A review on classifying abnormal behavior in crowd scene [J]. Journal of Visual Communication and Image Representation, 2019 (58): 285-303.

[117] REN W, LI G, CHEN J, et al. Abnormal crowd behavior detection using behavior en-

tropy model [C]. International Conference on Wavelet Analysis and Pattern Recognition, 2012: 212-221.

[118] RAGHAVENDRA R, BUE A D, CRISTANI M, et al. Optimizing interaction force for global anomaly detection in crowded scenes [C]. International Conference on Computer Vision, 2011: 136-143.

[119] WANG T, SNOUSSI H. Detection of abnormal visual events via global optical flow orientation histogram [J]. IEEE Transactions on Information Forensics and Security, 2014, 9 (6): 988-998.

[120] GAO Y, LIU H, SUN X, et al. Violence detection using oriented violent flows [J]. Image and Vision Computing, 2016 (48): 37-41.

[121] ZHANG T, JIA W, YANG B, et al. Mowld: a robust motion image descriptor for violence detection [J]. Multimedia Tools and Applications, 2017, 76 (1): 1419-1438.

[122] CHONGJING W, XU Z, YI Z, et al. Analyzing motion patterns in crowded scenes via automatic tracklets clustering [J]. China Communications, 2013, 10 (4): 144-154.

[123] COSAR S, DONATIELLO G, BOGORNY V, et al. Toward abnormal trajectory and event detection in video surveillance [J]. IEEE Transactions on Circuits and Systems for Video Technology, 2017, 27 (3): 683-695.

[124] RABIEE H, MOUSAVI H, NABI M, et al. Detection and localization of crowd behavior using a novel tracklet-based model [J]. International Journal of Machine Learning and Cybernetics, 2018, 9 (12): 1999-2010.

[125] MAHADEVAN V, LI W, BHALODIA V, et al. Anomaly detection in crowded scenes [C]. Computer Vision and Pattern Recognition, 2010: 1975-1981.

[126] LI W, MAHADEVAN V, VASCONCELOS N. Anomaly detection and localization in crowded scenes [J]. IEEE transactions on pattern analysis and machine intelligence, 2014, 36 (1): 18-32.

[127] FRADI H, DUGELAY J L. Spatial and temporal variations of feature tracks for crowd behavior analysis [J]. Journal on Multimodal User Interfaces, 2016, 10 (4): 307-317.

[128] HAO Y, WANG J, LIU Y, et al. Extracting Spatio-Temporal Texture signatures for crowd abnormality detection [C]. 2017 23rd International Conference on Automation and Computing (ICAC). 2017: 1-5.

[129] ZHOU S, SHEN W, ZENG D, et al. Spatial - temporal convolutional neural net-

works for anomaly detection and localization in crowded scenes [J]. Signal Processing: Image Communication, 2016, 47: 358-368.

[130] LAZARIDIS L, DIMOU A, DARAS P. Abnormal Behavior Detection in Crowded Scenes Using Density Heatmaps and Optical Flow [C]. 2018 26th European Signal Processing Conference (EUSIPCO). IEEE, 2018: 2060-2064.

[131] INGOLE P, VYAS V. Anomaly Detection in Crowd Using Optical Flow and Textural Feature [M]. Soft Computing and Signal Processing. Singapore: Springer, 2019: 723-732.

[132] AHMED S A, DOGRA D P, KAR S, et al. Surveillance scene representation and trajectory abnormality detection using aggregation of multiple concepts [J]. Expert Systems with Applications, 2018 (101): 43-55.

[133] STONE E E, SKUBIC M. Fall detection in homes of older adults using the Microsoft Kinect [J]. IEEE Journal. Biomedical and Health Informatics, 2015, 19 (1): 290-301.

[134] KIM H, LEE S, KIM Y, et al. Weighted joint-based human behavior recognition algorithm using only depth information for low-cost intelligent video-surveillance system [J]. Expert Systems with Applications, 2016 (45): 131-141.

[135] Lohithashva B H, Aradhya V N M, Basavaraju H T, et al. Unusual crowd event detection: An Approach Using Probabilistic Neural Network [M]. Information Systems Design and Intelligent Applications. Singapore: Springer, 2019: 533-542.

[136] WU S, YANG H, ZHENG S, et al. Crowd Behavior Analysis via Curl and Divergence of Motion Trajectories [J]. International Journal of Computer Vision, 2017, 123 (3): 1-21.

[137] CHEBI H, ACHELI D. Dynamic detection of anomalies in crowd's behavior analysis [C]. International Conference on Electrical Engineering. IEEE, 2016: 1-5.

[138] LIU P, TAO Y, ZHAO W, et al. Abnormal crowd motion detection using double sparse representation [J]. Neurocomputing, 2017 (269): 3-12.

[139] BATCHULUUN G, KIM J H, HONG H G, et al. Fuzzy system based human behavior recognition by combining behavior prediction and recognition [J]. Expert Systems with Applications, 2017 (81): 108-133.

[140] AGUILAR W G, LUNA M A, MOYA J F, et al. Real-time detection and simulation of abnormal crowd behavior [C]. International Conference on Augmented Reality, Vir-

tual Reality and Computer Graphics. Springer, Cham, 2017: 420-428.

[141] ZHOU B, TANG X, WANG X. Learning Collective Crowd Behaviors with Dynamic Pedestrian-Agents [J]. International Journal of Computer Vision, 2015, 111 (1): 50-68.

[142] ULLAH H, TENUTI L, CONCI N. Gaussian mixtures for anomaly detection in crowded scenes [C]. IS&T/SPIE Electronic Imaging. International Society for Optics and Photonics, 2013: 866303-866303.

[143] GU X, CUI J, ZHU Q. Abnormal crowd behavior detection by using the particle entropy [J]. Optik-International Journal for Light and Electron Optics, 2014, 125 (14): 3428-3433.

[144] ROJAS O E, TOZZI C L. Abnormal crowd behavior detection based on gaussian mixture model [C]. European Conference on Computer Vision. Springer International Publishing, 2016: 668-675.

[145] CHENG K W, CHEN Y T, FANG W H. Video anomaly detection and localization using hierarchical feature representation and Gaussian process regression [C]. Proceedings of the IEEE Conference on Computer Vision and Pattern Recognition. 2015: 2909-2917.

[146] FENG Y, YUAN Y, LU X. Learning deep event models for crowd anomaly detection [J]. Neurocomputing, 2017 (219): 548-556.

[147] MEHRAN R, OYAMA A, SHAH M, et al. Abnormal crowd behavior detection using social force model [C]. Computer Vision and Pattern Recognition, 2009: 935-942.

[148] ZHANG Y, QIN L, JI R, et al. Social attribute-aware force model: exploiting richness of interaction for abnormal crowd detection [J]. IEEE Transactions on Circuits and Systems for Video Technology, 2015, 25 (7): 1231-1245.

[149] BERA A, KIM S, MANOCHA D. Realtime Anomaly Detection Using Trajectory-Level Crowd Behavior Learning [C]. Computer Vision and Pattern Recognition Workshops. IEEE, 2016: 1289-1296.

[150] ALVAR M, TORSELLO A, SANCHEZ-MIRALLES A, et al. Abnormal behavior detection using dominant sets [J]. Machine vision and applications, 2014, 25 (5): 1351-1368.

[151] REN W, LI G, SUN B, et al. Unsupervised kernel learning for abnormal events detection [J]. The Visual Computer, 2015, 31 (3): 245-255.

[152] CHO S H, KANG H B. Abnormal behavior detection using hybrid agents in crowded scenes [J]. Pattern Recognition Letters, 2014 (44): 64-70.

[153] CHEN C, SHAO Y, BI X. Detection of anomalous crowd behavior based on the acceleration feature [J]. IEEE Sensors Journal, 2015, 15 (12): 7252-7261.

[154] FRADI H, LUVISON B, Pham Q C. Crowd behavior analysis using local mid-level visual descriptors [J]. IEEE Transactions on Circuits and Systems for Video Technology, 2017, 27 (3): 589-602.

[155] PENNISI A, BLOISI D D, Iocchi L. Online real-time crowd behavior detection in video sequences [J]. Computer Vision & Image Understanding, 2016, 144 (C): 166-176.

[156] LU C, SHI J, JIA J, et al. Abnormal event detection at 150 FPS in MATLAB [C]. International Conference on Computer Vision, 2013: 2720-2727.

[157] ZHANG Y, LU H, ZHANG L, et al. Video anomaly detection based on locality sensitive hashing filters [J]. Pattern Recognition, 2016 (59): 302-311.

[158] MA R, LI L, HUANG W, et al. On pixel count based crowd density estimation for visual surveillance [C]. IEEE Conference on Cybernetics and Intelligent Systems, 2004: 170-173.

[159] BIN-SAMA A S A, ALAMRI S S A. Developing an intelligent system for crowd density estimation [J]. International Journal of Computer Science and Information Security, 2016, 14 (4): 27.

[160] ZHANG L, ZHENG H, ZHANG Y, et al. Crowd density estimation based on convolutional neural networks with mixed pooling [J]. Journal of Electronic Imaging, 2017, 26 (5): 051403-051403.

[161] DENMAN S, KLEINSCHMIDT T, Ryan D, et al. Automatic surveillance in transportation hubs: No longer just about catching the bad guy [J]. Expert Systems with Applications, 2015, 42 (24): 9449-9467.

[162] FRADI H, DUGELAY J L. Towards crowd density-aware video surveillance applications [J]. Information Fusion, 2015 (24): 3-15.

[163] LOY C C, CHEN K, GONG S, et al. Crowd counting and profiling: Methodology and evaluation [M]. Modeling, Simulation and Visual Analysis of Crowds. New York: Springer, 2013: 347-382.

[164] SALEH S A M, SUANDI S A, IBRAHIM H. Recent survey on crowd density estimation and counting for visual surveillance [J]. Engineering Applications of Artificial Intel-

ligence, 2015 (41): 103-114.

[165] RYAN D, DENMAN S, SRIDHARAN S, et al. An evaluation of crowd counting methods, features and regression models [J]. Computer Vision and Image Understanding, 2015 (130): 1-17.

[166] GARCIAMARTIN A, HAUPTMANN A G, MARTINEZ J M, et al. People detection based on appearance and motion models [C]. IEEE Conference on Advanced Video and Signal Based Surveillance, 2011: 256-260.

[167] WANG X, WANG M, LI W. Scene-specific pedestrian detection for static video surveillance [J]. IEEE Transactions on Pattern Analysis and Machine Intelligence, 2014, 36 (2): 361-374.

[168] CHEN T, CHEN C, WANG D, et al. A people counting system based on face-detection [C]. International Conference on Genetic and Evolutionary Computing, 2010: 699-702.

[169] KHATOON R, SAQLAIN S M, BIBI S. A robust and enhanced approach for human detection in crowd [C]. Multitopic Conference, 2013: 215-221.

[170] LI M, ZHANG Z, HUANG K, et al. Estimating the number of people in crowded scenes by MID based foreground segmentation and head-shoulder detection [C]. International Conference on Pattern Recognition, 2008: 1-4.

[171] García J, Gardel A, Bravo I, et al. Directional people counter based on head tracking [J]. IEEE Transactions on Industrial Electronics, 2013, 60 (9): 3991-4000.

[172] LI B, ZHANG J, ZHANG Z, et al. A people counting method based on head detection and tracking [C]. International Conference on Smart Computing (SMARTCOMP), 2014: 136-141.

[173] GAO C, LI P, ZHANG Y, et al. People counting based on head detection combining Adaboost and CNN in crowded surveillance environment [J]. Neurocomputing, 2016 (208): 108-116.

[174] ZHAO X, DELLEANDREA E, CHEN L, et al. A people counting system based on face detection and tracking in a video [C]. Advanced Video and Signal Based Surveillance, 2009: 67-72.

[175] CHEN T, CHEN C, WANG D, et al. A people counting system based on face-detection [C]. International Conference on Genetic and Evolutionary Computing, 2010: 699-702.

参考文献

[176] DALAL N, TRIGGS B. Histograms of oriented gradients for human detection [C]. Computer Vision and Pattern Recognition, 2005: 886-893.

[177] FELZENSZWALB P F, GIRSHICK R B, MCALLESTER D A, et al. Object detection with discriminatively trained part-based models [J]. IEEE Transactions on Pattern Analysis and Machine Intelligence, 2010, 32 (9): 1627-1645.

[178] PEDERSOLI M, GONZALEZ J, HU X, et al. Toward real-time pedestrian detection based on a deformable template model [J]. IEEE Transactions on Intelligent Transportation Systems, 2014, 15 (1): 355-364.

[179] BAY H, ESS A, TUYTELAARS T, et al. Speeded-up robust features (SURF) [J]. Computer Vision and Image Understanding, 2008, 110 (3): 346-359.

[180] KONG D, GRAY D R, TAO H, et al. A viewpoint invariant approach for crowd counting [C]. International Conference on Pattern Recognition, 2006: 1187-1190.

[181] ALBIOL A, SILLA M J, ALBIOL A, et al. Video analysis using corner motion statistics [C]. IEEE International Workshop on Performance Evaluation of Tracking and Surveillance. 2009: 31-38.

[182] HARRIS C, STEPHENS M. A combined corner and edge detector [C]. Alvey vision conference. 1988, 15 (50): 10.5244.

[183] CHAN A B, VASCONCELOS N. Modeling, clustering, and segmenting video with mixtures of dynamic textures [J]. IEEE Transactions on Pattern Analysis and Machine Intelligence, 2008, 30 (5): 909-926.

[184] CHAN A B, LIANG Z J, VASCONCELOS N, et al. Privacy preserving crowd monitoring: Counting people without people models or tracking [C]. Computer Vision and Pattern Recognition, 2008: 1-7.

[185] CHAN A B, VASCONCELOS N. Counting people with low-level features and bayesian regression [J]. IEEE Transactions on Image Processing, 2012, 21 (4): 2160-2177.

[186] CONTE D, FOGGIA P, PERCANNELLA G, et al. Counting moving people in videos by salient points detection [C]. International Conference on Pattern Recognition, 2010: 1743-1746.

[187] CONTE D, FOGGIA P, PERCANNELLA G, et al. Counting moving persons in crowded scenes [J]. Machine Vision and Applications, 2013, 24 (5): 1029-1042.

[188] ZHANG H, GAO H. Large crowd count based on improved SURF algorithm [J]. TELKOMNIKA (Telecommunication Computing Electronics and Control), 2014, 12

(4): 865-874.

[189] LIANG R, ZHU Y, WANG H. Counting crowd flow based on feature points [J]. Neurocomputing, 2014 (133): 377-384.

[190] WANG Y, LIAN H, CHEN P, et al. Counting people with support vector regression [C]. International Conference on Natural Computation, 2014: 139-143.

[191] CONG Y, GONG H, ZHU S, et al. Flow mosaicking: Real-time pedestrian counting without scene- specific learning [C]. Computer Vision and Pattern Recognition, 2009: 1093-1100.

[192] TAN B, ZHANG J, WANG L. Semi-supervised elastic net for pedestrian counting [J]. Pattern Recognition, 2011, 44 (10): 2297-2304.

[193] ZINI L, NOCETI N, ODONE F, et al. Precise people counting in real time [C]. International Conference on Image Processing, 2013: 3592-3596.

[194] ZHANG X, HE H, CAO S, et al. Flow field texture representation-based motion segmentation for crowd counting [J]. Machine Vision and Applications, 2015, 26 (4): 871-883.

[195] ZHANG Z, WANG M, GENG X. Crowd counting in public video surveillance by label distribution learning [J]. Neurocomputing, 2015 (166): 151-163.

[196] AL-ZAYDI Z Q H, NDZI D L, YANG Y, et al. An adaptive people counting system with dynamic features selection and occlusion handling [J]. Journal of Visual Communication and Image Representation, 2016 (39): 218-225.

[197] FOROUGHI H, RAY N, ZHANG H, et al. Robust people counting using sparse representation and random projection [J]. Pattern Recognition, 2015, 48 (10): 3038-3052.

[198] ZHANG C, LI H, WANG X, et al. Cross-scene crowd counting via deep convolutional neural networks [C]. Proceedings of the IEEE Conference on Computer Vision and Pattern Recognition. 2015: 833-841.

[199] ZHANG Y, ZHOU D, CHEN S, et al. Single-image crowd counting via multi-column convolutional neural network [C]. Proceedings of the IEEE Conference on Computer Vision and Pattern Recognition. 2016: 589-597.

[200] SAM D B, SURYA S, BABU R V. Switching convolutional neural network for crowd counting [C]. Proceedings of the IEEE Conference on Computer Vision and Pattern Recognition. 2017, 1 (3): 6.

参考文献

[201] MILAN A, LEAL-TAIX L, SCHINDLER K, et al. Joint tracking and segmentation of multiple targets [C]. Proceedings of the IEEE Conference on Computer Vision and Pattern Recognition. 2015: 5397-5406.

[202] SHITRIT H B, BERCLAZ J, FLEURET F, et al. Multi-commodity network flow for tracking multiple people [J]. IEEE Transactions on Pattern Analysis and Machine Intelligence, 2014, 36 (8): 1614-1627.

[203] HAN Y, CHEN J, CAO X, et al. Feature selection with spatial path coding for multimedia analysis [J]. Information Sciences, 2014 (281): 523-535.

[204] HAN Y, YANG Y, WU F, et al. Compact and discriminative descriptor inference using multi-cues [J]. IEEE Transactions on Image Processing, 2015, 24 (12): 5114-5126.

[205] HASHEMZADEH M, FARAJZADEH N. Combining keypoint-based and segment-based features for counting people in crowded scenes [J]. Information Sciences, 2016 (345): 199-216.

[206] ZALLUHOGLU C, IKIZLER-CINBIS N. Counting people in crowded scenes via detection and regression fusion [C]. International Conference Image Analysis and Recognition, 2016: 309-317.

[207] IDREES H, SALEEMI I, SEIBERT C, et al. Multi-source multi-scale counting in extremely dense crowd images [C]. Proceedings of the IEEE Conference on Computer Vision and Pattern Recognition, 2013: 2547-2554.

[208] WANG C, ZHANG H, YANG L, et al. Deep people counting in extremely dense crowds [C]. ACM Multimedia, 2015: 1299-1302.

[209] HU Y, CHANG H, NIAN F, et al. Dense crowd counting from still images with convolutional neural networks [J]. Journal of Visual Communication and Image Representation, 2016 (38): 530-539.

[210] BOOMINATHAN L, KRUTHIVENTI S S, BABU R V, et al. CrowdNet: A deep convolutional network for dense crowd counting [J]. ACM Multimedia, 2016: 640-644.

[211] XU Z, LIU Y, MEI L, et al. Semantic based representing and organizing surveillance big data using video structural description technology [J]. Journal of Systems and Software, 2015 (102): 217-225.

[212] XU Z, MEI L, LIU Y, et al. Semantic enhanced cloud environment for surveillance da-

ta management using video structural description [J]. Computing, 2016, 98 (1): 35-54.

[213] Apache hadoop[EB/OL]. [2020-05-18]. http: //hadoop. apache. org.

[214] WANG H, SHEN Y, WANG L, et al. Large-scale multimedia data mining using MapReduce framework [C]. IEEE International Conference on Cloud Computing Technology and Science, 2012: 287-292.

[215] TAN H, CHEN L. An approach for fast and parallel video processing on Apache Hadoop clusters [C]. IEEE International Conference on Multimedia and Expo (ICME), 2014: 1-6.

[216] LIU X, ZHAO D, XU L, et al. A distributed video management cloud platform using Hadoop [J]. IEEE Access, 2015 (3): 2637-2643.

[217] KIM M, CUI Y, HAN S, et al. Towards efficient design and implementation of a Hadoop-based distributed video transcoding system in cloud computing environment [J]. International Journal of Multimedia and Ubiquitous Engineering, 2013, 8 (2): 213-224.

[218] HEIKKINEN A, SARVANKO J, RAUTIAINEN M, et al. Distributed multimedia content analysis with MapReduce [C]. IEEE Annual International Symposium on Personal, Indoor, and Mobile Radio Communications (PIMRC), 2013: 3497-3501.

[219] 刘云恒, 刘耀宗. 基于Hadoop的公安视频大数据的处理方法 [J]. 计算机科学, 2016, 43 (S1): 448-451, 475.

[220] RAJU U S N, VARMA N K, PARIVEDA H, et al. Query object detection in big video data on Hadoop framework [C]. IEEE International Conference on Multimedia Big Data (BigMM), 2015: 284-285.

[221] LIN Z, ZHEN L, YINGMEI C, et al. The video monitoring system based on big data processing [C]. Intelligent Computation Technology and Automation (ICICTA), 2014: 865-868.

[222] DING S, LI G, LI Y, et al. Survsurf: human retrieval on large surveillance video data [J]. Multimedia Tools and Applications, 2017, 76 (5): 6521-6549.

[223] BAI X, LATECKI L J, LIU W, et al. Skeleton pruning by contour partitioning with discrete curve evolution [J]. IEEE Transactions on Pattern Analysis and Machine Intelligence, 2007, 29 (3): 449-462.

[224] BAI X, LATECKI L J. Discrete skeleton evolution [C]. International Workshop on En-

ergy Minimization Methods in Computer Vision and Pattern Recognition, 2007: 362-374.

[225] SHEN W, BAI X, YANG X W, et al. Skeleton pruning as trade-off between skeleton simplicity and reconstruction error [J]. Science China Information Sciences, 2013, 56 (4): 1-14.

[226] TORSELLO A, HANCOCK E R. A skeletal measure of 2D shape similarity [J]. Computer Vision and Image Understanding, 2004, 95 (1): 1-29.

[227] http://baike.baidu.com/item/%E5%A4%A9%E6%B0%94/24449?fr=aladdin.

[228] http://baike.baidu.com/item/%E5%9B%BE%E5%83%8F%E5%9F%BA%E6%9C%AC%E5%B1%9E%E6%80%A7/9431341?fr=aladdin.

[229] PETS[EB/OL]. [2020-06-04]. http://www.cvg.reading.ac.uk/PETS2009/, accessed 2009.

[230] 汤仕爽, 张仕学, 王凯, 等. 城市公共场所人群聚集预警方法研究 [J]. 软件导刊, 2015, 14 (9): 129-131.